U1016617

段红艳◎编著

体育旅游项目策划与管理

华中师范大学出版社

新出图证(鄂)字 10 号

图书在版编目(CIP)数据

体育旅游项目策划与管理/段红艳编著.—武汉：华中师范大学出版社，2017.11(2024.8 重印)

ISBN 978-7-5622-8036-1

Ⅰ.①体… Ⅱ.①段… Ⅲ.①体育—旅游业发展—研究—中国 Ⅳ.①F592.3

中国版本图书馆 CIP 数据核字(2017)第 285964 号

体育旅游项目策划与管理

©段红艳 编著

责任编辑：谢诗梦 张晶晶　**责任校对**：罗 艺　**封面设计**：胡 灿

编 辑 室：高校教材编辑室　**电 话**：027-67867364

出版发行：华中师范大学出版社

社址：湖北省武汉市洪山区珞喻路 152 号

电话：027-67861549(发行部)　027-67861321(邮购)

传真：027-67863291

网址：http://press.ccnu.edu.cn　**电子邮箱**：press@mail.ccnu.edu.cn

印刷：广东虎彩云印刷有限公司　**督印**：刘 敏

字数：230 千字

开本：710mm×1000mm 1/16　**印张**：13.25

版次：2017 年 11 月第 1 版　**印次**：2024 年 8 月第 4 次印刷

定价：40.00 元

欢迎上网查询、购书

敬告读者：欢迎举报盗版，请打举报电话 027-67867353

目　录

第一章　体育旅游与体育旅游项目

第一节　体育旅游相关概念

一、旅游的定义

“旅游”一词，最早出现于我国的南北朝时期。唐代孔颖达在《周易正义》中说：“旅者，客寄之名，羁旅之称，失其本居而寄他方，谓之旅”，其意就是客居他乡。“游”，则为“游览”之意。到了南朝梁代，“旅”“游”二字开始作为一个连用的词出现，始见于诗人沈约的《悲哉行》中，诗中有云：“旅游媚年春，年春媚游人。”

我国在20世纪60年代以前很少使用“旅游”一词，常见的是“旅行”“观光”等词。1979年由商务印书馆出版的《现代汉语词典》以及后来的再版，“旅游”一词都被解释为“旅行游览”之意，这显然比较宽泛笼统。

由于旅游活动具有历史发展的阶段性，旅游现象的内涵十分丰富，同时，旅游所涉及的社会现象又十分复杂。关于旅游的定义，长期以来，国内外专家学者和国际组织曾做过许多探讨和研究，总体来看，这些定义可以划分为两大类型：一类是从理论抽象出发所下的定义，即理论性定义或概念性定义；另一类则是从工作需要出发，尤其是因旅游统计工作需要而做出的比较具体的定义，即技术性定义或实务性定义。我们引用其中比较具有代表性的几种：

1. 强调旅游目的和内容的定义

在国内外的一般性语言词典中，对“旅游”一词的解释是人们因消遣性原因或目的而离家外出旅行的活动。如法国学者让·梅特森1966年的定义是“旅游是一种休闲活动，它包括旅行或到离定居地点较远的地方逗留。其目的在于消遣、休息或丰富他的经历和文化教育”；美国学者马丁·普雷1979年的定义是“旅游是为消遣而进行的旅行”；我国学者冯乃康先生认为

“旅游是以去异地寻求审美享受为主要内容的一种短期生活方式”。这些定义比较强调旅游的目的性，如消遣、审美、求知等。《中国百科大辞典》“旅游学”部分指出：旅游是人们观赏自然风景和人文景观的旅行游览活动，包含人们旅行游览、观赏风物、增长知识、体育锻炼、度假疗养、消遣娱乐、探新猎奇、考察研究、宗教朝觐、购物留念、品尝佳肴及探亲访友等暂时性移居活动。从经济学观点看，旅游是一种新型的高级消费形式。

2. 强调旅游时空的定义

1979 年，美国通用大西洋有限公司的马丁·普雷博士在中国讲学时，对旅游的定义为：“旅游是为了消遣而进行旅行，在某一个国家逗留的时间至少超过 24 小时。”定义强调的是国际旅游者统计时的统计标准之一——逗留的时间。

世界旅游组织 1991 年的定义为：旅游是人们为了休闲、商务或其他目的离开他们的惯常环境，到某些地方并停留在那里，但持续时间不超过 1 年的活动。这一定义比较强调旅游活动的空间性（异地性）和时间性（时间界定）。

3. 强调旅游功能的定义

例如奥地利经济学家 Herman Von Schullard 认为“旅游是外国或外地人进入非定居地并在其中逗留和移动所引起的经济关系的总和”；我国有学者认为“旅游是一定社会经济条件下的一种人类社会经济活动”；“旅游是人们为寻求文化差异所进行的一种暂时性文化空间跨越的行为和过程”。这些从某一学科的视角定义旅游，难免以偏概全，而且容易导致理解上的困惑和误解（如单纯从经济的角度解释旅游，就容易导致对“旅游”和“旅游业”两者的误读）。

4. 强调旅游本质的定义

英国学者伯卡特和梅特利克 1972 年的定义为：“旅游发生于人们前往和逗留各种旅游地的流动，是人们离开他平时居住和工作的地方，短期暂时前往一个旅游目的地运动和逗留该地的各种活动。”这一定义比较强调定义者所认为的旅游“本质”——人的流动。其实这一定义并没有抓住旅游的本质，有些舍本逐末。旅游的本质应是“游”（消遣与审美等愉悦体验）而不是“旅”（人的流动）。谢彦君教授则认为，“旅游是人们以前往异地寻求愉悦为主要目的而度过的一种具有社会、休闲和消费属性的短暂经历”。这一定义强调旅游活动的本质——异地愉悦经历。

5. 强调旅游综合关系（或关系总和）的定义

如汉泽克尔与克拉普夫在 1942 年的定义（这一定义被“旅游科学专家

联合会”采用，故称为“艾斯特”定义）为：旅游是非定居者的旅行和暂时逗留而引起的现象和关系的总和。这些人不会导致长期定居，并且不会牵涉任何赚钱的活动；美国学者罗伯特·麦金托什在1980年的定义为：“旅游可以定义为在吸引和接待旅游及其访问者的过程中，由于游客、旅游企业、东道国政府及东道国各地区居民的相互作用而产生的一切现象和关系的总和。”这种定义比较强调旅游活动的综合性或强调旅游活动所涉及和产生的广泛社会关系，在学术界得到较多的认同，如我国的大多数“旅游学概论”教材就是采用这种定义。

二、旅游的本质与基本属性

旅游是人类社会生活的一项重要活动，是人类社会文明发展的产物，在有文字记载的历史上，各时代的人们都向往旅游。但大规模旅游活动的兴起，则是在产业革命之后。随着旅游逐渐发展为一种全民性的现象，随着旅游活动的演变、发展及其不断现代化，旅游作为一种大规模的社会文化现象，其本质和社会意义都越来越鲜明。

（一）旅游本质与特性

在旅游的定义中，很多定义者将旅游的本质定位为“人的流动”。具体而言体现在旅游的异地性与暂时性。

旅游的异地性特征是指，旅游活动的发生要以行为主体的空间移动为前提。旅游消费的特殊性在于，其消费过程的完成并非是消费对象的转移，而是消费者的转移。也就是说，旅游是旅游者的一种空间位移活动，其位移的方向均是由旅游客源地向旅游资源地（或旅游目的国、目的地）移动。引起这一位移的是旅游资源的吸引功能。一般说来，客源地与目的国的资源、文化差异性越大，对旅游者的吸引力也越大。

旅游的暂时性是指，旅游仅是发生在旅游者人生时间中的某一时段上的行为。对于旅游者来说，旅游永远是他短暂的个人的行为；对于旅游目的地来说，旅游者永远是一个短暂的过客。相对于人的一生来说，用于旅游的时间是短暂的。同时，从另一个角度来看，在节奏紧张的现代社会，人们的时间有限，旅游活动的安排要使旅游者在有限的时间中获得最大的效用。

从根本上看，旅游是一种主要以获得心理快感为目的的审美过程和自娱过程，是人类社会发展到一定的阶段时人类最基本的活动之一。

旅游者是旅游活动的主体，旅游者出游的目的决定了旅游的本质。不管旅游者出于什么样的目的参加旅游活动，审美的需求对他的旅游决策起到了至关重要的作用。比如：去三峡游玩的旅游者是为了欣赏长江三峡壮丽的景色，参加美食节的游客是为了追求食品的色、香、味美的享受。即使是单纯到某地疗养、休闲，旅游者还会考虑当地气候是否宜人，环境是否优雅等。也就是说，旅游的过程是一种满足自己某种需要的过程，是一种享受美的过程。

（二）旅游的基本属性

1. 消费属性

旅游是一种高层次的消费活动，并且已发展成为人们生活的重要组成部分。人在与客观环境的相互作用中，会产生多种多样的需要，既有为满足自身生存、发展需要的物质需要，也有为发展智力、道德、审美等方面的精神需要。按照马斯洛需要层次理论（图 1-1），人的需要可分为五个层次：生理需要、安全需要、社交需要、受尊重的需要和自我实现的需要。当低一级的需要得到满足后，人们就会追求高一级的需要。人类社会不断发展，人们对于高层次的需要越来越重视，而旅游正可以满足这种需要。因此，旅游活动就逐渐盛行。在旅游活动中，旅游者没有生产、创造任何可供消费的资料，相反地，他消费了自己的积蓄、时间、精力以及相应的旅游产品，包括实物产品和劳务。而且由于旅游消费是一种高于日常消费的消费活动，因此，它更注重精神内容与审美体验。

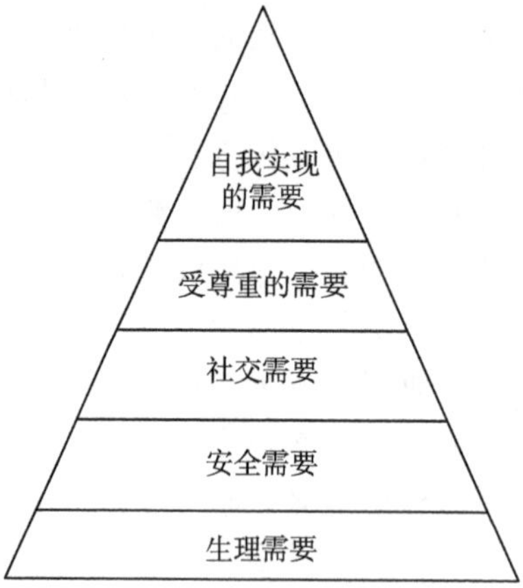

图 1-1　马斯洛需要层次理论

2. 休闲属性

旅游者出游的动机之一就是逃离现实的紧张生活，在大自然中舒缓紧张情绪。旅游的休闲属性正应对了这一动机。首先，旅游的目的是达到审美体验，而并非为谋生而进行的活动，旅游活动的随意性是休闲属性的体现；其次，旅游活动发生于自由时间，或者叫闲暇时间。自由时间是与谋生活动时间相对的，它是个人在扣除用于劳动、满足生理需要和参加必要的社交等活动之后，剩下的可自由支配的时间，包括每日余暇、周末公休日、公共假日、带薪假期等。人们利用自由时间参加旅游活动，愉悦身心。此外，旅游活动是各种休闲活动的再组合，也体现了旅游的休闲属性。

3. 社会属性

人类审美意识是随社会的发展而产生的，而旅游的产生源于审美意识的产生。因此，旅游活动具有社会属性。而且，不同的社会条件下，人们的旅游需求及旅游活动的内容都有所不同。同时，旅游也是人类的一种社会交往活动。旅游是人们接触他乡风土人情、了解异国文化、促进人际交流的一种重要方式，而且旅游的发展与人们的日常生活密切相关。

三、体育旅游的定义

体育旅游所涉及的范畴很广，但关于其概念，学术界目前尚未给出一个统一的定义。引用较多的定义有以下几种：

①体育旅游是人们在特定的休闲时间，例如假期，利用特别有吸引力的自然环境和人工体育设施、身体娱乐设施进行活动的方式（Ruskin，1987）。

②体育旅游是个人出于非商业原因离开常住地参加或观赏体育活动的旅游活动（Hall，1992）。

③体育旅游是以参加者或观赏者的身份涉及体育活动的度假活动（Mike Weed & Chiris Bull，1997）。

④体育旅游是个人暂时离开常住地参加、观看体育活动或者观赏与体育活动有关的吸引物，以休闲为基础的旅游活动（Gibson，1998）。

⑤体育旅游是以体育为基础，离开常住地环境外出旅游一段时间的活动。这里的体育具有特定的规则、与身体机能相关的竞争性以及玩乐性（Hinch & Higham，2004）。

⑥体育旅游是以体育资源和一定的体育设施为条件，以旅游商品的形式，为旅游者在旅游游览的过程中提供融健身、娱乐、休闲、交际等各种服务于一体的“经营性项目群”（汪德根，2002）。

综合以上定义，可以看出体育旅游具备这样几个特点：与体育活动有关、前往异地参与以及非商业性动机。从广义上来看，体育旅游包括了各种带有体育项目的旅游活动，比如旅游者在旅游活动中所从事的身体娱乐、身体锻炼、体育竞赛、体育康复、体育文化交流，以及体育设施场馆参观等各项活动，都可以算作体育旅游的范畴。而从狭义上来看，体育旅游则是指以参加体育活动或观看体育赛事为主要目的而前往异地旅游的行为。

要给“体育旅游”下一个准确的定义的确有难度，主要是定位比较困难。

从旅游角度定位，可以理解为体育旅游是一种专业性旅游，即区别于一般观赏、审美、娱乐旅游。如果定位在体育，则应理解为体育旅游是一种休闲体育或假日体育，是人们参与体育或体育活动的一种方式。

目前，体育与经济的结合是发展趋势。体育进入了多个行业领域，这些行业领域也出现了体育的内容和特点，体育产业日趋呈现复合型交叉的特点。我们认为，应该从复合型产业的角度去认识体育旅游，用动态发展的观点去界定体育旅游。

按照这一观点，体育旅游可以根据不同的发展阶段确定其产业的地位。从满足统计的需要和产业分类的需要，现阶段可以从专业性旅游的角度去认识体育旅游。以此为逻辑起点，参照逻辑学中的方法：被定义概念＝属概念＋种差，我们可以给体育旅游一个简明的定义：体育旅游是人们以参与和观看体育运动为目的，或以体育为主要内容的一种旅游活动形式。在“体育旅游”这一被定义的概念中，“旅游活动”是属概念，即体育旅游是属于一种旅游的活动形式；“以参与和观看体育运动为目的，或以体育为主要内容”是种差，即说明此旅游而非彼旅游。随着体育产业的不断发展完善，我们对体育产业的类别和范围有了一致的认识和明确的统计口径之后，体育旅游也可定位于体育，从体育的角度解释体育旅游。也许那个时候，体育旅游就应改称为休闲体育或旅游体育更贴切一些。

综合以上各种观点，结合旅游的定义，我们可以将体育旅游的概念定义为：体育旅游是非定居者出于非营利目的而进行的以体育为主要内容的旅行和逗留，以及由此所引起的各种现象和关系的总和，这些人不会导致在旅游地定居和就业。之所以这样表述，是考虑到这样可以用最简洁的语言表达出体育旅游的基本内涵：

①“非定居者”的表述体现了体育旅游活动的异地性。

②“非营利性目的”和“不会导致在旅游地定居和就业”从旅游者的角度体现了体育旅游活动的非营利性、暂时性和非就业性。

③“以体育为主要内容”，反映了体育在体育旅游活动中的主体地位。

④旅行和逗留所“引起的各种现象和关系的总和”，体现了体育旅游内涵的综合性。所谓的“各种现象”，主要指由于体育旅游者的旅游活动所引

发的有关经济现象、社会现象、文化现象乃至政治现象等；所谓的“关系”，则主要指体育旅游者、体育旅游企业、体育旅游地政府及居民四者之间因追求利益的不同而在直接或间接接触中所引发的彼此之间错综复杂的关系。

第二节　体育旅游资源、体育旅游产品与体育旅游项目

一、体育旅游资源

（一）体育旅游资源的含义

《中华人民共和国国家标准（GB/18972—2003）旅游资源的分类、调查与评价》中把旅游资源定义为：自然界和人类社会凡能对旅游者产生吸引力，可以为旅游业开发利用，并可产生经济效益、社会效益和环境效益的各种事物和因素。换言之，旅游资源就是旅游地吸引旅游者的全部因素的总和。旅游行为的发生是以旅游资源的吸引力为基础的，旅游资源是旅游活动的客体。

体育旅游是旅游的一个分支，体育旅游活动的客体，即体育旅游资源，也可称为体育旅游吸引物，是一个国家或地区发展体育旅游业的基础和前提条件之一。体育旅游资源丰富程度和开发利用程度，直接影响体育旅游经营的规模、客流量以及相关的体育旅游消费水平。

从旅游的视角来看，体育本身就是重要的旅游吸引物。体育在度假旅游中充当旅游资源的重要的角色：

第一，以其具有特色的体育场馆、体育建筑与其他景点构成旅游资源的空间结构，如环境优雅的高尔夫球场，碧蓝的泳池和先进、完善的健身设施等；

第二，以其热烈的体育气氛，重大的国际比赛构成旅游资源的时间结构，比如素有“冬季运动之国”美称的挪威通过举办各种国际性冬季滑雪等比赛，吸引大量的游客到该国参与冬季运动，从而形成冬季旅游热。

第三，体育活动以其参与性、趣味性极大地丰富了人们的旅游活动，追求参与和趣味甚至成为一部分旅游者出游的首要目的。

概括来说，体育旅游资源是能够激励人们产生体育旅游动机，吸引人们产生体育旅游行为的诸事物的总称，它包括在自然界或人类社会中凡能对体育旅游者产生吸引力，并能进行体育旅游活动，为旅游业所利用且能产生经济、社会和生态效益的客体。这也是体育旅游资源与其他资源的最大区别。

体育旅游资源要为异地游客提供旅游开发基础。

（二）体育旅游资源的功能

1. 体育旅游资源是现代旅游活动的客体

体育旅游资源是作为体育旅游活动的直接对象，即体育旅游活动客体而存在的，它是体育旅游业赖以生存和发展的基础，是体育旅游产品开发的原料，是体育旅游活动的载体。其范畴是“自然和社会因素及其产物”作为体育旅游资源客体而存在，它包含已经开发的体育旅游资源和未开发的潜在的体育旅游资源，其范畴随社会经济、现代体育业和旅游业的发展不断扩大，可不断地开拓与发掘新的体育旅游资源为人类所利用。

2. 体育旅游资源对旅游者的吸引功能

体育旅游资源作为客体，它与主体旅游者的关系是密不可分的，这种关系表现为体育旅游资源对体育旅游者的吸引功能，即激发体育旅游者的体育旅游动机，参与体育旅游活动，并以此来健身娱乐、缓解压力、陶冶情操、丰富阅历。吸引力功能是相对于体育旅游者这一客源市场而存在的，是评价体育旅游资源价值的基本标准之一。对任何体育旅游资源来说，离开了客源市场这一对象，也就失去了其本质特征与自身价值，也就不再称其为体育旅游资源。

3. 体育旅游资源的效益功能

体育旅游资源开发利用不仅能为体育和旅游产业带来直接的经济效益，而且能通过促进综合性的消费活动，拉动其他相关产业经济共同发展。当前许多国家、地区都将旅游业作为支柱产业或经济增长点，进一步发挥了旅游资源开发的经济效益。体育旅游资源的效益功能同时体现在社会效益和生态效益，体育旅游资源合理开发利用，可以改善目的地环境，提升目的地形象，促进区域间的文化交流以及精神文明建设。

（三）体育旅游资源的分类

体育旅游资源在存在形态、资源与游客的互动作用、资源可被利用的方式等方面存在较大差异。从不同角度，我们可将体育旅游资源划分为不同类型。

1. 依据体育旅游资源属性划分

（1）自然景观类体育旅游资源

自然景观类体育旅游资源是指自然界中没有经过人工设计和规划的，由地质地貌、水体、气象和生物等自然地理要素所构成的，具有健身、休闲、观赏、娱乐、文化和科研价值，能吸引人们前往进行体育旅游活动的自然环境或物项的地域组合。它包括天然的山川、江河、湖海、森林、戈壁、沙漠等。

(2) 人文类体育旅游资源

人文类体育旅游资源是指非天然赋予的，而是人工开发创建起来的体育旅游资源，是对古今人类社会活动、文化成就、艺术结晶、科技创造的记录。它包括体育运动、大型的体育赛事资源、主题乐园、健身中心、体育历史建筑及场地、文物古迹、古建筑工程、革命历史纪念地以及各地的风土民情等。

基于体育旅游资源的存在属性，袁书琪依据中国旅游资源普查规范，提出了一套非常详细的体育旅游资源分类体系，包括 2 大类、8 种主类、34 种亚类和 105 种基本类型，并对每一种类型给出了释义：

2 大类：自然体育旅游资源与人文体育旅游资源。

8 种主类：自然体育资源分为 4 种主类——地文体育旅游资源、水域体育旅游资源、体育旅游生物资源和自然现象体育旅游资源。人文体育旅游资源也分为 4 种主类——体育遗迹旅游资源、体育建筑与设施旅游资源、体育旅游商品和人文活动体育旅游资源。

34 种亚类：每一主类又分成了若干个亚类。以地文体育旅游资源为例，亚类包括体育活动山地、体育活动沙石泥地、体育活动洞穴、体育活动岛礁和地质突变探险地。

105 种基本类型：每一亚类又细分为若干基本类型。仍以地文体育旅游资源为例，其中，体育活动山地分为大众登山山体，专业登山山体，体育活动岩壁、陡崖与石林，探险山地和军体活动山地等；体育活动沙石泥地分为沙漠探险地、沙丘运动场、沙滩运动场和泥地运动场等。

2. 依据体育旅游资源的功能划分

依据体育旅游资源的功能，我们可将体育旅游资源划分为娱乐型体育旅游资源、观光型体育旅游资源以及探险型体育旅游资源。

3. 依据体育旅游资源的分布场所划分

依据体育旅游资源的分布场所，可将其分为陆地资源、水体资源、空中资源和综合资源。

4. 依据体育旅游资源的再生性划分

依据体育旅游资源的再生性，可将其分为可再生资源和不可再生资源。可再生资源如：体育主题公园、大型体育设施等人类创造的景观资源；不可再生资源如：黄山、太行峡谷、长江、黄河等自然山水地貌资源。很多体育旅游活动都在户外进行，如果开发不当，容易对自然生态环境造成一定的损害，因此要特别注重资源的保护性开发。

5. 其他分类方法

柳伯力等在《体育旅游导论》中，按体育旅游的特性，将体育旅游资源分为大众体育旅游资源和极限体育旅游资源。大众体育旅游资源主要包括开展健身、休闲、娱乐等活动，极限体育旅游资源包括开展探险、溯源、探秘等高难度和高强度的活动。

周立华从体育旅游资源开发的角度出发，将体育旅游资源综合划分为2种主类型（参与型体育旅游资源和观赏型体育旅游资源）、7种亚类型（参与型体育旅游资源：地文体育旅游资源、水域体育旅游资源和体育赛事；观赏型体育旅游资源：历史文物古迹、民族文化及场所、生态体育旅游资源和文化盛事）和若干基本类型。

（四）体育旅游资源的特点

1. 自然存在性

旅游资源有其存在的客观性，体育旅游资源作为旅游资源的一部分，也有旅游资源的共性。其形成的基本条件是地理环境的差异性。体育旅游资源也包括体育旅游自然资源和体育旅游人文资源两个方面；它是人们生活过程中文化遗产和物质生活的支柱，是社会各方面资源的具体体现。

2. 吸引性

体育旅游资源必须具有吸引体育旅游者的能力，才能进一步开展体育旅游活动。首先，它必须有一定的美学价值，满足人们风景审美的视觉需求。其次，它可以使人们在移情、寄情中有释放情感的欲望。再次，在积极参与中充实自我。最后，在体育活动过程中挑战自我。

3. 地域性

地域性是指体育旅游资源分布具有一定的地域范围，存在地域差异，带有地方色彩。首先，由于地域分异因素（纬度、地貌、海陆位置等）的影响，自然环境因素如气候、地貌、水文、动植物出现地域分异，从而导致自然旅游资源出现地域性的差异。如赤道雨林景观、温带大陆内部的荒漠景观、南极的冰原景观等分别出现于不同的地表区域，可供开发的体育旅游项目就存在较大的差异。其次，由于人文景观与自然环境有紧密的联系性，在农业社会及其以前的历史时期，这种联系性甚至表现为强烈的依赖性，即自然景观的地域性也导致人文景观的地域性，二者相互依赖。如不同民族具有风格各异的文化活动、风俗习惯、村镇民宅等，各种民族传统体育活动和节庆更是受到旅游者喜爱。地域性是旅游流产生的根本因素。不同地方有不同的自然与文化环境，而旅游者天生有求新、求异的心理需求，这使得旅游者在一定的条件下跨越空间限制前往异地游览。

4. 季节性

由于地理纬度、地势、气候等差异，体育旅游资源同样具有季节性的特点。受季节性影响，体育旅游资源对游客的吸引有所不同。体育旅游资源的季节性表现在两方面：一方面，自然旅游资源本身的季节性变化影响体育旅游活动方式。或者说体育项目的开展会受季节的影响。如冬季在我国大部分景区不能开展游泳、漂流、潜水等水上项目，夏季不能开展滑雪、滑冰等项目。另一方面，游客所在的客源地环境和旅游资源所处的环境也具有季节性，这对旅游者的生理和心理会产生不同的影响，因此游客所产生的体育旅游需求也有所不同，例如，人们选择生理适宜的季节外出旅游。

5. 多样性

体育旅游资源是旅游资源与体育运动的结合，体育运动充实了旅游资源的内容。如《中华民族传统体育志》就收录了传统体育项目 978 项，这些项目既产生于自然，又在自然中发展，与自然环境融为一体，在特定的地域中形成了种类繁多、形式多样、各具特色的体育旅游资源共同体。此外，体育旅游资源的多样性还表现在体育旅游者需求的复杂多样性。

6. 客源的重复性

体育旅游有其独特的一面，就是因为它会让人们在亲身体验过后渐渐喜欢上某种项目，并且很喜欢该体育旅游项目给他带来的美好感觉，因此，游客就会产生再次体验的想法，使得体育旅游资源有多次利用效果。一般旅游资源不管是自然旅游资源还是人文旅游资源，重游率并不高。而体育旅游资源则有所不同——它旨在挑战和突破旅行者内心的屏障。尤其是高难度、刺激性强的体育旅游项目，更是体育旅游活动者重新体验的高频项目。

二、体育旅游产品

（一）体育旅游产品概念

所谓产品，从现代市场营销观念出发，是指向市场提供的能满足人们某种需要和利益的物质产品和非物质形态的服务。旅游产品既有有形的内容，也有无形的服务，它是一个整体概念。

从需求者即旅游者的角度，旅游产品是指旅游者支付一定的金钱、时间和精力所获得的满足其旅游欲望的经历。旅游者通过对旅游产品的购买和消费，获得心理上和精神上的满足。旅游者眼中的旅游产品，不单单是其在旅游过程中所购买的饭店的一个床位，飞机或火车的一个座位，或是在一个旅游景点的参观游览，以及享受的一次接送和陪同服务等，而是旅游者对所有这些方面的总体感受。

从供给者角度，旅游产品是指旅游经营者凭借一定的旅游资源和旅游设施，向旅游者提供的满足其在旅游过程中综合需求的服务。通过旅游产品的生产与销售，旅游经营者达到营利的目的。这里，旅游产品最终表现为活劳动的消耗，即旅游服务的提供。

体育旅游产品，是指向体育旅游者提供的用以满足其体育旅游活动需求的全部服务。体育旅游产品是旅游产品的一个重要分支，其核心要素为体育。也就是说，所有的体育旅游产品首先是一种旅游产品，必须满足旅游的要素：离开惯常生活环境，陶冶情操、增长见识、愉悦身心；其次，体育旅游产品需具备“体育”元素：体育旅游者通过借助各种体育手段对旅游目的地的事物和事件进行直接观察或参与，从而满足体育旅游者的多层次需求。

同旅游产品一样，体育旅游产品包含实体产品和无形产品两部分。实体产品包含体育场馆、相关专业设施、体育活动及赛事以及开展体育旅游的各种资源（包括自然资源、人文资源、体育旅游纪念品等）。体育旅游无形产品一般包含体育专业服务系统，比起一般旅游产品来又要求更加严格的气候条件、地理位置等。

（二）体育旅游产品的特点

现代社会人们越来越重视自身的健康状况，参与体育健身的意识不断增强，参与健身、娱乐、探险等各类体育旅游活动的人数不断增多。以市场为导向的体育旅游产品，表现出如下特点：

1. 健身性

体育旅游活动以身体运动方式进行的特征，决定了体育旅游产品的健身性。特别是长期居住和工作在城市里的人们，参加体育旅游活动，对于调节快节奏的工作，摆脱现代化的都市生活环境，具有既健身又悦心的双重功效。

2. 休闲性

体育旅游活动没有纯粹体育的激烈对抗性、严格规则限制和承受比赛胜负的压力，而是以愉悦、休闲、放松等为主要目的，因此，体育旅游产品表现出休闲性。人们在体育旅游中可以根据自己的兴趣爱好，自由选择活动内容与方式，从而达到放松心情、调节生理和休闲的目的。

3. 大众性

参加体育旅游不受年龄、性别的限制，许多体育旅游项目不仅受到青少年的喜爱，而且中老年人尤其是女性也十分乐意参加。且大多数体育旅游项目都不追求专门技术，并通过简化规则和特殊装置使活动变得简单有趣，从而使运动能力、身体条件较差的人也能愉快地参加活动。

4. 交际性

现代社会高度的劳动分工和高速的城市化进程，使人们之间的交往大大减缩，人际交往的形式也越来越简洁化、浓缩化。因此，人们迫切地需要利用休闲时间进行沟通和交往，体育旅游产品就成为人们实现这一目标的载体和手段。

（三）体育旅游产品的分类

纵观国内外学者的研究成果，体育旅游产品主要有以下分类方法：

1. 以体育行为方式为依据划分的类型

外国学者主要以人的体育行为方式为依据，以体育自身领域为基础，从体育本质属性上反映体育旅游产品内容。最具代表性的主要有 Gibson 提出的体育旅游的三种类型，即主动型体育旅游（参加体育活动与赛事）、赛事型体育旅游（观看体育赛事）和怀旧型体育旅游（被著名体育赛场、体育明星所吸引）。原田宗彦提出的体育旅游三种类型，即非专业性体育赛事参与型（如群众性马拉松健康长跑）、观赛型（如为奥运会、世界杯等体育赛事到现场观看助威）和休闲健身型（如因为个人兴趣参加滑雪、高尔夫等运动）。

2. 以旅游者的出游动机为依据划分的类型

外国学者 Hall 提出标志性事件型（以观看大型赛事为主要目的）、户外游憩型（主要指以游憩娱乐为目的在户外进行的各种体育活动，如划船、滑雪、冲浪及户外探险等）、康体健身型（参加以健身为目的的温泉浴、高尔夫等体育活动）。国内众多学者对这一划分方法进行了归纳与调整，如汪德根等将竞技、休闲、刺激型从户外游憩型中进一步细分出来，共分为以下六大类：休闲体育型，如钓鱼、登山、冲浪、骑马、游泳等；健身体育型，如打保龄球、打网球、溜冰、潜水、打羽毛球等；体育观战型，如奥运会旅游、亚运会旅游、世界杯旅游、NBA 旅游等；刺激型，如探险旅游、海底旅游、沙漠旅游、漂流旅游、攀岩旅游等；竞技型体育旅游，如帆船、滑雪、射箭、滑翔伞等；其他类型，如冰雕雪橇旅游、骑骆驼旅游等。

3. 根据体育旅游活动形式的分类

(1) 休闲健身类体育旅游产品

它是指消费者直接参与的，以达到放松心情、愉悦身心的休闲与健身目的的体育旅游产品，一般拥有较多的参与者，且具备参与的重复性。如滑雪、水上运动及一些城市的体育运动公园等。

(2) 观战类体育旅游产品

它是指消费者被体育赛事所吸引而前往现场观摩的体育旅游形式。观战类旅游在全球的许多国家都极为盛行。如欧洲的足球联赛、美国 NBA 联赛以及奥运会比赛等均吸引各国的体育爱好者前往观战。在国内中超足球联赛的比赛中，全国各地的球迷也兴致浓郁、有组织地前往观战。

(3) 体验类体育旅游产品

它是指消费者将运动体验看作是享受生活、感受生活，参与生活中很难经历但又吸引人，使人感到兴奋或刺激的体育活动，如蹦极、攀岩、极限运动、海底探险、潜水等。体验类旅游项目具有一定的冒险性、刺激性和挑战性，可以充分满足人们的猎奇心理和内心的挑战欲望。

三、体育旅游项目

(一) 旅游项目

旅游项目因旅游系统的存在而存在，是人们旅游活动的物质文化载体，是旅游策划规划的对象。

1. 旅游项目的内涵

旅游项目是由项目的概念延伸出来的，是指在一定时间范围内，在一定的预算范围内以促进旅游目标实现而投资建设的项目。它包括景区景点项目、饭店建设项目、游乐设施项目、旅游商品开发项目、旅游交通建设项目、旅游培训教育基地项目等。

旅游项目与一般的项目不同，它具有自身独有的特征。旅游项目的产品具有不可转移性，其市场前景具有旅游行业自身的特殊性。

2. 旅游产品与旅游项目的关系

首先，二者角度不同：旅游产品是从经济学角度定义的概念，而旅游项目是从旅游开发、运营、管理的角度定义的概念。

其次，二者时间阶段不同、对象不同：正在开发的被称为旅游项目，而已经开发完成，准备出售给旅游者的，则被称为旅游产品。

3. 旅游项目的实施步骤

一个旅游项目得以顺利实施，一般要经过项目的立项、项目可行性研究报告、项目规划实施方案、资金筹措、项目具体建设等几个必要环节，从而服务于整个项目的发展。

一般实施步骤为：提出项目建议书；决策部门提出审批意见（否决项目或提出立项报告）；建设单位编制项目可行性研究报告；决策部门提出可行性研究报告的审批意见（否决项目或提出立项报告—承诺贷款—提出贷款意向）；金融机构提出评估报告（否决项目或承诺贷款）；开始施工。

（二）体育旅游项目

体育旅游项目是借助于体育旅游资源开发的、以体育旅游者和当地居民为吸引对象，为其提供健身娱乐和休闲消遣服务，具有持续吸引力，并以实现经济、社会、生态环境效益为目标的旅游项目。结合体育旅游产品的分类，我们从开发的视角，将体育旅游项目分为两大类：观赏型体育旅游项目和体验型体育旅游项目。

观赏型体育旅游项目就是使旅游者主要通过视听感官对体育活动、体育赛事、体育建筑场馆场地、体育艺术景点以及各具特色的体育文化进行欣赏体验的，旨在从中获得愉悦感受的旅游项目。它包括体育观战旅游项目和体育观光旅游项目。体验型体育旅游项目是指消费者直接参与的，以康体、健身、娱乐或者追求惊险刺激为目的的体育旅游项目。

复习思考题

1. 什么是旅游？旅游的基本属性有哪些？什么是体育旅游？

2. 什么是体育旅游资源？体育旅游资源的功能与特点分别是什么？如何对体育旅游资源进行分类？

3. 什么是体育旅游产品？体育旅游产品的特点有哪些？如何对体育旅游产品进行分类？

4. 体育旅游项目的定义是什么？

第二章　体育旅游项目策划与管理的基础理论

第一节　体验经济理论

体验经济被称为继农业经济、工业经济和服务经济阶段之后的第四个人类的经济生活发展阶段，或被称为服务经济的延伸。从工业到农业、计算机业、因特网、旅游业、商业、服务业、餐饮业、娱乐业（影视、主题公园）等各行业都在上演着体验或体验经济。

一、体验经济的含义与特征

体验（experience）通常被看成服务的一部分。但实际上，体验是一种经济物品，像服务、货物一样是实实在在的产品，不是虚无缥缈的感觉。

1998 年，约瑟夫·派恩二世（B. Joseph Pine Ⅱ）和詹姆斯·吉尔摩（James H. Gilmore）在《体验经济》一书中提出，所谓体验，就是企业以服务为舞台，以商品为道具，环绕着消费者，创造出值得消费者回忆的活动。其中的商品是有形的，服务是无形的，而创造出的体验是令人难忘的。

与过去不同的是，商品、服务对消费者来说是外在的，但是体验是内在的，存在于个人心中，是个人在形体、情绪、知识上参与的所得。没有两个人的体验是完全一样的，因为体验来自个人的心境与事件的互动。体验经济的灵魂或主观思想核心是主题体验设计，而成功的主题体验设计必然能够有效地促进体验经济的发展。在体验经济中，“工作就是剧院”和“每一个企业都是一个舞台”的设计理念已在发达国家企业经营活动中被广泛应用。

体验经济具有如下基本特征：

1. 非生产性

体验是一个人达到情绪、体力、精神的某一特定水平时，他意识中产生的一种美好感觉。它本身不是一种经济产出，不能完全以清点的方式来量化，因而也不能像其他工作那样创造出可以触摸的物品。

2. 短周期性

一般规律下，农业经济的生产周期最长，一般以年为单位；工业经济的周期以月为单位；服务经济的周期以天为单位；而体验经济是以小时、甚至以分钟为单位。

3. 互动性

农业经济、工业经济是卖方经济，它们所有的经济产出都停留在顾客之外，不与顾客发生关系。服务经济已经注意到顾客参与的重要性，而体验经济则更注重与顾客的互动，因为任何一种体验都是某个人身心体智状态与所筹划事件之间的互动作用的结果，顾客全程参与其中。

4. 不可替代性

体验经济的产出物“体验”的需求要素是突出感受，这种感受是个性化的，在人与人之间以及体验与体验之间有着本质的区别，因为没有哪两个人能够得到完全相同的体验经历。

5. 映像性

任何一次体验都会给体验者留下难忘的回忆：一次航海远行、一次极地探险、一次峡谷漂流、一次乘筏冲浪、一次高空蹦极、一次洗头按摩……而且，体验者对体验的回忆超越每一次体验本身。

6. 高增值性

体验经济是一种价值增值的过程。成本不过 2 元钱的咖啡，在气氛温馨的咖啡屋，伴随着古典轻柔音乐和服务人员的亲切笑脸，价格可能达到数十元，顾客也认为物有所值。体验的营造的过程，也是价值增值的过程。

7. 非免费性

在成熟的体验经济中，产品的价格不仅仅与实物商品的价值相联系，消费者还将为体验而付费。产品设计者围绕着引人入胜的主题，设计独特的体验，让消费者觉得值得为此付费。

二、体验经济与旅游产业发展

马克思早就说过，忧心忡忡的穷人和满眼是利害计较的珠宝商都无法欣赏珠宝的美，旅游活动也是如此。叶朗先生在国内较早地提出：“旅游，从本质上说，是一种审美活动。离开审美，还谈什么旅游……旅游活动就是审美活动。”于光远先生同样强调：“旅游是现代社会生活中居民的一种短期的特殊的生活方式。这种生活方式的特点是：异地性、业余性和享受性。”他们都强调了旅游活动的休闲性与审美性，这是非常有见解的。我们从中国古代对“游”字的解释中同样可以获得对旅游活动的休闲与审美特征的启示。“游”在《说文解字》中被解释为“旌之垂”，其本义是旌旗的垂落，自由自在地漂游，可引申为自由自在。朱熹这样解释“游”：“玩物适情”，意为愉悦中的生命体验自由。由此我们可以这样理解旅游的含义：人在旅途（旅），自由地体验与欣赏（游），旅游的意义就是自由生命的自由体验。

旅游需要休闲的状态，旅游需要自由的感受，旅游需要艺术的想象，旅游需要审美的情趣。阿尔卑斯山上山的公路旁立着一块提示牌：“慢慢走，请欣赏”，这正道出了旅游的真谛。日本著名美学家今道友信将审美知觉表述为“日常意识的垂直中断”，这也可以作为旅游状态的描述。真正的旅游者不应该是浮光掠影、走马观花、直奔目的地的匆匆过客，而应该是玩物适情、情与物游、品味全过程的体验者。这就需要我们在旅游景观的营造、旅游服务的提供等各方面充分地考虑人的休闲、审美与体验的需求。

现代社会，越来越多的消费者渴望得到体验，愈来愈多的企业精心设计、销售体验。在体验经济中，企业不再仅仅是销售商品或服务，它提供最终体验并充满感情的力量，给顾客留下难以忘却的愉悦记忆。从这个角度来说，在体验经济时代，顾客每一次购买的产品或服务在本质上不再仅仅是实实在在的商品或服务，而是一种感觉，是一种情绪上、体力上、智力上甚至精神上的体验。旅游作为人们求新、求异、求奇、求美、求知的一种重要途径，本身就是一种体验经济。

体育旅游是体育与旅游的结合，能够实现体育资源和旅游资源的互惠互利。在形式上它是一项旅游活动，而其主要内容则是体育。在体验经济时代，作为最直接的体验方式，运动因其在健身、娱乐、休闲、刺激、参与性等方面的独特魅力而广受欢迎。21 世纪无疑是体验经济的时代，旅游行业因其体验的本质而成为体验经济的重要组成部分。游客更希望通过旅游来获得一次难忘的经历，充满刺激的体育旅游活动将会广受欢迎，如跳伞、蹦极、攀岩、漂流、潜水、滑草、动力伞、狩猎等。

三、旅游体验及其分类

旅游业对体验经济的关注大约从 20 世纪 60 年代开始，逐渐变成学术界和旅游管理机构研究的重点领域之一。学者们将旅游的本质视为一种体验活动，是旅游者离开常住地去异地获得的经历和感受，它既包括旅游者运用原有知识对客观事物进行分析和观察所获得的心灵共鸣及愉悦的感觉，也包括他们通过直接参与活动而得到的舒畅感，同时旅游者在旅行中通过接触陌生事物而进行学习的过程也是一种体验。我国学者谢彦君在 1999 年于其专著《基础旅游学》中提出旅游是种体验的观点，现在越来越多的国内学者和旅游机构关注体验经济在旅游行业中的应用。

1. 旅游体验的内涵

谢彦君在《基础旅游学》中指出，旅游体验是旅游个体通过与外部世界取得联系从而改变其心理水平并调整其心理结构的过程，这个过程是旅游者心理和旅游对象相互作用的结果，是旅游者以追求旅游愉悦为目标的综合性体验。作为体验的一个分支，或者说是体验的一种特殊类型，旅游体验过程可以表达为“旅游环境刺激—旅游者对信息的加工融合—旅游体验形成”。

从性质上看，旅游体验类似于一种“镜像体验”，即通过目的地这面镜子，旅游者在凝视“他者”的同时，也在认识着自我。

从结构上看，旅游体验具有多重层次结构：其一，从时间结构上看，旅游体验包括预期体验、现场体验和追忆体验，呈现出阶段性特征，并随时间的流逝而不断地升华，进而演化成人们生活经验和精神世界的一部分；其二，从深度结构上看，旅游体验具有一定的层次性，基本上可分为感官体验、身体体验、情感体验、精神体验和心灵体验五个层次，越是深度的旅游体验，越能让游客感到旅游的意义；其三，从强度结构上看，旅游体验通常可分解为一般性体验和高峰性体验两个层面，越是能达到高峰性的体验，越能使游客感到旅游的价值。

体验经济是服务经济进一步深化的结果，是通过创造个性化生活及商业体验而获得利润。体验经济的到来，意味着人类的生产及消费行为都发生了变化。随着旅游业的发展日趋成熟，旅游者需求也逐步在发生变化。旅游者由缺乏旅游经验，使用标准化旅游产品，发展到逐步对大众旅游产品感到厌倦，更注重个性化的服务，追求灵活性、挑战性和多种选择等。反映在旅游产品的需求上，过去单一的观光、娱乐旅游产品对旅游者的吸引力日渐衰弱，而休闲化、个性化和参与性强的旅游产品则受到青睐。在出游行为上表现为：更愿意选择散客而非团队；选择个性化定制的旅游产品而非标准化产品；从跟随他人去名胜古迹到自己发现旅游胜地；从“走马观花”式的巡游到“下马观花”式的游览；从旁观到参与；从只重视“到此一游”的结果到同时重视结果与过程；从被组织和被安排到自己组织和自己安排。

体验式营销、体验式消费将继续深化，在温饱已经不再是问题的年代，人们购买的不再只是商品本身，更看重的是商品附加的象征意义。当旅游活动结束时，虽然游客带不走旅游资源，但记忆将长久保存对过程的体验，人们愿为这种体验付费，“因为它美好、难得、非我莫属、不可复制、不可转让、转瞬即逝，它的每一瞬间都是一个唯一”（汪丁丁）。对于旅游企业来说，应该做的是像迪士尼创始人华特·迪士尼说的那样：“我希望它所带给你的将全部是快乐的回忆，无论是什么时候。”

2. 旅游体验的类型

《体验经济》一书中将体验分成娱乐、教育、逃避现实和审美四种，最难忘的体验是处于四者交汇的“甜美的亮点”。

(1) 娱乐（Entertainment）

体验经济时代，娱乐是生活的主流。美国《时代》周刊曾预言，2015年前后，发达国家将进入休闲时代，休闲产业在美国国民生产总值中将占据一半的份额，新技术可以让人们把生命中50%的时间用于休闲。生活中新的娱乐方式不断涌现，游客通过不同的娱乐方式使自身得到放松，忘却苦恼。追求快乐还成为自我实现的价值泛化，正如电影《甲方乙方》讲述的那样，“好梦一日游”公司让痴迷军事的小书贩当了回“巴顿将军”，让想过苦日子的百万富翁当了一段时间衣衫褴褛的乞丐。

按照游客对娱乐活动的参与程度差异，可将娱乐体验分为三种：观赏型娱乐、参与型娱乐和介于二者之间的观赏参与型娱乐。

观赏型娱乐是指游客主要通过静态观赏的方式，以精神参与的形式来感知娱乐活动，如观看电影、戏剧表演等；参与型娱乐是指游客主要通过动态的方式，以身体参与的形式来感知娱乐活动，如攀岩、漂流、冲浪等；观赏参与型娱乐是指游客通过静态与动态结合的方式，同时运用精神和身体来感知娱乐活动，如观赏动物的同时进行喂养、拍照或与动物玩游戏等。

(2) 教育（Education）

早在大旅游时代（Grand Tour），旅行就被视为教育的重要手段。我国古代以李白、杜甫为代表的士人漫游，也是将教育和旅游结合的体现。教育和旅游起着相互促进的作用，游客能在旅行的过程中获得知识，教育程度又可提高人们出游的倾向性。

按照游客的旅游目的，可将其教育体验分为两类：一类是主观的教育体验，一类是客观的教育体验。主观的教育体验是指游客以教育为主要目的，通过参加旅游活动，以满足自己的求知欲，如修学旅游、体验式游学、红色旅游等；客观的教育体验是指游客的主要目的并非教育，但在旅游过程中无意识地获得了知识。从广义上来说，任何形式的旅游都可以扩展游客的知识面，游客不仅可以通过旅游资源，还可以通过出游接触到不同类型的人。西方人常说，“Travel is broadening”（旅行就是长见识）。

（3）逃避现实（Escape）

在分工细化、操作重复、生活节奏快、工作压力大的现代社会，人们面临生理健康和心理健康的双重威胁。哲学家马尔库塞将因为社会异化导致人格畸形的人形容为“单面人”，人们为了摆脱繁重的工作、复杂的人际关系，往往会选择旅游为一种自我调节或暂时逃避的手段。

按照游客逃避的原因，可将逃避的体验分为四类：逃避城市环境、逃避日常生活、摆脱工作压力和逃避复杂的人际关系。

逃避城市环境是指人们逃避在城市中因人口密集、交通拥堵、环境污染、资源短缺等因素而导致的压力，而现代科学技术造就的钢筋混凝土的城市也让人有种冷冰冰、硬邦邦的感觉，缺乏亲切感。

逃避日常生活是指人们逃避日复一日的单调生活，如学生的“三点一线”（食堂、教室、宿舍），选择一处远离自己日常生活的地方，寻求新鲜感。

摆脱工作压力则是因为竞争激烈的工作导致人的精神紧张和自信心受挫，希望通过旅游活动来舒缓压力、恢复信心。

逃避复杂的人际关系则是因为“人际关系的稀薄化”（海德格尔）而导致人情冷漠的“邻居心态”和“假面人”。通过旅游活动，人们可以结交无利害关系的新朋友，或沉浸在自己的世界，或去农村享受田园式的淳朴人际关系。

（4）审美（Esthetieism）

旅游是一项集自然美、艺术美和生活美之大成的综合性审美实践活动。随着物质生活的丰富，个人的可支配收入与闲暇时间的增加，大众对旅游审美的需求不断增强。通过审美活动，游客可以净化情感和调节心理环境，改善生活品质，促进人的全面发展，造就灵魂优美的人。

四、旅游体验的塑造

心理学认为人从外界获取知识的过程，是通过感觉、知觉、记忆、思维、想象、学习等环节，合称认知。《体验营销》的作者伯恩德·H. 施密特（Bernd H. Schmitt）根据消费者的认知过程提出要站在消费者感觉（Sense）、情感（Feel）、思维（Think）、行动（Act）、关联（Relate）五个方面，重新定义、设计营销的思考方式。为了使游客获得最佳的旅游体验，景区应在充分了解顾客的基础上，推出满足游客内在和外在诉求的产品和服务。

（一）旅游体验塑造的原则

1. 真实性原则

真实性在塑造旅游体验方面非常重要，真实的场景和人物有助游客形成高质量的体验。目前对体验的理论研究主要有“客观性真实”“建设性真实”和“存在性真实”三种。

“客观性真实”的观点是强调原汁原味，即对事物原型的体验，比如对真实存在的山、水旅游资源的体验。

“建设性真实”的观点认为旅游目的物的真实性仅是象征意义上的真实性，与“建设性真实”相似的是旅游目的地形象的模式化。如苏格兰已经没有多少穿格裙的风笛演奏者，斐济也没多少穿草裙的土著，但只要苏格兰和斐济向游客包装演绎一下，游客就会有种“真实感”。对于景区来说，应该认真研究游客心目中的“真实性”，而不是自身或当地居民理解的“真实性”。

“存在性真实”的观点认为游客主要是通过旅游活动来寻求真实的自我，感受被激活的生命存在状态。这种体验强调的是“在场”和“参与”，如野营、登山、蹦极等活动，游客更注重的是自己的主动参与，而不太在意旅游资源是否真实。

2. 差异性原则

旅游项目建设中应该设法向游客提供具有独特性的东西（包括产品、服务和景区形象等），并且同竞争对手区别开来，力争做到“人无我有，人有我新”。

景区塑造差异化的手段有：

①景区实体产品、景区布局、餐饮、服饰、举止等方面的差异；

②景区主题文化、服务流程、个性关怀方面的无形差异；

③目标市场定位的差异，准确定位顾客群能有效避免竞争；

④促销策略。了解游客内在的真实性需要与欲求，采取合适的促销方式能给游客强烈有效的刺激。

实行差异化最主要的问题是差异化的持久性，这往往取决于顾客的价值观和竞争对手的模仿程度。

3. 文化性原则

文化是引导景区顾客参与活动并进行相关消费的深层次因素，自觉或不自觉地影响着游客的行为。旅游景区要高度重视旅游文化建设，充分挖掘景区的文化内涵。在塑造旅游体验时，景区可以从中国传统文化、本地的地域文化（如风俗、传说、典故、饮食等）方面发掘，同时借鉴外来文化，再辅以景区自己营造的企业文化，打造一套富有特色的旅游文化体系。

4. 参与性原则

没有参与，就难以形成高质量的旅游体验，景区的产品设计应考虑游客的参与性。在体验经济时代，游客不但是消费者，同时也可是生产者。景区要为游客提供一个自我施展的舞台，使他们更好地置身其中，通过参与各种项目，获得个人的成就感和更精彩的旅游体验。适度的挑战型活动能使旅游者忘却自我，全身心地参与到项目中。如坐滑翔飞机观看景区、走迷宫、野外生存等。

（二）旅游体验塑造的方法

1. 感官刺激

旅游认知过程总是从较为低级的感觉、知觉开始，平淡无奇的事物很难引起游客的关注。景区应充分调动人们的五官，有效刺激游客的视觉、听觉、嗅觉、味觉、触觉等，强化游客的体验。

（1）视觉

在人类的所有感觉中，视觉无疑是最重要的，80％以上的外界信息经视觉获得。旅游活动也是从视觉活动开始，体育旅游景区景点的开发与设计首先必须从视觉角度出发。景区从视觉上要给游客以赏心悦目、新奇、震撼等体验，在总体布局和局部精耕上都要注重视觉冲击感。这需要景区精心设计景观的组合搭配、陈列设计、艺术效果以及注重色彩的巧妙运用。色觉对于视觉极为重要。饭店大堂、客房设计环节早已充分重视色彩的搭配；国外许多城市利用城市色为城市进行推广，如巴黎的米黄色、伦敦的土黄色，为此对城市的建筑进行色彩限定。景区也应充分利用色彩对游客的调动作用，如迪斯尼会根据各游览区的主题和色彩配以相应颜色的鲜花，游客一进入公园就为色彩缤纷的鲜花所吸引；少数民族多彩的服饰、故宫的金黄和红色主题、普罗旺斯的薰衣草紫色海洋都能给游客留下深刻的印象。需要留意的是，色彩会涉及文化和个体价值观差异的因素，如日本人忌讳绿色而中东大多数国家则喜欢绿色。

（2）听觉

一般认为，在人类各种感觉中，听觉的重要性仅次于视觉。人们常说“有声有色”，听觉可以让游客感受到街市和自然的声音。风声、雨声、蝉鸣、鸟叫、蛙声等能让人有种回到自然怀抱的感觉，而山歌、方言、音乐等则会让游客领略到人文之美。对于来自城市的游客而言，很少能感受到自然的听觉美，就这点来说，景区听觉美的重要性并不亚于视觉美。

西方景区往往将声音视为塑造氛围的重要手段，如英国的比米什露天博物馆在经营的过程中，将鸡鸭叫声、格格作响的有轨电车、噼啪作响的火堆、嘎吱作响的车辆、铜管乐队视为勾起人们怀旧情绪的手段；伦敦博物馆包房利用金属管风琴声营造维多利亚时代的气氛；约克郡的约维克博物馆则利用声响效果再现北欧海盗的时代。布利斯顿（Burleston）在美国的调查发现，音乐会影响到商业交易，舒缓的背景音乐能增加消费金额，而且会延长顾客的滞留时间。在我国的景区中，寒山寺的钟声则是成功的典范，它将文学、宗教、传说与自然很好地结合在一起。另外，“声音品牌化”已成为品牌推广的新手段，美国、日本、新加坡等国家以及中国香港等地区都有“声品牌”和“味品牌”，我国旅游景区当借鉴国内外的先进经验。

（3）嗅觉、味觉

嗅觉具有很强的适应性，但在对新环境的感知中，嗅觉是非常敏感的。好的气味能使人精神愉悦，轻松兴奋；难闻的气味则会让人沮丧，而且会联想到景区的卫生质量问题。20 世纪 50 年代的东京因没有抽水式厕所而气味难闻，后来因为要举办奥运会而进行了厕所卫生革命，旅游者才大量涌入。厕所环境脏乱、气味难闻是我国旅游业面临的一个难题，新世纪开始，我国推进旅游厕所的建设和质量等级的评定。“气味营销”在景区中的应用有普及之势，如香水喷泉、香雾景观、香水瀑布、芳香走廊、芳香花园等。

味觉可以满足我们品尝美食的需要，旅游景区应充分利用我国烹饪大国的优势，将景区的餐饮条件变成吸引游客的重要手段；味觉还被认为是触发回忆、唤起怀旧情怀的有效方式。英国的比米什露天博物馆利用一些往昔的气味营造工业和乡村文化遗产式的气息，比如农场中的动物气味、20 世纪 20 年代牙医诊所中的丁香油气味等。

（4）其他感觉

①触觉。通过手、足及身体其他部位皮肤的触摸，旅游者能将虚幻的感觉真实化，古典文学中常提及的抚栏、倚栏、拍栏杆等动作，就是种触摸体验。旅游景区中，一些雕像如石狮、铜牛等常满足了客人触摸的欲望，天安门大门上的铜乳钉个个被摸得发亮。

②温度觉。旅游者对气候、温差的因素也很重视，“四季如春”是人们

普遍的理想选择。一般来说，气温为18 ℃～23 ℃，相对湿度为65%～85%的气候是宜人的。我国由于受大陆性季风气候的影响，大部分地区冬冷夏热，宜人气候分布的地区与季节均受到限制。对于景区来说，室内温度可以控制，室外温度则很难控制。

③痛觉。在一般情况下，痛觉引起的体验是负面的。但在一些特殊的旅游形式中，“以苦为乐”反而成为人们寻求挑战、追求刺激、拒绝生命委顿的一种动力。极限、探险旅游就属于此列，比如欧美旅游者中有大量的Trill-seekers（寻求刺激者）。对于景区来说，在最大程度上保障游客安全的同时，不妨巧妙运用痛觉在一些挑战性项目上。

④动觉、平衡觉。动觉在旅游者的娱乐消遣活动中起着重要作用，打球、滑雪、蹦极、冲浪、坐过山车、乘坐交通工具等环节都会产生动觉。动觉能提高游客的旅游热情，增强旅游体验。所以景区在设计旅游产品时，要注意让游客“动起来”，切忌只是静态观赏。平衡觉能提高人们的兴奋度，但在设计项目时要尽量避免运动晕眩感（晕车、晕船等）。

2. 感官刺激在景区中应用须注意的问题

(1) 感觉的适应性

人的感觉只有在它刚发生时才是强烈的，之后就越来越弱。适应作用与刺激强度也有关，刺激越强烈，适应作用发生得越快。对景区而言，愉悦游客感官不是一劳永逸的事，只有不断地提高或改变，感官刺激才能持续存在。

(2) 感觉阈限

每种感觉器官都有特定的感觉阈限，刺激太强或太弱都不能引起人的感觉。在设计景区产品时，既要考虑绝对阈限，也要考虑差别阈限。如照明光源的设计需超过30Hz，音响设备要保持在20～20000Hz。而在改变产品外观时，要注意差别阈限的计算。

(3) 知觉心理特征

感知是认知的底层，它对感觉所获得的信息进行处理，由此引发知觉。而知觉具有选择性、整体性、相对性、组织性等特征，所以感官刺激在不同游客中引发的感知不尽相同，这和个人背景密切相关，如教育、智力、兴趣、期望、个性、需求、文化、社会阶层等。

(4) 感官刺激的综合运用

在旅游体验系统的设计过程中，要综合运用各种感官刺激，充分调动人们的五官，有效刺激游客的视觉、听觉、味觉、嗅觉和触觉。同时要注意，针对不同的消费者群体，在运用手段上也要有所变化。

3. 特色主题

主题是景区的灵魂，是景区一系列产品组合的精炼。没有特色主题，游客就抓不住景区的主轴，只会留下散乱的印象。策划一个好的主题，需注意以下几个方面：

第一，主题宣传口号要简练易记且能精炼概括景区的特征。像宋城的“给我一天，还你千年”，既表达出宋城要展示的历史内涵，又朗朗上口。香格里拉的“深呼吸一次，足足回味一辈子”，强调了香格里拉优良的天然条件。

第二，深入挖掘当地文化内涵，开发别具一格的主题。如在我国的各个少数民族聚集区，有着大量的民族传统体育活动，如蒙古族的摔跤赛马、黎族的跳竹竿、藏族的射箭等，还有许多传统的节庆活动，因极具地方特色，受到旅游者的喜爱。因此景区要因地制宜进行文化挖掘，形成独有的文化品牌。

第三，产品整合。景区在主题的统率下，要严密地整合各项产品以加强主题印象。在布局方面，要注意景物的主题分区，塑造立体层次感；在风格上，要注意景物资源与主题的和谐搭配；在游览路线的设计上，要让游客有“畅”的感觉；在产品开发方面，要注重高科技和旅游产品的结合，还要不断翻新，让游客能不断获得新鲜的体验。

4. 提供纪念品

旅游纪念品能满足游客的购物需求，传播地域文化，能将景区文化有形化；旅游纪念品还起着无形的广告作用，同时还会延长旅游体验持续的时间。对于游客来说，经历是无形的，容易遗忘的，通过摄影和购买纪念品，游客能将自己的旅游经历保存起来。游客购买纪念品，不仅可以收藏，还可以用来馈赠或炫耀，在与别人分享快乐的同时获得心理上的满足。从这个层面来说，纪念品是一种使体验社会化的方法，人们通过它把体验的一部分与他人分享。

旅游纪念品在设计时要注重顾客参与，一种方式是让游客体会设计者所要传达的意境，从而唤起游客的某种联想，这种联想与游客的旅游活动密不可分，能满足游客某种情感诉求；另外一种方式是让游客自己动手制作，就是人们常说的DIY。自己动手制作纪念品本身就是旅游经历的一部分，融入了游客的劳动和智慧，具有更高的价值。

旅游纪念品的设计还需要鲜明的主题，纪念品主题的选择一要从消费者立场出发，二要突出主题的文化性和教育性，三要有差异性，四要紧跟时代，符合潮流。比如上海的旅游纪念品迎合世博会的契机，推出与世博会有关的“城市”主题旅游纪念品；而 2010 年又正值虎年，与虎有关的旅游纪念品同样大受欢迎。

5. 游客参与、模仿

在景区体验塑造中，参与、互动和模仿是高质量体验形成必不可少的手段。通过参与、互动、模仿，游客才能融入主题情景，增强对景区资源的感知和理解，获得深度的旅游体验。

提高游客的参与性，景区须在旅游项目的设计和创新方面狠下功夫，合理分配主动式参与旅游项目、被动式参与旅游项目的比例，设计景区的旅游项目库（表 2-1）。在观光类的旅游景区，应注意将观光与参与相结合。景区还可通过满足游客的模仿心理来提供特殊的旅游产品。如美国推出的“模拟战场体验旅游”，让游客配备模拟装备，来模拟抢占高地、强渡河流、潜入森林、沙漠寻踪、巷战夜战、解救人质、救助伤员等“战场任务”。

表 2-1　体育旅游项目库

交通旅游类
1. 人力旅行：步行、越野步行、自行车、划船、竹筏、木筏、皮艇、水底观光走廊、坑道、栈道、人力桥
2. 兽力旅行：大象、骆驼、马驴骡、牛马车、其他兽力车、兽雪橇
3. 自然力旅行：滑翔、滑翔跳伞、帆船、漂流、溜索、荡索
4. 动力旅行：飞艇、热气球、飞机、直升机、水上飞机、蒸汽机船、游艇、游轮、飞翔船、太阳能船、气垫船、潜水艇、水下观光船、汽车、电动喷气汽车、太阳能车、摩托车、火车、轻轨、小火车、高铁、地铁、其他动力旅行车、索道缆车、自行爬山车、升降梯
娱乐类
1. 自然娱乐：冲浪、潜水、帆板、帆船、跳伞、激流或波浪娱乐、滑草、滑沙、滑雪、滑冰、风筝、其他自然娱乐
2. 器械与健身娱乐：摇曳、旋转、攀滑滑梯、搬运挂装、跳弹跨越、多人自行车、跳跳自行车、滑车、滑板、划船、水上自行车、脚踏轨道车、波浪车道、越野自行车、雪橇、武术、气功、体操健身、健美减肥、游泳、人造波游泳

续表

娱乐类
3. 动物娱乐：驯兽表演、斗鸡、斗牛、放生
4. 动力娱乐：汽车拖曳跳伞、快艇拖曳跳伞、汽车越野、赛车、汽车练习、摩托车、摩托艇、碰碰船、碰碰车、游艇、翻滚车、月球车、自由落体、观光摩天轮、过山车
5. 理疗：避暑、避寒、冲击震动理疗、潮湿法理疗、推拿气功、针灸、药膳、理疗浴（咖啡药浴）、沙浴、温泉浴、矿泉浴、负氧离子浴、森林浴、氧吧、桑拿浴、蒸气浴、冰水浴、光波浴、高温瑜伽
6. 智力活动：迷宫、猜谜、棋牌、越野智力比赛、电子游戏、虚拟现实、其他智力娱乐
7. 生产娱乐：狩猎、诱捕、网捕、渔猎、垂钓、放牧及饲养、农林种植收获、采撷、食品加工、纺织、锤炼打制、建造制作
8. 体育竞技与军事娱乐：彩弹实战、射击、射箭、相扑、击剑、军事娱乐、其他军体竞技、赛艇、赛马、保龄球、草地保龄球、体育竞技观演、高尔夫、网球、足球、沙滩足球、篮球、排球、沙地排球、乒乓球、羽毛球、手球、马球、门球、垒球、棒球、曲棍球、冰球、水球、桌球、壁球、其他体育经济活动

资料来源于马勇、李玺：《旅游景区管理》，中国旅游出版社，2006年（节选）。

案例链接　　**迪士尼的体验经济**

“It all started with a mouse（一切都始于一只老鼠）！”这是沃尔特·迪士尼生前最喜欢说的一句话。众所周知，迪士尼的第一桶金始于动画片，如米老鼠、唐老鸭、狮子王、人猿泰山、机器人总动员等。凭借票房的成功，迪士尼将动画片所运用的色彩、刺激、魔幻等表现手法与游乐园相结合，营造了一个童话世界。在“冒险乐园”里，可以感受冒险的刺激；在“梦幻世界”里，可以体验卡通的可爱；在“未来世界”里，可以触摸未来的脉搏。迪士尼遵循的是服务剧场理论，景区的员工就是演员，“值班”是“表演”，“制服”是戏装，员工的一言一行应该严格按照设定的角色进行。在迪士尼，游客能同艺术家同台舞蹈，参与电影配音，制作小型电视片，通过计算机影像合成为动画片中的主角，亲自参与升空、跳楼、攀登绝壁等各种绝技的拍摄制作等。迪士尼还让人们在这儿举办主题婚礼和生日，享受童话式浪漫，让员工与游客共同营造快乐的迪士尼。

资料来源：编者整理。

课堂讨论

根据下面的阅读材料，为少林寺设计体验营销产品。

长期以来，嵩山少林景区的旅游活动相对内容单一，创新不足，离“体验经济”时代所要求的突出参与性、互动性相差尚远。为改变这种枯燥的旅游氛围，增加游客对少林景区的深度体验，少林寺计划开发一种体验式旅游项目，让游客和信徒体验禅的生活，体验少林文化。2009 年 3 月，全国人大代表、少林寺方丈释永信对外透露了这则消息。

少林寺历史悠久，资源丰富，它是“禅宗祖庭”和“武术圣地”，以禅宗和武术享誉全球。一般游客去少林寺的常规线路是：先到少林寺常住院，再去参观塔林，最后去演武厅观看少林功夫表演。由于内涵深奥且解说系统简明扼要，游客在常住院和塔林的体验过多依赖于好导游的讲解。由于讲解人员良莠不齐，游客在此的体验不能得到有效保障。少林功夫的表演现场感较强，给到场的游客留下了深刻的印象，可谓是少林寺的一张名片。至于初祖庵、二祖庵、十方禅院等景点，旅游团队很少涉足。参观下来，大家一般只有关于少林武术和少林建筑的粗略印象。如何增加游客互动体验旅游项目是少林寺旅游发展的新课题。

第二节　可持续发展理论

可持续发展是人类对工业文明进程进行反思的结果，是人类为了克服一系列环境、经济和社会问题，特别是全球性的环境污染和广泛的生态破坏，以及它们之间关系失衡所做出的理性选择。它反映了人类对自身以前走过的发展道路的怀疑和抛弃，也反映了人类对今后选择的发展道路和发展目标的憧憬和向往。

一、可持续发展理论的内涵

20 世纪 70 年代初，围绕着“增长极限论”而展开的大争论，导致一种新的经济发展理论——可持续发展理论的产生。1987 年 4 月，世界环境与发展委员会出版的《我们共同的未来》（*Our Common Future*）中使用的可持续发展定义为：“持续发展是既满足当代人的需要，又不对后代人满足其需要的能力构成危害的发展。”1989 年第 15 届联合国环境署理事会通过的《关于可持续发展的声明》指出了可持续发展的严格定义：“可持续发展，系指满足当前需要而又不削弱子孙后代满足其需要之能力的发展，而且绝不包含侵犯国家主权的含义。环境署理事会认为，要达到可持续发展，涉及国内合作及跨国界合作。可持续发展意味着走向国家和国际的均等，包括按照发展中国家的国家发展计划的轻重缓急及发展目的，向发展中国家提供援助。此外，可持续发展意味着要有一种支援性国际经济环境，从而促进各国，特别是发展中国家经济的持续增长和发展，这对于环境的良好管理也是具有重要意义的。可持续发展还意味着维护、合理使用并且提高自然资源基础，这种基础支撑着生态抗压力及经济的增长。再者，可持续的关注和考虑，而不代表在援助或发展资助方面的一种新形式的附加条件。”

这份经过发展中国家与发达国家长期的激烈辩论而最终得到环境署理事会通过的《声明》，引起了国际社会的重视。1990 年第二次世界气候大会《部长宣言》和 1992 年联合国环境与发展大会《21 世纪议程》等文件关于可持续发展的定义均采用《声明》所用的提法。

基于以上分析，可以归纳出可持续发展战略的基本内容：①改变只重视经济增长而忽视生态环境保护的传统发展模式；②由资源型经济过渡到技术型经济，综合考虑社会、经济、资源与环境效益；③通过产业结构调整和合理布局，开发应用高新技术，实行清洁生产和文明消费，提高资源的使用效率，减少废物排放等措施，协调环境与发展之间的关系，使社会、经济的发展既能满足当代人的需求，又不至于对后代人的需求构成危害，最终实现社会、经济、资源与环境的持续稳定发展。

通过许许多多的曲折和磨难，人类终于从环境与发展相对立的观念中醒悟过来，认识到人类在向自然界索取、创造富裕生活的同时，不能以牺牲人类自身生存环境作为代价；认识到要共同关心和解决全球性的环境问题，并开创了一条人类通向未来的新的发展之路——可持续发展之路。可持续发展是人与环境矛盾运动中形成的唯一正确的发展选择。这种选择已不只是学者们在书斋里的议论，而已被越来越多的人所接受并转变成为长期发展战略决策。由于这种选择关系到全人类的切身利益和长远利益，因而受到全人类的普遍关注。

可持续发展是我国的既定发展战略。我国作为一个拥有超过 13 亿人口的发展中国家，由于经济水平的关系，以前我们主要追求经济的发展。改革开放以来，通过实施环境保护这一基本国策，环境与经济的协调发展取得了明显成效，受到国际上的广泛称赞。如“绿色长城”（防护林带）的建设。1992 年联合国环境与发展大会之后，国务院各部门着手研究制定我国的可持续发展战略，也就是《中国 21 世纪议程》。1994 年 7 月在我国和联合国开发计划署于北京联合召开的《中国 21 世纪议程》高级圆桌会议上，国务院宣布：把为在我国推行可持续发展战略而制定的《中国 21 世纪议程》作为指导性文件。这标志着可持续发展已经被郑重地确定为中国长期发展的指导原则，成为我国走向 21 世纪的既定发展战略。

二、旅游可持续发展理论

（一）旅游可持续发展问题的提出

在旅游业急剧发展的过程之中，旅游业者开始认识到旅游与环境和谐共存的重要意义：

一方面，旅游业作为整个经济和社会系统的组成部分，在国民经济和社会发展中具有重要地位和多方面的作用，旅游业本身就是可持续发展目标体系的组成部分。

另一方面，旅游业本身的发展也面临着可持续发展的要求：旅游业的发展对人类和自然遗产的依赖，对生态系统稳定性和持续性的影响，以及旅游需求对于人类尤其是对于未来人类基本需求的重要性。旅游业并非真正意义上的“无烟产业”，科学合理地发展旅游业当然符合社会可持续发展的要求，但违背自然、社会规律的片面发展，也会导致旅游业本身不可持续的问题，如旅游吸引物的破坏，文化古迹的大量开发破坏其原有的风貌，有些开发对环境的破坏是致命的、永久的，会给后世造成难以弥补的损失。

1990 年在加拿大温哥华召开的全球可持续发展旅游分会上，来自全球不同国家、不同部门的官方和非官方的 40 多名代表，不仅拟定了全球《旅游可持续发展宪章（草案）》，而且将旅游可持续发展明确定义为：旅游可持续发展是引导所有资源管理既能满足经济、社会和美学需求，同时也能维持文化完整，保护基本的生态过程、生物多样性和生命支持系统。1993 年，《可持续旅游》学术刊物在英国的问世，标志着旅游可持续发展的理论体系已初步形成。1995 年 4 月，联合国教科文组织、联合国环境规划署和世界旅游组织等在西班牙召开“可持续旅游发展世界会议”，会议通过了《可持续旅游发展宪章》及《可持续旅游发展行动计划》，这两份文件为旅游可持续发展制定了一套行为准则，并为世界各国推广可持续旅游提供了具体操作程序。

（二）旅游可持续发展的含义

关于旅游可持续发展的内涵，学术界虽没有达成普遍共识，但其分歧并不大。田道勇在总结前人研究成果的基础上做了如下定义：旅游可持续发展是指既满足当代人的旅游需求，又不损害子孙后代满足其旅游需求能力的发展。世界旅游组织顾问爱德华·英斯基普认为，旅游可持续发展就是要保护旅游业赖以发展的自然资源、文化资源、其他资源，使其在为当今社会谋利的同时，也能为将来所用。这些定义基本上是围绕 1990 年在加拿大温哥华召开的全球可持续发展旅游分会上提出来的概念进行讨论的。

综上所述，旅游可持续发展是指以资源和生态环境承受能力为基础，以符合当地经济、文化发展状况和社会道德规范为标准，实现旅游发展与自然、文化和人类生存环境的协调统一，以既满足当代人的需求，又不对后代人满足其自身需求的能力构成危害为目标的发展思想和发展道路。

旅游业可持续发展追求旅游开发的长期价值，以旅游开发的组合效应评价为出发点，强调旅游经济发展和自然生态以及社会承受力的综合统一，使旅游经济的发展建立在长期支撑体系上。正如联合国教科文组织、联合国环境规划署和世界旅游组织等通过的《可持续旅游发展宪章》所说："旅游是一种世界现象，也是许多国家社会经济和政治发展的重要因素，是人类最高和最深层次的愿望。但旅游资源是有限的，因此必须改善环境质量。"

（三）旅游可持续发展的目标

1990 年在加拿大全球旅游大会上提出了旅游可持续发展的五大目标。大会认为，对旅游可持续发展的目标比较全面系统的表述是：

①增进人们对旅游所产生的环境效应与经济效应的理解，强化其生态意识；

②促进旅游的公平发展；

③改善旅游接待地区的生活质量；

④向旅游者提供高质量的旅游经历；

⑤保护未来旅游开发赖以生存的环境质量。

（四）旅游可持续发展应遵循的原则

《可持续旅游发展宪章》提出："我们认识到旅游发展目标要符合经济期望目标和环境要求，不仅要尊重当地的社会与自然结构，而且要尊重当地的居民。需要建立由旅游界主要参与者参加的有效联盟，使旅游能够对我们共同的遗产担负起更多的责任，这是旅游业的希望所在。"

宪章呼吁国际社会，特别是各国政府、公共当局、旅游界的决策者和专业人士，以及与旅游和旅游者有关的公众与私人社会团体、研究机构，接受其提出的原则（节选）：

①旅游发展必须建立在生态环境的承受能力之上，符合当地经济发展状

况和社会道德规范。

②旅游可持续发展的实质，就是要求旅游与自然、文化和人类生存环境成为一个整体；旅游发展不能破坏这种脆弱的平衡关系。考虑到旅游对自然资源、生物多样性的影响，以及消除这些影响的能力，旅游发展应当循序渐进。

③必须考虑旅游对当地文化遗产、传统习惯和社会活动的影响。

④为了与可持续发展相协调，旅游必须以当地经济发展所提供的各种机遇作为发展的基础。旅游与当地经济应该有机地结合在一起，对当地经济发展起到积极的促进作用。

⑤所有可供选择的旅游发展方案都必须有助于提高人民的生活水平；有助于加强与社会文化之间的相互联系，并产生积极的影响。

⑥各国政府和政府机构应该加强与当地政府和环境方面非政府组织的协作，完善旅游规则，实现旅游可持续发展。

三、旅游可持续发展的理论核心——旅游承载力

（一）旅游承载力的含义

旅游业可持续发展的关键就是解决旅游环境承载力约束问题。旅游承载力也称景区旅游容量，它是在一定时间条件下，一定旅游资源的空间范围内的旅游活动能力，即满足游人最低游览要求，包括心理感应气氛以及达到保护资源的环境标准时，旅游资源的物质和空间规模所能容纳的游客活动量。简而言之，旅游承载力是指一个旅游目的地在不至于导致当地环境和来访游客旅游经历的质量出现不可接受的下降这一前提之下，所能吸纳外来游客的最大能力。

景区承载力强调了土地利用强度、旅游经济收益、游客密度等因素对旅游地承载力的影响，在内容上包括了资源空间承载量、环境生态承载量、社会心理承载量、经济发展承载量、社会地域承载量等基本内容，一个旅游地的旅游承载力是这些承载力的综合体现。

①旅游的资源容量：指在一定时间内旅游资源的特质和空间规模能够容纳的旅游活动量。

②旅游的生态环境容量：指在一定时间内，旅游接待地区的自然环境所能承受的最大限度的旅游活动量。这种限度一旦被突破，旅游资源所处的自然环境就会被破坏。

③旅游的经济发展容量：现代旅游是经济和社会发展到一定高度的产物，同时各国和国内各地区的旅游接待能力也受到当地的经济和社会发展水

平的限制。这种限度就是旅游的经济发展容量。换句话说，即旅游目的地接待能力超负荷时是否愿意以及是否能够增加基础设施的认识水平和实施能力；具体反映在旅游目的地愿意而且能够为发展旅游业而进行的投资规模的大小，这些投资可涉及旅游者吃、住、行、游、购、娱等方面的一切直接和间接设施。

④旅游的社会地域容量：由于每个旅游接待地区的人口构成、宗教信仰、民情风俗和社会开化程度不同，每个旅游地的居民和与之相容的旅游者数量和行为方式也不相同，二者之间可能存在一个最大的容忍上限，这个限度则被称为社会地域容量。

⑤旅游的社会心理容量（感应气氛容量）：是从旅游者的角度来看的，是指旅游者在某地从事旅游活动时，在不降低活动质量的前提下，该地域所能容纳的旅游活动最大量。

（二）旅游景区承载力的重要性

为了避免旅游景区因超量接纳外部的强制输入而导致景区生态系统失衡，旅游承载力指标对旅游景区接待地的旅游者活动和旅游产业活动，如接待人数、空间分布、旅游者行为等作出了一定的规定。旅游景区承载力的重要性是景区规划发展的前提。

第一，资源承载力的确定是景区接待游客量的前提。旅游资源的不可再生性大大削弱了旅游景区资源所能容忍的旅游活动强度。有些旅游资源是遗留下来的重要资源，具有重要的保护价值。景区资源的保护必须作为生存与发展的头等要事，旅游活动的开展必须考虑资源保护的合理承载力要求。

第二，旅游心理容量是以服务旅游者的满意度为基础。旅游心理容量包括旅游者的直接旅游心理容量（感知容量）和旅游地居民的相关旅游心理容量，即游人的数量应限制在不破坏游兴和心理快适的范围之内，否则就达不到旅游的目的。

第三，对景区环境承载力的把握是走可持续发展道路的有力措施。旅游环境承载力是指在不会导致一定的旅游时间和地域内的生态环境发生恶化的前提下景区所容纳的旅游活动强度。生态承载力是衡量景区生态环境能否保持可持续发展的一项重要指标。

第四，社会承载力是游客与景区居民增强交流的渠道。社会承载力是指接待地的构成、宗教信仰、风俗、生活方式、社会开化程度等所决定的当地居民可以接纳和容忍的旅游活动强度。随着旅游业的不断成熟与发展，景区居民与有关多种背景人的接触与交流加强，增强了彼此的了解。旅游者的意识也在影响和改变着居民的各种观念，同时也给居民带来了经济上的繁荣和生活方式的巨大改变，这样就会使居民对旅游者的接纳能力不断提高，社会承载力也不断增加。

第五，经济承载力是提高景区效益的有力保证。旅游经济承载力涉及的范围比较宽泛，有设施承载量、旅游开发的能力、当地与旅游业相关的产业、投入旅游业的资源、发展旅游业对某些产业的限制等。一般以设施承载量作为旅游经济承载量的主要方面，它决定了接受游客的数量、旅游活动强度以及旅游经历的质量。旅游景区的设施应以满足游客的需求为基础，这样在旅游高峰期，景区食宿设施和容量能够供求平衡，不会对景区造成困扰，限制景区的发展。

当前，我国的旅游业正在以前所未有的姿态高速发展，旅游旺季热点景区人流过于集中，尤其是黄金周政策的实施更加重了景区负荷的压力，旅游业在开发中遇到的旅游容量饱和、超载的问题远比发达国家严峻得多。旅游景区容量的超载，会对旅游资源造成严重的破坏，降低旅游景区的质量，影响游客的出游积极性，不利于旅游业的可持续发展。要使景区承载力不出现因超载而被破坏的情况，必须在对景区开发规划和管理中考虑到承载力的压力情况，这样才能够使旅游业快速发展，才能够走可持续发展的道路。

第三节　利益相关者理论

一、利益相关者理论的含义

（一）利益相关者理论产生与发展

利益相关者理论是 20 世纪 60 年代起源于英美等西方国家的一种管理理论，进入 80 年代以后其影响开始扩大，并促进了企业管理理念和管理方式的转变。

Penrose 在 1959 年出版的《企业成长理论》中提出了“企业是人力资产和人际关系的集合”的观念，从而为利益相关者理论构建奠定了基石。直到 1963 年，斯坦福大学研究所才明确地提出了利益相关者的定义：“利益相关者是这样一些团体，没有其支持，组织就不可能生存。”这个定义在今天看来，是不全面的，它只考虑到利益相关者对企业单方面的影响，并且利益相关者的范围仅限于影响企业生存的一小部分。但是，它让人们认识到，除了股东以外，企业周围还存在其他的一些影响其生存的群体。

在此之后，学者们从不同的角度对利益相关者进行定义。其中，以弗里曼（Freeman）的观点最具代表性。1984 年，弗里曼出版了《战略管理：利益相关者管理的分析方法》一书，明确提出了利益相关者的概念和利益相关者管理理论。弗里曼认为，“利益相关者是能够影响一个组织目标的实现，或者受到一个组织实现其目标过程影响的所有个体和群体”。与传统的股东至上主义相比较，该理论认为任何一个公司的发展都离不开各利益相关者的参与，企业追求的是利益相关者的整体利益，而不仅仅是某些主体的利益。这些利益相关者包括企业的股东、债权人、雇员、消费者、供应商等交易伙伴，也包括政府部门、本地居民、当地社区、媒体、环境保护主义等压力集团，甚至还包括自然环境、人类后代、非人物种等受到企业经营活动直接或间接影响的客体。这些利益相关者都对企业的生存和发展注入了一定的专用性投资，他们或是分担了一定的企业经营风险，或是为企业的经营活动付出了代价，企业的经营决策必须要考虑他们的利益，并给予相应的报酬和补偿。企业的发展前景有赖于对利益相关者不断变化的利益要求的回应质量。因此，管理者必须从利益相关者的角度来看待企业，这样才能获得持续的发展。

（二）利益相关者的分类

有关利益相关者的划分，目前较为常见的有多锥细分法和米切尔评分法。

1. 多锥细分法

多锥细分法是指，利益相关者可以被企业从多个不同的角度进行细分，不同的利益相关者对企业的影响是不同的。20 世纪 90 年代中期，国内外很多专家和学者采用多锥细分法从不同角度对利益相关者进行了划分。

Freeman（1984）认为，利益相关者由于所拥有的资源不同，对企业产生不同影响。他从三个方面对利益相关者进行了细分：①持有公司股票的一类人，如董事会成员、经理人员等，称为所有权利益相关者；②与公司有经济往来的相关群体，如员工、债权人、内部服务机构、雇员、消费者、供应商、竞争者、地方社区等，称为经济依赖性利益相关者；③与公司在社会利益上有关系的利益相关者，如政府机关、媒体以及特殊群体，称为社会利益相关者。

Frederick（1988）根据利益相关者对企业产生影响的方式来划分，将其分为直接的和间接的利益相关者。直接的利益相关者就是直接与企业发生市场交易关系的利益相关者，主要包括股东、企业员工、债权人、供应商、零售商、消费者、竞争者等；间接的利益相关者是与企业发生非市场关系的利益相关者，如中央政府、地方政府、外国政府、社会活动团体、媒体、一般公众等。

Charkham 于 1992 年按照相关群体与企业是否存在交易性的合同关系，将利益相关者分为两类：契约型利益相关者（Contractual Stakeholders）：股东、雇员、顾客、分销商、供应商、贷款人；公众型利益相关者（Community Stakeholders）：全体消费者、监管者、政府部门、压力集团、媒体、当地社区。

Wheeler 于 1998 年从相关群体是否具备社会性以及与企业的关系是否直接由真实的人来建立两个角度，将利益相关者分为四类：首要的社会性利益相关者，他们具备社会性和直接参与性两个特征，如顾客、投资者、雇员、当地的社区、供应商、其他的商业合伙人等；次要的社会性利益相关者，他们通过社会性的活动与企业形成间接联系，如居民团体、相关企业、众多的利益集团等；首要的非社会性利益相关者，他们对企业有直接的影响，但不与具体的人发生联系，如自然环境、人类后代等；次要的非社会性利益相关者，他们不与企业有直接的联系，也不作用于具体的人，如环境压力集团、动物利益集团等。

2. 米切尔评分法

米切尔明确指出，有两个问题居于利益相关者理论的核心：一是利益相关者的确认（Stakeholder Identification），即谁是企业的利益相关者；一是利益相关者的特征（Stakeholder Salience），即管理层依据什么来给予特定群体以关注。

米切尔评分法从以下三个属性对可能的利益相关者进行评分，然后根据分值的高低来确定某一个人或者群体是不是企业的利益相关者，是哪一类型利益相关者。

①合理性（Legitimacy），即某一群体是否被赋有法律上的、道义上的或者特定的对于企业的索取权。

②影响力（Power），即某一群体是否拥有影响企业决策的地位、能力和相应的手段。

③紧急性（Urgency），即某一群体的要求能否立即引起企业管理层的关注。

根据企业的具体情况，从上述三个特性上评分后，企业的利益相关者又可以被细分为以下三类：

①决定型利益相关者（Definitive Stakeholders）：他们同时拥有对企业问题的合理性、影响力和紧急性。为了企业的生存和发展，企业管理层必须时刻关注并设法满足决定型利益相关者的欲望和要求。典型的决定型利益相

关者包括股东、雇员和顾客。

②预期型利益相关者（Expectant Stakeholders）：他们与企业保持较密切的联系，拥有上述三项属性中的两项。

同时拥有合理性和影响力——主要的利益相关者，如投资者、雇员和政府部门等；有合理性和紧急性的群体——依靠的利益相关者，如媒体、社会组织等；同时拥有紧急性和影响力的，却没有合理性的群体——危险的利益相关者，比如，一些政治和宗教的极端主义者、激进的社会分子，他们往往会通过一些比较暴力的手段来达到目的。

③潜在型利益相关者（Latent Stakeholders）：潜在型利益相关者是指只拥有合理性、影响力和紧急性三项属性中一项的群体。

国内一些学者也从利益相关者的其他属性对其进行了界定和划分。

万建华（1998）、李心合（2001）从利益相关者的合作性与威胁性两个方面入手，将利益相关者分为支持型利益相关者、混合型利益相关者、不支持型利益相关者以及边缘的利益相关者。陈宏辉（2003）则从利益相关者的主动性、重要性和紧急性三个方面，将利益相关者分为核心利益相关者、蛰伏利益相关者和边缘利益相关者三种类型。

二、旅游利益相关者的构成体系

综合以上利益相关者划分的方法，根据旅游开发所涉及的领域、不同领域利益主体的利益性质、相关程度和影响方式，可将旅游开发的利益相关者分三个层次，即核心层、支持层和边缘层（图 2-1）。

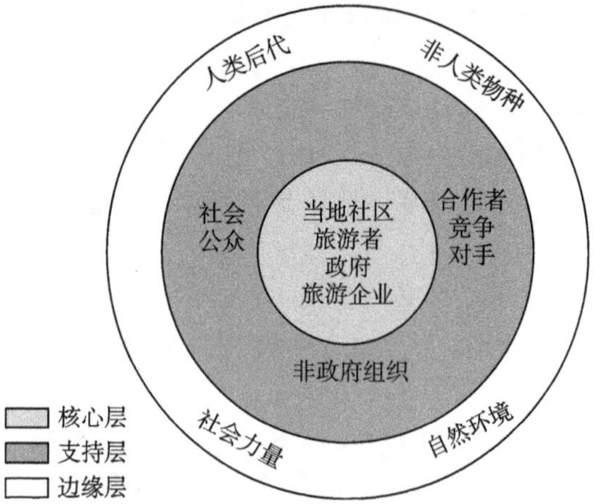

图 2-1　旅游开发利益相关者构成体系框架

（一）核心层利益相关者

核心层利益相关者指旅游开发过程中的主要群体，他们拥有直接的经济、社会和道德利益。他们通过参与旅游开发发生联系，直接影响旅游开发的运行，直接接触旅游者的旅游活动，包括政府（国家、地方政府）、旅游企业（投资商、供应商、代理商、员工）、旅游者和当地社区。其中，当地社区和旅游者的利益处于最核心位置，原因在于旅游开发的目的就是为旅游者提供高质量体验和提高目的地社区居民的生活质量。

1. 政府

（1）国家旅游利益

体现在国内旅游方面，包括：通过旅游消费拉动经济增长，提高国民素质，促进社会进步，增加就业机会，改善国民生活质量等。

体现在国际旅游方面，包括：赚取外汇，平衡国际收支，促进文化交流，提高国家软实力，改善国际关系等。

（2）地方政府旅游利益

主要表现为：发展经济，改善居民生活质量，增加就业机会，提高地方知名度等。

2. 旅游企业

旅游业发展过程中，必须保障旅游企业自身利益。旅游景区景点，饭店及其他住宿设施，餐馆及其他饮食服务，运输系统，旅游商品经营企业等，他们有着大致相似的利益追求：良好的政策环境和合理的经济负担（税收、社区贡献等）；有高素质并热爱旅游业的劳动力资源（主要是当地就业者）；充足的和高质量的客源以保障经营收益（游客数量、停留时间和消费额）。

3. 旅游者

旅游者作为旅游产品的消费者，是旅游开发的利益相关者的重要部分。他们在支付相应的成本如时间、精力，忍受与接待地的文化冲突以及离开常驻地后的各种生活不便的同时，希望能够享受到保质保量甚至是物超所值的旅游产品："高质量"和"特殊"的旅游体验、旅游过程中的健康与安全保障、生活方式、宗教信仰、文化传统受到尊重、预设的自我价值得以实现等；与此同时，他们还希望自己在目的地的部分开支被用来保护自然和文化遗产，如恢复废弃的历史建筑物，使得旅游地的品牌形象得以进一步提升；服务企业提供良好的售后服务，保持良好的客户关系。

4. 社区与当地居民

旅游开发中，当地社区在资源、环境、社会、心理等方面都承担了一定的风险。而社区居民将直接体会到旅游业发展给生活带来的变化，旅游业发展的部分成本直接转移给当地社区居民。因此旅游开发必须考虑当地社区与社区居民的利益，才能获得相应的支持从而保证旅游业的健康、持续发展。具体而言，当地社区更关注旅游开发过程中的自身利益，其中包括：充足和卫生的食品，没有污染的水源，医疗保健和健康安全，充足的工作机会和合理的工作报酬，较好的受教育机会，足够和安全使用娱乐场所的机会等；维护和增强社区的个性，增强当地人的自尊和自信；参与旅游开发决策，提高对其生活的控制力。

5. 旅游业从业人员

在旅游业发展过程中，不同行业、不同层次的从业人员，他们也有自身的利益追求：明确个人的角色、权利和义务，合理的奖赏、工资和福利，参与决策的权利以及可期待的职业发展阶段。只有将个人的发展与组织的发展和行业的繁荣结合起来，从业人员的归属感和自我价值才能得以体现。

（二）支持层利益相关者

支持层利益相关者指那些在某一特定的时间和空间能给旅游开发带来机会和威胁的利益相关者，主要包括社会公众、竞争或合作对手、非政府组织等。他们对旅游开发的影响是间接的，但在信誉、公众形象方面的作用力较大。

如文化与环境保护组织，他们希望所代言的非人类种群的利益得到充分重视，包括：通过防护、改善、修复和重建被损坏的文化遗产和自然环境等达到文化遗产和环境保护的目的；通过发展旅游业拯救濒临失传的非物质文化遗产（民俗、民间艺术等）；鼓励人们对历史建筑、遗址等有形文化遗产的保护，并为这些活动提供资金；激励人们去关心环境，提高环境意识；人类活动对环境、资源的影响仅限于边缘区域，或者人类对环境的影响以一定的方式进行补偿。

（三）边缘层利益相关者

边缘层利益相关者指潜在的、非人类的、间接作用于旅游开发和旅游业发展过程的利益主体。上述两个层次的利益相关者考虑的是人类的和现实的利益主体。受旅游开发资源配置和使用行为影响的对象，包括人类的和非人类的、现实的和潜在的，以及影响旅游开发的宏观环境——政治、经济、社会、文化和技术环境等，都是旅游开发的利益主体，即边缘层利益相关者。

此外，还有利益相关者各方共同关注的问题：地方交通、通信和其他基础设施的改善；本地居民与旅游者之间的关系（如旅游开发对文化的影响或对基础设施的共同利用问题）；土地利用的分配问题（居民居住用地、接待设施用地、农业及娱乐用地、狩猎和保护区、野生动物栖息地等）；当地居民生活质量的提高；政府增加税收；地方声誉提高。

体育旅游业的发展涉及众多的利益相关者，在它的发展中必然会有各种利益主体的相互博弈。在体育旅游项目开发的过程中，必须把这些利益相关者充分吸纳进来，并且尽力维护各方利益，才能使旅游业健康、持续地发展。

第四节　旅游地生命周期理论

一、旅游地生命周期理论的内涵

产品生命周期（Product Life Cycle），简称 PLC，是把一个产品的销售历史比作人的生命周期，要经历出生、成长、成熟、老化、死亡等阶段。就产品而言，也就是要经历一个开发、引进、成长、成熟、衰退的阶段。被学者们公认并广泛应用的旅游地生命周期理论是 1980 年由加拿大学者巴特勒（Butler）提出的。巴特勒在《旅游地生命周期概述》一文中，借用产品生命周期模式来描述旅游地的演进过程。他提出一个地方的旅游开发不可能永远处于同一个水平，而是随着时间变化不断演变的。巴特勒用一条近 S 形的曲线的变化，说明不同发展阶段旅游地的发展状况：有的时候旅游地的来访者人数处于上升状态，有的时候来访者的人数则可能处于下降状态。

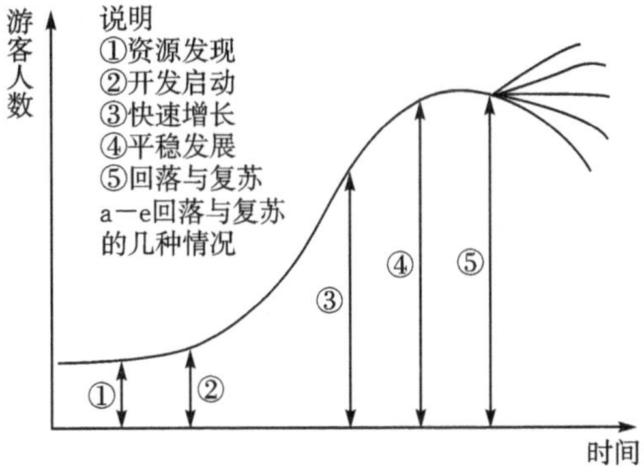

图 2-2　旅游地生命周期曲线（Butler，1980）

图 2-2 为巴特勒的旅游地生命周期曲线：巴特勒认为，每个旅游地都将经历资源发现→开发启动→快速增长→平稳发展（巩固和停滞）→回落与复

苏的过程，这个过程存在着五个相连续的阶段，就如同一个人的人生一样。

1. 资源发现期

资源发现期主要是少量的探险者、科考者进入旅游地，由于开发尚未启动，旅游资源还未成为旅游产品，很少有专门旅游服务设施。此阶段也称旅游地发展的探索阶段（Exploration Stage），可以看到有一些关于旅游地资源的摄影作品、科普科研文章、文学作品、绘画作品等，但都是纯粹的资源介绍，毫无商业营销意味，当地居民对外来者感到百般新奇并热情欢迎。

2. 开发启动期

随着旅游地的发展进入开发启动期，旅游业投资主要来自本地区，旅游资源正在转化为旅游产品。伴随着旅游地基础设施和旅游设施建设的投入，旅游地社区居民在就业、为建设者和游客提供服务方面都获得了前所未有的效益，因而对旅游开发满腔热情。投资者为了得到回报和滚动开发资金，开始了大规模的营销，旅游地的知名度大增，游客大量涌入。此时旅游开发对社区环境的损坏已经开始了。

3. 快速增长期

这个时期的特点是旅游产业飞速发展，回笼货币量大，旅游业对当地经济系数的拉动大，游客人数也快速增长，各旅游景区普遍超过环境容量，资源、环境、设施的压力大，旅游地的形象已牢固树立起来。随着投资资本大规模进入，风景区的“圈地运动”节节升温，新的投资项目不断出现，旅游地的房地产迅速升值。社区居民的生活条件得到基本改善，但与他们的期望值相差较大。特别是外地投资者的大量进入使社区居民的就业受到来自外地训练有素的管理者和技术人员的威胁，他们的就业环境反不如开发期好，所从事的多是知识含量不高的工种；同时物价上涨，一切都要以金钱来交换，使社区居民在经济地位上更彻底地沦为“被剥夺者”。外地商人的进入也使社区居民的低水平的商业服务在竞争中占不到便宜。因而社区居民的不满情绪在滋长，特别是他们对投资者和游客的不满情绪大增，进一步影响了游客与社区居民的沟通。

4. 平稳发展期

这个时期可分为巩固和停滞两个阶段。

巩固阶段（Consolidation Stage）：旅游人数增长速度下降，但总量依然增长，社区的经济、社会、环境问题严重。为了缓和旅游市场季节性差异，投资者开拓新的旅游市场，并出现更多的旅游广告。

停滞阶段（Stagnation Stage）：旅游人数高峰来到，已经达到或超过旅游容量。旅游地依赖比较保守的回头客。人造景观大量取代自然景观，文化吸引物、接待设施过剩；大批旅游设施被商业利用，旅游业主变换频繁；酒店之间抢夺客源现象严重，市场混乱，低价竞争导致社区服务质量大幅下降。旅游地可能出现环境、社会、经济问题，社区居民对游客产生反感。

5. 衰落或复苏时期

衰落阶段（Decline Stage），旅游者流失，旅游地游客数量依赖邻近地区的一日游和周末双日游的旅游者来支撑。旅游地财产变更频繁，旅游设施被移作他用，外来投资者将资金大量撤出，地方投资重新取代外来投资而占主要地位。

此外，旅游地在停滞阶段之后，也有可能进入复苏阶段（Rejuvenation Stage）。在此阶段，有全新的旅游吸引物取代原有旅游吸引物。要进入复苏阶段，旅游地吸引力必须发生根本的变化，要达到这一目标有两种途径：一是创造一系列新的人造景观；二是发挥未开发的自然旅游资源的优势，重新启动市场。

在衰落或复苏的第五阶段，由于景区开发的方式和成效差异，可能存在多种不同情况：

①旅游地经过深度开发，卓有成效，游客量继续增加，市场扩大，很快进入上升期，进入新的一轮生命周期；

②景区限于较小规模的调整和改造，游客数量小幅增长，复苏幅度缓慢，注重资源保护，市场得到整治；

③重点放在维持现有景区容量，避免游客数量出现下滑，旅游地继续平稳发展；

④过度利用资源，不注重环境保护，导致竞争能力下降，游客量显著下滑；

⑤战争、瘟疫或其他灾难性事件的发生也会导致游客数量急剧下降，旅游地元气大伤，渐为人们所遗弃。

二、旅游地生命周期理论的应用

库珀（Cooper C，1994）认为，旅游地生命周期理论是一个能合理地解释旅游地发展的模型；在指导旅游地规划和管理方面，该理论能提供给管理者长远的思想以及揭示各个阶段不同变化的影响力；但作为预测工具，该理论没有得到多少发展而且可能难以得到发展。

（一）旅游地生命周期的影响因素分析及控制调整

如果对影响旅游地生命周期的因素进行归纳，我们至少可以看到四方面的因素在很大程度上决定着旅游地的生命周期的具体模型：吸引力因素、需求因素、效应因素和环境因素。这些因素以不同的方式、作用强度和作用时间，对旅游地生命周期施加影响。

1. 吸引力因素及其调整控制

旅游地吸引力是旅游地可持续发展的重要决定因素。旅游资源的吸引力一方面决定着旅游地对旅游者的吸引力的大小，吸引力越强，旅游地生命周期越长；另一方面决定着对当地旅游从业者的吸引力，通过激发从业积极性，促进旅游业发展。要增强旅游地吸引力，需在其生命周期的不同阶段采取不同措施：

①在探索期和起步期，确保旅游产品规划的特色性和文化性，以促进旅游地的快速起步；

②从发展期到成熟期，增强资源吸引力，提升资源的综合功能，加强旅游地的综合吸引力；

③从成熟期到停滞期，更新旅游吸引物提高市场吸引力，建立相关支持和保障体系，提高后续发展能力。

2. 需求因素及其调整控制

需求是旅游地生命周期演变的重要影响因素，尤其在开发论证阶段，需求论证是决定开发可行性的直接因素。需求因素本身受多种因素的影响，如消费观念、闲暇时间、可支配收入、新的景点的出现、旅游地环境和服务质量的变化等。由于需求本身的复杂性和难以测量性，需求研究难以取得准确而全面的结论，这种情况在我国旅游开发实践中是有经验教训的。一方面在主观上没有对需求特征进行细致深入的研究，另一方面在客观上又缺乏从事市场研究的专家，致使许多旅游地开发项目缺乏应有的需求基础，最终导致经营上步履维艰，甚至关门谢客了事。

通过调整需求因素来调节旅游地生命周期，可以采取如下措施：

①在开发初期，充分研究市场，采取以市场为主导的开发策略，确保项目可持续发展；

②在成长期、稳定期的过程中，采取以树立旅游地品牌为主的发展策略；同时关注市场变化，调整营销策略，保持并继续扩展客源市场规模；

③在停滞期，通过选择放弃策略、收割策略或者创新策略来重塑吸引力，争取避免衰退或者转入复苏阶段，实现新的循环。

3. 效应因素及其调整控制

效应因素包括经济效应和社会效应。

经济效应对旅游生命周期的影响，可以集中反映在两个方面。一方面，持续的积极的经济效应，包括对旅游地的开发经营者和社区乃至社会的效应，不仅可以加速旅游地步入发展、巩固和成熟的阶段，增强其维持繁荣期的能力，而且可以促进旅游地的深度开发。另一方面，任何消极的经济效应，都将最直接地构成经营者自身的经营阻力并引发外部社会的负面反应，而这种状况只能加速一个旅游地衰退期的到来。

社会效应在某些情况下确实足以影响旅游地的生命周期。一般而言，在旅游地的早期探险和随后的规模开发阶段，由于旅游者群体大多由一些具有冒险精神、不因循守旧的人构成，他们对旅游地的风俗习惯和社会规范都能积极适应，加之他们的出现给旅游地创造了又一个了解外部社会的渠道，因此，他们对旅游地生命周期的影响主要是正面的。而在旅游地发展达到饱和或进入停滞期时，旅游的大众化对地方文化的冲击趋于深刻，因此游客对地方社会的各种习俗和规范的适应性就差，由此而引发的种种社会摩擦，就可能潜在地或现实地加速旅游地衰退期的到来。

要处理上述效应因素所引发的问题，旅游地必须树立可持续发展理念：

①在最初的酝酿期和开发规划阶段，应当以可持续发展理论为指导；

②在后期其他阶段，大力推行可持续发展措施；

③在整个生命周期阶段，都应该大力推行可持续发展战略。

4. 环境因素及其调整控制

环境因素是指旅游地的内部组织环境、外部经营环境以及宏观环境。

①内部组织环境。包括企业组织结构、地方管理部门、人力资源状况等。

②外部经营环境。包括政府投入、招商引资、市场开放程度等。

③宏观环境。包括旅游政策法规、社会舆论导向、重大事件等。

针对环境因素的影响，旅游地的政府、管理部门和旅游企业需要制定相应的调整控制措施：

①在起步期和成长期，政府制定相关政策，优化环境，做好营销；企业做好投资分析，调整组织结构，改变经营方式。

②在发展期到成熟期，树立品牌，促进各发展要素的整合升级；企业通过优化组合，完善内部组织环境。

③在衰退期，采取调整措施。

此外，旅游地的自然环境也会影响旅游地的生命周期。旅游地的环境效应是一个日益引起人们关注的领域。以往人们倾向于认为旅游是一种不引发环境负效应的活动。可是，越来越多的事实表明，旅游会对环境造成非常严重的负面影响。这主要因为：①旅游对环境的依赖十分强烈，或者说被开发的旅游地往往是为满足旅游者追求原始、自然或新奇的环境而建设在自然环境和生态系统保存得最完好的地区。正是由于旅游者的介入，才引发了一系列环境和生态问题。②旅游本身因交通、对资源的需求、废物排放、土地利用、旅游者活动等行为而直接对环境造成不同形式和程度的影响。单从这两个方面而言，可以肯定的是，一个本来为满足旅游者消费需求而开发出来的旅游地，如果因管理不善而产生严重的环境问题，就意味着旅游者前往该地的初衷事实上已无法得到实现，加之环境问题所引起的社区各种利益集团的负面反应，就必然会加速旅游地衰退期的到来。

对于旅游地生命周期的这一理论模型，西方学者一直在做实证性的探索。尽管他们在不同程度上都发现了这个理论模型与实际情况之间存在的差异，但他们的研究成果都支持这一理论的一般观点。实际上，旅游地生命周期曲线的具体形状虽然因旅游地自身的发展速度、可进入性、政府政策以及竞争状况等因素的差异而各有差异，但每个旅游地都难免要经过“早期探险”“地方参与”“发展”“巩固”“停滞”“衰退”这样几个阶段。能够满足一切时代的旅游者口味的度假地实际上是不存在的。然而，从经营的角度而言，没有一个旅游度假地的经营者不期望他所开发经营的度假地能在为他提供利润的前提下尽可能长久地生存下去。我们虽然相信“永生”是不可能的，但也相信，在弄清了影响旅游度假地寿命长短的因素进而做出明智决策之后，“长寿”的目标是不难达到的。

对旅游地生命周期的控制和调整，实际上就是对相关的影响因素的作用力和作用方向进行控制和引导，最大限度地发挥这些因素对扩展旅游地的生命周期的积极影响。

案例链接 **深圳华侨城——主题公园的航母**

锦绣中华、中国民俗文化村、世界之窗、欢乐谷……在中国，能同时拥有这么多闪亮的旅游品牌、能“无中生有”制造出这么多备受追捧的主题公园的旅游度假区，非深圳华侨城莫属。在人们普遍认为主题公园产业生命力较短的大背景下，华侨城的景区为何能够历久弥新、风光长驻？只有七八个年头的欢乐谷为何能够一飞冲天、气势如虹？

华侨城在国内兴建的主题公园，虽然参照了国外的形式，但从开始的那一天起，就注入了自主创新的文化内涵，着眼于历史文化以寻找主题经营的灵感。回顾华侨城主题公园的发展，无一例外地是建立在对历史文化资源挖掘的基础上，并因此而具有了独特的魅力。

1989年开业的锦绣中华，以微缩景观为表现手法，再现了反映中国历史和文明的80处名胜古迹，创造了“一步跨进历史，一日游遍中国”的神话，开中国主题公园旅游风气之先河，成为中国旅游史上的一块里程碑。

1991年落成的中国民俗文化村，将二十四个村寨、五十六种风情集于一身，荟萃我国多个民族的民间艺术、民俗风情和民间建筑特色，集中展示了中华民族多姿多彩的民俗文化，成为“让世界了解中国”的重要窗口。

1994年6月，世界之窗建成开放，游客进入其中，如徜徉五洲。“您给我一天时间，我给您一个世界。”世界之窗开业后一直是珠江三角洲的旅游景点的第一品牌，主要经营指标也长期名列全国旅游景区第一。

1998年，深圳欢乐谷投入运营。以器械性游乐体验为特色，既有美国西部的金矿小镇，有加勒比海的港湾，也有香格里拉的森林，这些差异巨大的文化背景，源于“智能创造情景”的理念，都服务于给冷冰冰的游乐器械赋予某种“灵性”的目的。欢乐谷创立了注重参与体验的新型旅游文化品牌，并先后推出一期、二期、三期项目，被评为中国“最佳乐园”。

1999年春节，欢乐干线建成开通，一线串珠把华侨城有机地融为一体。

2007年7月9日，北京欢乐谷揭开面纱，它凭借奇妙的布局、精美的文化包装，在游客中获得极高赞誉，北京市已将它列入首批八个重点发展的文化创意产业园区。随着该公司“欢乐谷”项目的推进，欢乐谷主题品牌布局全国的战略已初见雏形。

复习思考题

1. 体验经济的含义与特征分别是什么？
2. 旅游体验的类型有哪几种？
3. 旅游体验塑造的原则是什么？如何利用感官刺激塑造旅游体验？
4. 可持续发展的内涵是什么？旅游可持续发展的含义是什么？
5. 旅游承载力的含义是什么？分类有哪些？
6. 旅游利益相关者的构成体系是什么？
7. 旅游地生命周期理论的内涵是什么？
8. 哪些因素影响旅游地生命周期？如何控制、调整这些因素，使之对旅游地生命周期的演变产生积极的影响？

第三章　体育旅游项目设计的原则、内容与程序

第一节　体育旅游项目设计的原则

一、市场导向原则

体育旅游项目开发必须研究市场、面向市场、拓展市场，通过市场调研，获取体育旅游市场的需求和变化趋势，以游客为中心，针对不同区域、不同层次、不同消费的市场需求，充分利用自身丰富的资源优势，通过策划、设计、组合，包装成多元化、多功能的体育旅游产品。不断扩大消费范围、消费规模和消费品质，提高经济效益。

二、因地制宜原则

体育旅游项目策划对当地的资源条件有很强的依赖性，由于地理、社会、经济、文化环境等构成条件不同，各地资源条件必然会存在显著的地区差异。同时，特定市场对体育旅游的需求和旅游偏爱也因地而异。因此，资源特色是区域体育旅游产生和保持强大吸引力的基础。各地体育旅游资源的开发，绝不能丢弃特色、抛弃优势，进行不符合自身的简单模仿和重复。而应该准确把握体育旅游市场需求和产品的发展趋势，创造性地发挥体育旅游资源与市场的比较优势，因地制宜地开发出具有鲜明地域特色的旅游项目，塑造体育旅游品牌的核心竞争优势，树立起区别于其他地域的特色形象，共创良好的氛围和意境。

三、创新性原则

在景区现有赋存体育旅游资源的条件下，通过功能或者表现形式上的创新来促进体育旅游项目的升级，使其不断适应体育旅游市场的发展。创新性

原则可以概括为一句话："人无我有，人有我新，人新我奇。"

现代旅游与传统旅游的不同点之一，突出地体现在前者相对来说比较注重动态，激发旅游者参与活动的兴趣。体育旅游更是以其新颖性、参与性受到市场的欢迎。为突出体育旅游的优势，在项目策划的过程中，更应该注意创新。

一方面要注重项目的鲜明个性。如何使体育旅游项目与原有的民族文化有机地融合为一个整体，是我们在理论与实践方面所面临的一个课题。由于体育旅游在整个旅游业中尚属新事物，必须以激发参与性体育旅游消费和观赏性体育旅游消费为先导，以培养体育娱乐市场和竞赛市场为根本，因地制宜，选择某些条件适应的景区来重点开发，营造特色主题，进行优势再造，以推出适宜市场的精品项目。

另一方面，要注意创新性的组合。就旅游开发而言，项目的创新性无疑是重要的，但在创新越来越困难的今天，能否对同一区域，甚至同一旅游区内的项目进行创新性组合，就显得尤为重要。设计体育旅游项目时，更要充分考虑到这一点，就具体的组合方式而言，可以是多种多样的，更重要的是，可以通过各种组合，使特定区域内的体育资源得到更有效的配置和利用，构成更具发展潜力也更符合市场需求的丰厚内涵。

四、差异化原则

要满足体育旅游者的需求差异，体育旅游产品开发必须是多层次和全方位的。根据游客的偏好、收入、职业、性别等，开发出不同价位和不同档次的差异化产品。各单项体育旅游产品构成比例要协调、合理且具有互补性，才能有效利用当地旅游资源条件，顺利进行生产并避免恶性竞争，实现整个行业的良性发展。

五、可持续发展原则

体育旅游是一项对环境依赖程度很高的产业，开发必须注重可持续性，把开发与环境保护结合起来，把握体育旅游发展与环境的良性互动关系，以保护生态环境和人文资源为前提，充分考虑资源和环境对体育旅游开发的承受力，要合理开发和科学管理，结合体育旅游目的地综合因素以实现资源和环境的最优化，使体育旅游经济效益与生态效益相互协调、共同发展，切不可重蹈"先污染再治理"的覆辙。

体育旅游开发要实现社会、经济和环境的可持续发展，形成区域体育旅游的良性循环。另外，体育旅游产品本身也应该具有可持续性，不能进行跳跃式的产品开发。生态化场馆建设、绿色营销理念等体育旅游发展新模式正在改变着传统的发展模式。

六、安全原则

体育旅游的宗旨是健身健心，维护健康。在游客参与体育旅游活动的过程中，应强化其安全意识，加强安全保障。体育旅游开发的产品和项目，应以运动健身相关理论为基础，使旅游者循序渐进参与到体育旅游活动中，促进身心健康，缓解和消除疲劳，防治疾病，从而提高人们的生活质量。同时，在进行体育旅游过程中，应做好突发预案和安全防备，避免意外伤害事故的发生。还应建立体育旅游救援机制，保护体育旅游参与者的安全。

第二节　体育旅游项目设计的内容与程序

一、体育旅游项目设计的内容

（一）旅游项目的名称

项目名称的设计关系到项目在第一时间对旅游者的吸引力。好的旅游项目名称能够为项目增色，同时，名称也是帮助旅游者记住旅游项目的重要途径。因此，要在仔细揣摩旅游者心态的基础上为旅游项目命名，力争通过富于形象联想和创意的名称吸引旅游者。

（二）旅游项目的风格

旅游项目设计的主要内容之一就是要指明项目的特色和风格，并对项目的外观设计方向加以约束，便于旅游者感受和把握项目中所蕴含的民风民俗和文化氛围。具体而言，旅游项目的风格设计包括下列内容：

①项目中主要建筑物的规模、形状、外观、颜色和材料；

②项目中建筑物内部装修的风格，如建筑内部的分隔、装修和材料；

③项目相关的旅游辅助设施和旅游服务的外观、形状和风格，如旅游项目的路标、垃圾箱、停车场、购物商店、洗手间以及旅游餐厅所提供服务的标准和方式等。

（三）旅游项目所处位置及占地面积

规划设计要明确旅游项目的地理位置和占地面积：

①旅游项目的具体地理范围；

②旅游项目中建筑的整体布局、各建筑物的位置以及建筑物之间的距离等；

③旅游项目所提供的开放空间大小及其布局。

（四）旅游项目的产品体系

旅游项目设计要明确项目的主导产品以及支撑产品等，以便形成完整的旅游产品体系。

（五）旅游项目的实施与管理

旅游项目设计不应仅仅停留在文本和图纸设计的层面上，还应涉及项目日后的经营管理问题。所以旅游项目设计还应对项目的工程建设管理、日常经营管理、服务质量管理以及经营成本控制等内容进行相应的安排。

二、体育旅游项目设计的程序

（一）体育旅游项目环境分析

旅游项目设计时，首先应了解自己竞争对手的情况以及影响景区开发和经营的各种环境因素。对景区内部环境进行分析，主要是对自然资源、人力资源和财力资源的分析；而外部环境分析，主要是分析旅游市场的需求状况、竞争状况和需求趋势。对景区内外环境的分析有助于项目设计者找到项目的创新点或与其他景区项目之间的差异点。

（二）体育旅游资源特色分析

体育旅游项目的内涵和形式要以当地资源特色为基础，这就需要项目设计者在旅游资源调查过程中，对旅游开发地的旅游资源、周边环境及相关资源进行详细分析，并总结出不同旅游功能分区的资源特色；对全国及周边区域相似的资源进行比较分析，形成资源评价报告，以此作为旅游项目设计的基调。

（三）体育旅游项目策划的市场调查

在旅游市场的调查研究中，必须认真研究游客的行为，认清游客行为的时空特征。游客在目的地的空间移动过程对目的地商业业态空间布局起着决定性的作用，对游客的时空行为与商业业态的关系的研究以及对竞争者的分析是市场调查的重点。依据调查结果，分析市场需求，提出项目精确的市场定位与市场目标。

（四）旅游项目的初步构想

通过前期的环境分析、资源调查和市场调查，对项目区域的发展方向进行定位，包括初步的主题定位、发展目标定位、功能定位、运营战略定位等，提出项目的初步构想。

旅游项目的构思就是对未来项目成品雏形的设计，是关于旅游项目设计的大致思路。项目构思是利用外界信息不断刺激设计者思维的过程。这些刺激可以是设计者的发散性思维自创，也可以借鉴其他旅游地的旅游项目，如通过调查旅游者、专家学者、竞争对手、旅行社等相关者收集资料寻求灵感。

（五）旅游项目构思的评价

规划人员拥有成型的旅游项目构思并不一定能全部具备实施的可行性，因此，需要对自己的项目构思进行甄别。在项目设计市场导向的原则下，规划者要对拥有的项目构思从市场需求规模、项目建设、运营成本、项目的生命力等角度进行评估。通过这种评估将成功概率较小的项目构思淘汰，而保留那些成功概率较大的构思。

（六）体育旅游项目的详细设计

旅游项目的详细设计是对被认定为可行的项目策划构思加以完善和具体化的过程，不仅要从总体上对旅游项目的创意进行不断的完善，而且要从小处着眼，将较为抽象的旅游项目转变成独具地方特色的、深受旅游者欢迎的旅游项目。其设计具体包括功能布局、游憩方式设计、景观概念策划、商业模式设计、运营管理设计等。

在体育旅游项目的详细设计中，突出顾客体验是贯穿始终的主线。基于顾客体验对体育资源进行开发设计时，首先应着眼于客户的需求，同时要突出消费者的主动参与性及体验的个性化。

1. 提炼合适的体验主题

一次完整的体验起始于一个突显个性与特色、充满诱惑力的统领性主题。所谓创造体验，我们可从感官体验、娱乐体验、情感体验、文化体验及服务体验着手分析顾客心理需求及产品心理属性，挖掘设计精炼且富有特色的主题，如红色革命、森林探险等。富有吸引力的主题是迈向体验之路的关键，它能为顾客留下深刻的印象，铸造持久记忆，通常合适的主题是游客获得满意体验极为关键的部分。

体验设计最重要的一点即找准定位，定位要注重简明扼要，以产品的真正优势为基础，突出差异性，还要时刻注意能使顾客切身感受，以引起顾客共鸣。要对文化特色内涵进行充分挖掘，选择相适应的体验主题。随着生活需求的转变，人们更加注重于实现和提升自我，因此在对景观体育产品进行主题设计时必须以当地独特深厚的文化底蕴为基础，明确体验主题定位，再结合景观体育自然资源进行产品设计。旅游资源丰富的地域在题材的选择上应与当地景观体育自然资源结合进行全方位考量，选择出适应于开展景观体育项目的题材。

2. 体验场景设计

体验型景观体育产品的场景依据主题及设计的活动项目精心布置活动装饰、布景和道具以增强环境形象的体验性，以期集中游客的注意力，激发其兴趣，帮助他们获得最佳体验效果。如在湖南红色旅游产品的设计过程中充分按照红色时期的摆设装饰等对场景进行布置，则能让大家在参与时有置身其中之感。

3. 活动项目的体验化设计

体验旅游活动项目的设计作为体验旅游的核心，直接影响着该旅游地对于顾客的吸引力。随着生活方式的转变，现代游客更加注重旅游经历，同时也更渴望参与，期望旅行中既能有文化的吸引，又伴随趣味或冒险的运动。因此在体验活动项目设计时首先要突出项目带给游客的多样性文化体验。首先，开发者要利用现有自然及人文资源，将景观体育项目打造成多幕的舞台剧，服务人员扮演演员角色，旅游景观和旅游设施作为道具，当然游客既是观众也是演员，整个服务提供的过程即表演，让游客在自身角色转换之中获得多元体育文化体验。其次，开发者在进行体育活动开发时应随时注意加强体育活动参与性和创新性，使游客完全沉浸在体验主题场景的仿真氛围之中，获得充分的刺激新鲜感和心理上的满足回味，从而提升景观体育活动的吸引力和品牌效应，使城市形象得到预期的提升并进一步促进推动全民体育的发展。

另外在体验活动项目的策划和体验过程设计中我们还应充分考虑以下几点问题：首先是体验项目的故事性。应围绕体验主题创造故事情节，如各种神话、科幻、冒险的故事情节均对游客有较强的吸引力；同时在活动设计中要充分融入故事情节，使顾客体验整体连贯，有助于其充分融入体验。其次是需要控制项目的体验节奏。每项活动都会有一个或者几个最为精华的环节来引发整个活动的高潮。例如漂流过程中游客乘竹筏时间过长可能产生乏味的心理，因此若在漂流后半程适当安插体验体育项目，如攀岩、野营、采摘野果等，则能让游客在松紧适度的节奏中获得丰富的体验。再次是项目的可评价性。为了能有效检测体验景观体育活动项目的体验效果，需要选取体验活动项目设计的定量评价指标体系作为检验标准，有助于项目的完善。

4. 营造完整的体验氛围

仅靠主题的确定和设计体验活动项目很难使顾客对体验留下深刻的印象。必须通过逼真的氛围及特色“剧本”的设置使顾客完全融入情境之中，这样的体验过程才会让顾客产生深刻印象。对于景观体育产品的开发要善于充分运用音乐、光线、色彩、气味、语言等元素来营造主题体验气氛，以增强产品的感染力和吸引力，激发游客的兴趣，当游客完全沉浸于气氛的感染时，其旅游体验就得到升华。当我们对景观体育活动产品做好定位并选择合适的特色体验主题后，怎样才能使游客充分沉浸在主题活动之中并获得更好的体验呢？这就要在保护环境、文化遗址和文物等的基础上针对体验的主题充分营造体验氛围，如对历史文化进行体验主题开发时需要营造浓厚的历史体验氛围，利用具有悠久历史及特色的建筑、遗址、地域风土人情等来布置体验场景，营造体验氛围，使游客感觉身临其境，融入历史的一幕幕中，为游客提供丰富的体验。

5. 体验活动项目及形象整合设计

如上文所述，主题是体验经济的灵魂，也具体反映了体验型景观体育产品的核心精神。因而对于体验经济背景下的景观体育产品而言，主题的重要地位不可动摇。但是在依据主题设计体验型景观体育产品的活动项目和形象时要充分挖掘其主题内涵，不能仅仅停留于主题名称或其他表象上。体验型旅游产品的主题能否被游客所理解以及被游客所接受的程度大小均主要取决于活动项目和形象对主题进行的阐释是否生动。从某种程度而言，活动项目和形象比较容易被游客直接感知，相对于经过高度提炼得出的主题而言，游客更易于体验活动项目及形象。尽管体验型景观体育产品的活动项目较为丰富，但游客通常仅能选择部分进行参与。当游客无法从活动中获得对体验的完全满足时，就会借助形象对活动项目加以补充以扩充体验空间。形象补充活动的具体方法如下：例如可通过加强景观体育形象宣传、设计形象生动的旅游纪念品等形式给游客传递信息，从而不断完善其体验。

复习思考题

1. 体育旅游项目设计的原则有哪些？
2. 简述体育旅游项目设计的程序。

第四章　体育旅游项目开发条件及环境分析

旅游项目开发的条件和发展环境被划分为三个部分：项目外部环境，即影响旅游业和旅游项目策划的外部宏观环境因素；旅游区位，即一定区域范围内与旅游项目所在地域相关并通过空间得以表现的各种要素；地块分析，即旅游项目所在地域的各种环境要素。本章分别论述这三个部分对旅游项目的影响，并探讨了相关的分析方法。

第一节　体育旅游项目的外部环境调查与分析

一、体育旅游项目发展的外部环境要素调查

在体育旅游项目策划时，需要调查和分析影响体育旅游业发展的外部环境要素，其中的调查方法主要包括两种：

一种是现场踏勘和调查。通过各种直接途径展开调查：实地勘探、面谈、电话、邮寄问卷、留置问卷、网络调查、观察、实验等。还可以辅以先进的手段进行调查，如遥感调查法。

一种是文献的收集。通过调查所获取的数据和资料是对外部要素进行分析的基础。通过各种渠道，充分收集各种资料，了解调查区域的基本情况。如报纸、杂志、书籍、调研报告、统计年鉴、地方志以及规划区内部已经收集的材料。

总体来说，影响体育旅游业发展的外部环境要素可以包括以下内容：

1．地理位置

体育旅游项目所处的地理位置及其与周边地区的关系，是市场分析的重点内容，体现了项目与主要目标市场的距离；同时，体育旅游项目与周边其他项目的位置关系，也决定了项目能否被编入多条目的地旅游线路，以及是否有机会发展成为与周边地区形成互补的旅游产品体系。

2. 自然环境

体育旅游活动对自然环境有着很强的依赖性，同时又对自然环境有着非常大的影响。自然环境主要调查内容包括地质、地形、气候、水文、动植物、生态系统等。通过调查与分析要解决三个方面的问题：其一，甄别出可开发的自然旅游资源或者对项目开发有利的自然环境条件；其二，识别出可能对体育旅游项目造成不利影响的自然环境要素，尤其是可能造成自然灾害的要素，例如台风、洪水、泥石流、山体滑坡等，从而在项目开发中寻求趋利避害的解决措施；其三，要寻找出开发区域自然环境的脆弱因素和脆弱地带，通过技术手段来减轻项目开发及旅游活动对自然环境造成的负面影响。

3. 历史与文化

了解项目所在地域的历史和文化对体育旅游项目的策划来说至关重要。一方面，历史遗址遗迹、历史事件发生地、当地民俗风情是非常重要的旅游吸引物，一些民族区域的民族传统节庆、传统体育活动更是备受旅游者追捧；另一方面，历史与文化还影响着当地居民的生活方式、整体氛围，对旅游开发有着非常重要的影响。

4. 人口

人口调查主要内容包括人口数量、地域分布、流动趋势、年龄、性别、就业和受教育程度。通过这些调查分析可以了解劳动力供给情况，从而为项目开发的人力资源规划提供依据。

5. 经济模式

了解当地的经济背景，其中包括主要经济成分、国民生产总值、收入水平和分配方式、旅游业与其他经济部门的关系，从而将其作为确定旅游投入和预测旅游收益的依据；调查当地特殊的经济活动，如传统农耕、渔业，以及大面积的花卉、林木种植等，它们都有可能成为体育旅游项目开发的支持性条件。

6. 土地利用现状、土地利用规划和土地使用权

要对土地利用模式进行详细调查，如农业用地、工业用地、交通用地、商业用地和保护区、居民区等分布。了解土地利用现状及规划是为了更合理地选择旅游项目的用地。另外，土地所有权和使用权是决定某个地域的土地能否用于旅游开发的重要因素。

7. 环境质量

环境质量水平对旅游者和当地居民都非常重要，因此要对体育旅游项目策划区域的总体环境质量进行调查和评估。调查中的环境质量要素主要包括

空气质量、地表和地下水质量、地质环境质量、噪音水平、主要污染源、环境疾病、公共场所的清洁程度及拥挤程度、风景景观等。

8. 开发政策和规划

要了解现有的开发政策及规划，尤其要关注基本经济、自然、社会发展政策和战略。同时也可借鉴现行的城市规划、资源开发规划、交通总体规划、旅游总体规划等。

9. 政府和旅游组织

要了解与旅游发展密切相关的政府机构，如交通、通信、环境保护、文化发展、建设及规划部门等；要了解现有的旅游部门、旅游协会等机构的架构、职能；要了解上述各种组织、机构间的协作关系。

10. 投资及基础服务设施

要研究现行的项目投资政策，从而为旅游项目建设过程中的资金筹措提供依据。要了解与投资政策相关的可用于旅游项目投资的当地和外部资本情况，包括旅游设施和旅游相关基础设施。

11. 法律法规

要了解现行的旅游相关法律法规，以及土地使用规划、建筑结构、饮用水标准等涉及项目策划的相关法律。部分高危体育旅游项目还涉及行业监管，体育局、旅游局也出台了相关规定，如《体育场所开放条件》等。项目策划必须在现行法律法规的允许范围内开展。

12. 旅游教育和培训

要了解现有的旅游教育和培训计划及其相应的机构。这涉及项目运行的人力资源供给。

二、体育旅游项目发展的外部环境分析方法

（一）SWOT 分析法

1. SWOT 分析法的含义

SWOT 分析法，是由美国管理学家斯坦利提出的，用于客观地分析和研究一个企业或产品发展中面临的现实情况的方法。应用这种分析方法，通过对企业或产品发展的内部条件和外部环境的分析，可以从中找出对企业或产品发展有利并值得发扬的因素，以及不利并应该规避的问题，明确以后的发展方向，有针对性地探寻解决问题的办法和措施。

旅游项目策划的 SWOT 分析，主要是指分析开发项目或理念的优势和劣势、机会和威胁。通常按照 SWOT 分析的四个部分，分别对旅游产品开

发的优势（Strength）、劣势（Weakness）、机遇（Opportunity）和威胁（Threat）进行分析。

其中，优势和劣势分析是指对旅游项目本身内在能力的分析，这些内在能力包括资源条件、要素投入、市场份额、经营管理等方面的内容，以明确旅游项目开发的比较优势和不足之处；机遇和威胁分析则是对旅游项目外部环境的分析，包括市场供求、竞争对手、环境变化、发展趋势等方面的内容，以找出旅游项目开发的机遇和潜在市场，同时明确旅游项目开发面临的竞争和挑战。

2. SWOT 分析法的实施步骤

SWOT 分析法可以包括以下主要步骤（罗明义，2004）：

①收集和分析相关资料。

②确定变量因素的影响程度。

③确定旅游产品开发战略。

④制订旅游项目策划及开发战略计划。

旅游项目的 SWOT 分析对于把握旅游项目开发的内外环境和条件，提升旅游项目开发的成功可能性和竞争力具有重大意义。但是，如何全面和准确地把握旅游项目内部和外部环境中的主要要素，就要依靠策划者和规划者的经验和知识积累。一旦对分析所使用的要素收集和排列出现偏差，就有可能造成旅游策划重大失误。

（二）PEST 要素分析法

1. PEST 要素分析法的含义

PEST 要素分析法是在分析发展所面临的宏观外部环境时经常使用的一种方法。它将宏观外部环境因素概括为四类：政治因素（Political）、经济因素（Economic）、社会因素（Social）、技术因素（Technological），对于这四类因素的分析，即所谓的 PEST 分析。

①P 即 Politics，政治要素，是指对组织经营活动具有实际与潜在影响的政治力量和有关的法律、法规等因素。当政治制度与体制以及政府对组织所经营业务的态度发生变化时，当政府发布了对企业经营具有约束力的法律、法规时，企业的经营战略必须随之做出调整。

②E 即 Economic，经济要素，是指一个国家的经济制度、经济结构、产业布局、资源状况、经济发展水平以及未来的经济走势等。构成经济环境的关键要素包括 GDP 的变化发展趋势、利率水平、通货膨胀程度及趋势、失业率、居民可支配收入水平、汇率水平等。

③S 即 Society，社会要素，是指组织所在社会中成员的民族特征、文化传统、价值观念、宗教信仰、教育水平以及风俗习惯等因素。构成社会环境的要素包括人口规模、年龄结构、种族结构、收入分布、消费结构和水平、人口流动性等。其中人口规模直接影响着一个国家或地区市场的容量，年龄结构则决定了消费品的种类及推广方式。

④T 即 Technology，技术要素。技术要素不仅包括那些引起革命性变化的发明，还包括与企业生产有关的新技术、新工艺、新材料的出现和发展趋势以及应用前景。在过去的半个世纪里，最迅速的变化就发生在技术领域，微软、惠普、通用电气等高技术公司的崛起改变着人类的生活方式。同样，技术领先的医院、大学等非营利性组织，也比没有采用先进技术的同类组织具有更强的竞争力。

2. PEST 要素分析法的实施步骤

PEST 分析能够找出影响项目策划及实施的关键外部因素，这种方法主要有三个步骤：

①分别从政治——法律、经济、社会、技术四个方面，确定项目策划及实施时需要重点考虑的因素。

②调查并获取所需信息，并对这些因素进行分析。

③对这些因素进行评价，确定项目策划的可行性。

第二节 体育旅游区位分析

一、区位及区位理论

区位是指人类行为活动的空间。具体而言，区位除了表示地球上某一事物的空间几何位置，还强调自然界的各种地理要素和人类经济及社会活动之间的相互联系和相互作用在空间位置上的反映。区位就是自然地理区位、经济地理区位和交通地理区位在空间地域上有机结合的具体表现。

区位主体是指与人类相关的经济和社会活动，如企业经营活动、公共团体活动、个人活动等。区位主体在空间区位中的相互运行关系称为区位关联度。区位关联度影响投资者和使用者的区位选择。一般来说，投资者或使用者都力图选择总成本最小的区位，即地租和累计运输成本总和最小的地方。

区位理论是关于人类活动的空间分布及其空间中的相互关系的学说。具体地讲，是研究人类经济行为的空间区位选择及空间区位内经济活动优化组合的理论。

(一) 农业区位理论

农业区位理论的创始人是德国经济学家冯·杜能，他于1826年完成了农业区位论专著——《孤立国对农业和国民经济之关系》（简称《孤立国》），是世界上第一部关于区位理论的古典名著。

1. 杜能“孤立国”理论的前提条件

杜能“孤立国”理论有下列前提条件：在“孤立国”中只有一个城市，且位于中心，其他都是农村和农业土地。农村只与该城市发生联系，即城市是“孤立国”中商品农产品的唯一销售市场，而农村则靠该城市供给工业品；“孤立国”内没有可通航的河流和运河，马车是城市与农村间联系的唯一交通工具；“孤立国”是一天然均质的大平原，并位于中纬，各地农业发展的自然条件等都完全相同，宜于作物生长。平原上农业区之外为不能耕作的荒地，只供狩猎之用，荒地圈的存在使“孤立国”与外部世界隔绝；农产品的运费和重量与产地到消费市场的距离成正比关系；农业经营者以获取最大经济收益为目的，并根据市场供求关系调整他们的经营品种。

2. 杜能农业区位理论的主要内容

①杜能区位理论的基本经济分析。杜能根据其理论前提，认为市场上农产品的销售价格决定农业经营的产品和经营方式；农产品的销售成本为生产成本和运输成本之和；而运输费用又决定着农产品的总生产成本。因此，某个经营者是否能在单位面积土地上获得最大利润（P），将由农业生产成本（E）、农产品的市场价格（V）和把农产品从产地运到市场的费用（T）三个因素所决定，它们之间的变化关系可用公式表示为：

$$P=V-(E+T)$$

按照杜能理论的假设前提进一步分析，“孤立国”中的唯一城市是全国各地商品农产品的唯一销售市场，故农产品的市场价格都要由这个城市市场来决定。因此，在一定时期内“孤立国”各种农产品的市场价格应是固定的，即V是个常数。杜能还假定，“孤立国”各地发展农业生产的条件完全相同，所以各地生产同一农产品的成本也是固定的，即E也是个常数。因此，V与E之差也是常数，故上式可改写成：

$$P+T=V-E=K$$

上式中K表示常数，也就是说，利润加运费等于一个常数。其意义是只有把运费支出压缩为最小，才能将利润增至最大。因此，杜能农业区位论所要解决的主要问题归为一点，就是如何通过合理布局使农业生产节约运费，从而达到最大限度地增加利润的目的。

②杜能圈。根据区位经济分析和区位地租理论，杜能在其《孤立国》一书中提出六种耕作制度，每种耕作制度构成一个区域，而每个区域都以城市为中心，围绕城市呈同心圆状分布，这就是著名的“杜能圈”。

第一圈为自由农作区，是距市场最近的一圈，主要生产易腐难运的农产品。

第二圈为林业区。本圈主要生产木材，以解决城市居民所需薪材以及提供建筑和家具所需的木材。

第三圈是谷物轮作区。本圈主要生产粮食。

第四圈是草田轮作区。本圈提供的商品农产品主要为谷物与畜产品。

第五圈为三圃农作制区，即本圈内 1/3 土地用来种黑麦，1/3 种燕麦，其余 1/3 休闲。

第六圈为放牧区，或叫畜牧业区。

杜能还考虑了在“孤立国”范围出现其他小城市的可能。这样大小城市就会在产品供应等方面展开市场竞争。结果根据实力和需要形成各自的市场范围。大城市人口多，需求量大，不仅市场范围大，市场价格和地租亦高。相反，小城市则市场价格低，地租亦低，市场波及范围也小。

（二）工业区位理论

工业区位理论的奠基人是德国经济学家阿尔弗雷德·韦伯（Alfred Weber）。其理论的核心就是通过对运输、劳力及集聚因素相互作用的分析和计算，找出工业产品的生产成本最低点，作为配置工业企业的理想区位。

以运输成本定向的工业区位分析，是假定在没有其他因素的影响下，仅就运输与工业区位之间的关系而言的。韦伯认为，工厂企业自然应选择在原料和成品二者的总运费最少的地方，因此，运费的多少主要取决于运输距离和货物重量，即运费是运输物的重量和距离的函数，亦即运费与运输吨公里成正比关系。

在货物重量方面，韦伯认为，货物的绝对重量和相对重量（原料重量与成本重量间的比例）对运费的影响是不同的，后者比前者更为重要。为此，他对工业用原料进行了分类：一是遍布性原料，指到处都有的原料，此类原料对工业区位影响不大；二是限地性原料，也称地方性原料，指只分布在某些固定地点的原料，它对工业区位模式具有重大影响。

根据以上分类，韦伯提出原料指数的概念，以此来论证运输费用对工业区位的影响。所谓原料指数，是指需要运输的限地性原料总重量和制成品总重量之比，即：原料指数＝限地性原料总重量/制成品总重量；在原料指数不同的情况下，只有在原料、燃料与市场间找到最小运费点，才能找到理想的工业区位。

韦伯还分析了劳工成本对工业区位的影响。他认为劳工成本是导致以运输成本确定的工业区位模式产生第一次变形的因素。所谓劳工成本，就是指每单位产品中所包含的人工资额，或称劳动力费用。韦伯认为，当劳工成本（工资）在特定区位对工厂配置有利时，可能使一个工厂离开或者放弃运输成本最小的区位，而移向廉价劳动力（工资较低）的地区选址建厂。其前提是在工资率固定、劳动力供给充分的条件之下，工厂从旧址迁往新址，所需原料和制成品的追加运费小于节省的劳动力费用。在具体选择工厂区位时，韦伯使用了单位原料或单位产品等运费点的连线即等费用线的方法加以分析。同时，他还考虑了劳工成本指数（即每单位产品之平均工资成本）与所需运输的（原料和成品）总重量的比值即劳工系数的影响。

（三）中心地理论

中心地理论是由德国城市地理学家克里斯塔勒（W. Christller）和德国经济学家廖什（A. Losch）分别于1933年和1940年提出的，19世纪50年代起开始流行于英语国家，之后传播到其他国家，该理论被认为是本世纪人文地理学最重要的贡献之一。

中心地理论是在研究城市空间组织和布局时，探索最优化城镇体系的一种城市区位理论。即假定某个区域的人口分布是均匀的，那么为满足中心性需要，就会形成中心地商业区位的六边形网络。理论的中心内容是论述一定区域内城镇等级、规模和职能之间的关系及其空间结构的规律性，并用六边形图式对城镇等级与规模关系加以概括。

克里斯塔勒创建的中心地理论深受杜能和韦伯区位论的影响，故他的理论也建立在“理想地表”之上，其基本特征是每一点均有接受一个中心地的同等机会，某一点与其他任意一点的相对通达性只与距离成正比，而不管方向如何，均有一个统一的交通面。后来，克氏又引入新古典经济学的假设条件，即生产者和消费者都属于经济行为合理的人的概念。这一概念表示生产者为谋取最大利润，寻求掌握尽可能大的市场区，致使生产者之间的间隔距离尽可能地扩大；消费者为尽可能减少旅行费用，都自觉地到最近的中心地购买货物或取得服务。生产者和消费者都具备完成上述行为的完整知识。经济人假设条件的补充对中心地六边形网络图形的形成是十分重要的。

（四）廖什市场区位理论

廖什认为，每一单个企业产品销售范围，最初是以产地为圆心，最大销售距离为半径的圆形，而产品价格又是需求量的递减函数，所以单个企业的产品总销售额是需求曲线在销售圆区旋转形成的圆锥体。随着更多工厂的介入，每个企业都有自己的销售范围，由此形成了圆外空挡，即圆外有很多潜在的消费者不能得到市场的供给，但是这种圆形市场仅仅是短期的，因为通过自由竞争，每个企业都想扩大自己的市场范围，因此圆与圆之间的空挡被新的竞争者所占领，圆形市场被挤压，最后形成了六边形的市场网络。这种理论与克里斯塔勒的中心地理论很相似。

廖什认为大多数工业区位是选择在能够获取最大利润的市场地域，区位的最终目标是寻取最大利润地点。最佳区位不是费用最小点，也不是收入最大点，而是收入和费用之差的最大点，即利润最大点。

（五）旅游区位论

旅游开发的区位选择，旅游交通与路线布局，旅游产业选址与规模、结构确定，不同大小旅游地域空间组合结构及其演变特点研究，旅游开发的区域分析与区域模型研究，旅游开发中位置选择的方法、研究等都存在景区区位优化研究问题，特别是游憩旅游项目对区位条件的要求更高、更科学。旅游项目的产品是一些不可移动的景观和娱乐，其消费特征是广大游客离开常住地、到达旅游项目所在地才能购买消费，因此距离阻抗成为产品销售的重要影响因素，客源一般呈随距离衰减现象。旅游项目的市场在空间上呈现向心集聚而不是网络扩散，导致区位具有高度重要意义。

二、体育旅游项目的区位分析

旅游区位主要是指旅游目的地、旅游规划景区（或其他旅游企业）与其他事物的空间联系。这里说的其他事物主要指旅游资源、客源地、交通条件等，旅游区位评价主要是从市场角度对这些空间联系的优劣状况作出评价。

区位条件对体育旅游开发至关重要。体育旅游目的地的区位通常是近邻广阔的客源市场，又倚靠高品质的风景区，并且有进出便捷的交通设施。一个适宜旅游业发展的区位条件，一般是旅游区要近邻中心城市和人口稠密区，周围交通干线密集，自然环境优美，旅游资源丰富，经济文化发达等。有了这种得天独厚的区位条件，旅游区的可达性好，门槛游客量自然会大；相反，假如旅游资源丰富，但因远离中心城市，交通不便，游人可望而不可即，或因经济不发达，人们无条件外出旅游，或因治安条件差，人们不敢去那里旅游，自然就失去了兴办体育旅游业的一些必要条件。

传统的区位理论在旅游区位分析中存在着很大的困难，主要表现在如下几个方面。

一是旅游业的资源是分散的，而且是不可移动的，除了少数主题公园、游乐园可以在任何位置重建外，自然景观、人文景观和历史遗址，是不可能在其他地方重建的。旅游活动只可能在具有旅游资源的地方进行。相反，在传统区位论中，工业资源和工业产品是可以自由运输的，而且运输费用的变化直接影响到工业区位。

二是旅游业资源不同于工业或农业的原材料，它是不同质的，各种景观的吸引力会因旅游者的不同而产生变化，人们的旅游活动与价值观念和经济发展水平密切相关。不同地区的经济发展水平、文化背景不同，居民对旅游的需求不同，对旅游点的喜好也不同。在旅游业中，旅游资源普遍的异质性、个人偏好难以进行排序。所以，旅游区位不能使用传统的区位论。

三是旅游业产品尤其是旅游景点是不可移动的，且可同时供多人使用，因此无法像工业产品一样使用运输费用、单位产品市场价格、成本等概念进行区位的选择。此外，旅游产品价格构成中，直接用于参观、游览和娱乐的支出在整体旅游产品支出中仅占较小比重，交通和食宿往往占据更大比重。这部分支出与旅游景点本身并无联系。因此也无法运用传统区位理论对其展开分析。

综上，传统的区位理论都是在生产既定的情况下，通过一定的法则去选取最合适的区位。而旅游项目策划恰恰相反，它的区位在某种程度上是固定的，我们需要在既定的区位条件下，分析区位要素对项目的影响，从而确定项目的市场范围、项目定位、建设规模等。同时，可以在传统区位理论的指引下，发现区位劣势，通过调整可变的区位要素来改变项目的区位条件。

在对旅游项目进行区位分析时，应该从以下几个方面来考虑区位要素对旅游项目的影响：

①旅游项目的资源影响力。旅游项目的资源影响力主要考虑资源条件本身在区域范围内的影响力，以及区域范围内不同旅游项目的空间作用。资源本身的影响力可以通过旅游资源评价来予以衡量，而不同旅游项目的空间作用主要表现为两种方式，即竞争性与互补性。

②游客集散地。游客集散地往往是中心城市或者区域中心城市。它是对旅游项目进行区位分析的基础，因为它提供了旅游项目赖以生存和发展的客源保证。因此，要了解游客集散地的游客规模和偏好，以及游客集散地与旅游项目所在地域的空间位置关系。

③交通。交通直接影响旅游目的地的通达性和游客到达目的地所花费的

时间。二者都直接影响到旅游目的地的吸引力。

④旅游消费。旅游项目的区位条件对游客的旅游消费存在一定的影响，如交通花费。

⑤可改变的区位要素。旅游区位不同于农业区位和工业区位，在区位分析中，可通过改变相关影响因素来优化项目的区位条件。如改善交通条件，优化交通区位，重构特色资源来避免同类项目竞争等。

第三节　旅游地块分析

旅游项目开发的条件和发展环境被划分为三个部分：项目外部环境、旅游区位和地块分析。任何旅游项目的策划，最后都要落实在具体的地块上。地块既是策划中各种控制指标的基本载体，也是进行旅游项目开发建设的基本单元。如果说旅游项目的区位分析更多地是把地块作为一个“均质”的整体，着重考虑整个地块的各种区位要素在空间上的分布格局并分析它对旅游项目的影响的话，那么地块分析则更加注重地块内部的空间格局及其对具体的开发建设的影响。因此，地块分析考虑的问题比较具体，要求具有很强的实践性和可操作性。地块分析可以包括三个层次：

一、宏观层次

地块分析的宏观层次即对区域环境的分析评价。这一层次主要包括以下内容。

①地脉。对地块天然环境的总体分析评价，包括地块的地形、水系、植被、环境质量等要素。

②文脉。对地块范围内历史文化的综合分析和评价，找寻最能够反映出地块人文特色的历史文化要素。

③空间分析。对地块内部现有功能的空间分布进行识别和评价。

④土地利用格局。项目建设往往受到现有土地利用格局的限制，很多时候还需要改变现有土地利用的性质。因此，对现有土地利用类型的空间分布进行了解并加以评价就显得十分重要。

⑤基础设施和服务设施。对地块内现有的建筑、道路交通、供电、供水、通信等设施进行整体分析和评价。

应该说，对旅游项目地块宏观层次上的分析为地块的利用提供了基本方向，它直接反映了地块的利用现状，该分析为项目地块的利用提供基础条件，是项目规划建设可行的基本保障。地脉和文脉分析是难点，也是宏观分析中主观色彩最为浓厚的部分。

二、中观层次

地块的中观层次分析主要包括：建筑物和建筑物组合、地块各种功能空间和交通组织。这一层次上的分析主要对项目地块的旅游功能在空间上的分布进行分析，为策划中地块合理旅游功能空间布局、保证各种旅游要素在空间上的顺畅流动提供依据。因此，作为旅游项目来说，对其所在地块的中观分析就是考察建筑、空间及交通等要素是否有助于旅游项目各种旅游功能的实现。

中观分析主要针对地块的环境、空间及其与周边用地的关系，分析旅游项目如何在有限的空间内合理组织各旅游功能和旅游项目。

三、微观层次

微观层次即人与环境的关系。它是最注重细节的一个层次，考虑的是游人在地块内游览所面临的具体问题。例如景区内的垃圾设施、旅游步道的用料、沿街建筑的立面风格和层次、旅游店铺内的购物空间、游客广场的休息设施等。总体来说，微观层次包括的范围极为宽泛，也极为繁琐，但它为游客所直接接触和使用。俗话说，“细节决定成败”，对微观层次分析得到位与否，往往直接影响到项目开发建设的细节质量的好坏，从而决定着旅游项目策划的成败。

复习思考题

1. 影响体育旅游业发展的外部环境要素有哪些？
2. 体育旅游项目发展的外部环境分析方法是什么？
3. 如何看待区位要素对旅游项目的影响？
4. 旅游地块分析的主要内容是什么？

第五章　体育旅游资源调查与评价

第一节　体育旅游资源调查

一、体育旅游资源调查的目的与作用

体育旅游资源调查是指运用科学的方法和手段，有目的、系统地收集、记录、整理、分析和总结体育旅游资源及其相关因素的信息与资料，以确定体育旅游资源的存量状况，并为旅游经营管理者提供客观决策依据的活动。

（一）描述作用

通过对体育旅游资源的调查，可以了解一个地区体育旅游资源的存量状况，这对于区域旅游业的发展至关重要。

（二）诊断作用

通过体育旅游资源调查，可以认清旅游资源的空间特征、时间特征、经济特征、文化特征等，以及各种特性的形成环境和成因，体育旅游资源的功能和价值等。

（三）预测作用

通过体育旅游资源调查，能够充实和完善旅游资源信息系统，为旅游预测、决策奠定基础。

（四）管理作用

通过体育旅游资源的调查研究，可以比较全面地掌握体育旅游资源开发、利用和保护的现状，有利于推动区域体育旅游资源管理工作的实施，借鉴其他地方的管理经验，引进先进的管理手段，从而制定切实可行的体育旅游资源保护措施。

二、体育旅游资源调查的要求

（一）坚持市场导向的原则

良好的旅游资源对客源市场会产生强大的吸引力，特殊的旅游资源对特

定层面的游客产生特种吸引力。

（二）贯彻为旅游业服务的思想

旅游资源不等于旅游产品，调查体育旅游资源，是为开发体育旅游资源提供客观科学的决策依据，根据客源市场现实的和潜在的需求，筛选出那些值得开发的体育旅游资源，最终形成满足游客需求的体育旅游产品。

（三）调查应重点突出

结合某一区域或者项目当前开发的需要和经济实力、技术力量决定调查内容的多少、调查规模的大小和重点调查区域。

（四）树立综合调查的观念

一方面要尽量吸收各学科已有的成果和运用积累的资料，取得各有关部门的支持与配合；另一方面要对调查区的自然景观资源、人文景观资源，以及旅游区依托城市的经济环境、社会环境、交通条件、客源状况和地理背景等进行全面的调查分析，以获取综合系统的资料，便于客观地认识问题。

（五）注重经济、社会和生态三大效益

一方面获取可能大的社会效益和经济效益；另一方面应该尽可能地优化和保护环境，避免对体育旅游资源造成破坏，杜绝体育旅游资源的掠夺性开发，防止环境污染和灾害性事件的发生，取得有利于营造旅游氛围的生态效益。

三、体育旅游资源调查的类型

（一）按体育旅游资源调查需解决的问题划分

1. 体育旅游资源概查

体育旅游资源概查是指对体育旅游资源的概略性调查或探测性调查。这种调查是为了发现问题而进行的一种初步调查。它主要是寻找问题产生的原因及问题的症结所在，为进一步调查做准备。

2. 体育旅游资源普查

这种调查类型是对一个旅游资源开发区或远景规划区内的各种体育旅游资源及其相关因素进行的综合调查。其主要目的是取得有关总体比较全面系统的总量资料。

3. 体育旅游资源详查

详查一般在概查和普查的基础上进行，将普查提出的结果进行筛选，确定一定数量的高品位、高质量的体育旅游资源作为开发对象，针对这些开发对象进行更详细的实地勘查。

（二）按体育旅游资源调查的不同对象划分

1. 典型调查

典型调查是根据体育旅游资源调查的目的和任务，在对被调查对象进行全面分析的基础上，有意识地选择一个或若干具有代表性的单位进行调查研究，借以认识同类现象总体情况的调查方式。

2. 重点调查

重点调查是在调查对象中选择一部分对全局具有决定性作用的重点单位进行调查，以掌握调查总体基本情况的调查方式。

3. 抽样调查

抽样调查是按照调查任务确定的对象和范围，从全体调查总体中抽选部分对象作为样本进行调查研究，用所得样本结果推断总体结果的调查方式。

四、体育旅游资源调查的内容

（一）体育旅游资源环境调查

1. 自然环境调查

（1）调查区概况

调查区概况包括调查区名称、所在行政归属与区划、范围和面积、中心位置与依托城市等。

（2）地质、地貌要素

岩石、地层、地质构造、地形和地貌是形成自然景观的物质基础。调查记载调查区岩石、地层、地质构造、地形、地貌的分布特征、发育规律和活动强度，对调查范围的总体地质和地貌特征有全面的了解。

（3）水体要素

调查区冰川、河流、湖泊、瀑布、涌泉、海洋等在地质、地貌、气候、植被等因素配合下，可以形成不同类型的水体景观，构成丰富的自然旅游资源。调查包括：地表水与地下水的类型和分布，季节性水量变化规律和特征，可供开采的水资源，已发生和可能发生的水灾害及其对旅游资源的不利影响等。

（4）气象、气候要素

气象、气候条件对自然景观的形成和破坏都必然会产生影响。气象和气候本身与其他自然地理要素配合可形成具有特色的吸引物，也能产生具有观赏价值的旅游景观，但恶劣的气象和气候环境可能导致对景观的破坏，成为旅游的阻障。调查包括：调查区的年降雨量及其分布，气温、光照、湿度及其变化，大气成分及其污染情况，气候类型、特色及其变化规律等。

（5）动植物要素

调查区内的植物群落和动物种群，与自然或人文旅游资源组合，可以形成独具吸引力的重要旅游资源。调查内容包括：调查区总体的动物和植物原特征与分布，具有观赏价值的动物和植物的类型和数量，特定生存环境下存在的珍稀动植物，调查其分布数量、生长特性和活动规律，并兼顾了解可供游人观赏的客观条件和资源防护措施等。

2．人文环境调查

（1）历史沿革

主要了解调查区的发展历史。包括建制的形成，行政区划的调整，曾经发生的历史事件，重要名人及其活动、经历对当地历史景物的影响。

（2）经济环境

主要了解调查区的经济特征和经济发展水平。包括经济简况、国民经济发展状况、国民生产总值、工农业生产总值、国民收入、人口与居民、居民收入水平、消费结构与消费水平、物价指数与物价水平、就业率与劳动力价格范畴等。

（3）社会文化环境

主要了解调查区学校、邮电通信、医疗环卫、安全保卫、民族分布、职业构成、受教育程度、文化水平、宗教信仰、风俗习惯、社会审美观念、价值观念、文化禁忌以及应用新技术、新工艺、新设备的情况等。同时还应调查当地的旅游氛围和接受新事物的能力。

3．政策法规环境调查

主要了解调查区内影响和制约旅游资源开发与管理的有关方针、政策。包括：地区经济政策的连续性与稳定性，社会经济发展规划，对外政策的调整变化，旅游机构的设置变动，以及资源法、旅游法、环境保护法、旅游管理条例和旅游管理措施等的执行情况。

（二）体育旅游资源存量调查

1．类型调查

按一定的分类标准，将调查区内的旅游资源分类归并，甄别出具有开发价值的体育旅游资源。

2．特征调查

①峰、崖、石、洞、峡、特殊的火山、名山、雪等的数量、造型特征、分布状况、成因、年代和遗迹等。

②河、湖、井、泉、瀑等的位置、源头、面积、深度、高差、流量、蓄水量、水质、水色、形态、水温、季节变化、观赏特征、成因、环境特征、利用状况等。

③气温、光照、温度、降水、风、云、雾、雪、日出、日落、佛光等出现季节、持续时间、形态、观赏位置、年均舒适旅游日数、浴疗价值等。

④观赏植物的种类、分布范围、数量、花期、果期、观赏部位；古树名木的位置、生境、树种、年龄、树高、胸径、冠幅、冠形及分布特点；森林景观中有观赏价值的树木、林分、垂直分布、规模、面积、景观特征、林特产品、林副产品种类、数量和特征；野生动物和珍稀动物的种类、栖息环境、活动规律、生活习性等。

⑤名胜古迹种类、建筑风格、艺术价值、建筑年代、历史、建筑保存状况、建筑数量、分布情况、占地面积、有关建筑的传说与故事、目前利用状况等。

⑥宗教文化类别、建筑、雕塑、绘画、石刻、影响范围及历史；革命纪念地的文献记载、革命活动、文物位置、保护现状等。

⑦各民族民风民俗、神话、传说、故事；历史文化名人情况；民族生活习惯、服饰、村寨建筑风格、信仰、传统食品；当地婚丧嫁娶及各种禁忌、礼仪等风俗习惯；各种纪念活动、节庆活动、体育赛事、庆典活动等。

⑧具有特色的旅游资源景观，具有特殊功能的景观，适合科学考察和教学实习的景观，该地独有或位居世界前列的旅游景观。

3. 成因调查

调查区内各种不同类型的体育旅游资源，尤其是富有当地特色的体育旅游资源，在开展资源调查时，要了解其形成原因、发展历史、存在时限、利用的可能价值以及自然与人文相互依存的因果关系。

4. 规模调查

规模调查包括资源类型的数量、分布范围和面积、各级风景名胜区、文物保护单位、自然保护区、森林公园等。

5. 组合结构调查

了解调查区体育旅游资源的组合结构，包括自然景观与人文景观的组合，自然景观内部的组合，人文景观内部的组合。资源组合的形式与结构是多种多样的，例如，水与其他旅游资源要素的组合有山水组合、水峡组合、水洞组合、水瀑组合等。

6. 开发现状调查

体育旅游资源包含已开发态、待开发态和潜在态三种形态。调查开发现状包括体育旅游资源现在的开发状况、项目、类型、时间、季节、旅游人次、旅游收入、消费水平以及周边地区同类体育旅游资源的开发比较、开发计划等。

（三）体育旅游要素调查

1. 交通调查

交通调查包括公路、铁路、水路、航空交通状况，旅游汽车、出租车、景点缆车、高架索道、观光游船等设施，车站、码头、港口的数量和质量，交通工具与景区的距离、行程时间、路面质量、运输承受能力等。

2. 住宿调查

住宿调查包括饭店、旅馆、汽车旅馆、供膳寄宿旅馆、别墅、农舍式小屋、度假村、野营帐篷、游船旅馆等多种住宿设施的规模、数量、档次、功能、分布情况、接待能力、床位数、房间数、客房出租率、营业收入、固定资产、利润总额等。

3. 餐饮调查

餐饮调查包括餐馆的规模、数量、档次、分布情况、名特小吃、特色菜品、卫生状况和服务质量等。

4. 其他服务设施调查

其他服务设施调查包括零售商店、购物中心、购物广场、旅游商品专卖商与专柜、高尔夫球场、影剧院、影视厅、音乐厅、娱乐中心、艺术中心、理发美容厅、咨询服务中心、会议中心、邮电通信、医疗服务、保险业务等的数量、分布、服务效率、服务人员素质、服务频率等。

五、体育旅游资源调查的程序与方法

（一）调查的程序

1. 调查准备阶段

明确调查问题→确定调查目标→设计调查方案→制订调查工作计划

2. 调查实施阶段

①收集第一手资料（实地调查资料）

通过概略调查、系统调查、详细勘查等方式，开展实地调查，掌握体育旅游资源的第一手资料。

②收集第二手资料

第二手资料是指为其他目的和用途而制作、收集的证据、数字、图件和其他现成的信息资料，能为目前的体育旅游调查项目所利用。收集渠道可以是旅游及体育管理部门、体育旅游企业、旅游行业内部的各种相关材料；可以是各种已经公开发表的旅游刊物、年鉴、报纸、杂志、专辑、学术研究资料；可以是有关国际或区域旅游组织和专业旅游资源调查研究机构的年报及其他相关资料；还可以是国际、国内、区域、局域计算机网络上的相关信息资料等。

3．体育旅游资源调查整理分析阶段

（1）整理资料

①对资料进行鉴别、核对和修正，审查资料的适用性和准确性，剔除有错误的资料，使其达到完整、准确、客观、前后一致。

②应用科学的方法对资料进行编码与分类，以便于分析利用。

③采用常规的资料储存方法或计算机储存方法，将资料归卷存储，以便于之后查阅和再利用。

（2）分析资料

经过整理后的资料、数据和图件，应能表示某种意义，只有通过调查人员的分析解释，才能对资源调查项目产生作用。一般需要借助一定的统计分析技术，才能测定它们之间的关系，认识某种现象与某个变化产生的原因，把握其动向与发展变化规律，并探求解决问题的方法，对该项调查结果提出合理的行动建议。

（3）编写体育旅游资源调查报告

报告由标题、目录、概要、正文、结论与建议、附件几个部分组成。

标题包括该调查的题目、调查单位、报告日期等；目录通常是报告部分的主要章节及附录的索引；概要中要扼要说明调查目的、调查对象、调查内容、调查方式与方法等；正文是报告的主体部分，必须准确阐明全部有关论据，包括问题提出、论证过程、结论引出、分析研究方法等；结论与建议是撰写分析报告的主要目的，包括对正文内容的总结和对解决问题的方案、建议的提出；附件是对正文报告的补充或详尽说明，包括数据汇总表、背景材料、资源分布图件和资源分析图表等。

（二）调查的方法

1．文案调查法（间接调查法）

它是通过收集体育旅游资源的各种现有信息数据和情报资料，从中摘取与资源调查项目有关的内容进行分析研究的一种调查方法。

2．询问调查法

它是调查者用访谈询问的方式了解旅游资源情况的一种方法。

3. 观察调查法

它是调查者在现场对被调查事物和现象进行直接观察或借助仪器设备进行记录，以获得旅游资源信息资料的调查方法。

4. 综合考察法（野外综合考察法）

体育旅游资源总是分布在一定的地域范围，对其分布位置、变化规律、数量、特色、类型、结构、功能、价值等的了解和认识，只有通过对调查区的综合考察和全面系统的分析才能得到。

5. 遥感调查法

采用遥感技术调查方式，收集多种比例尺、多种类型的遥感图像和与之相匹配的地形图、地质图、地理图等，解译图像中体育旅游资源信息，不仅能对体育旅游资源的类型进行定性，而且能为体育旅游资源的定量做好标志，还能发现一些野外综合考察等不易发现的潜在体育旅游资源。

6. 统计分析法

任何一个旅游区都是由多种旅游景观类型和环境要素组成的。对各种景观类型和环境要素的基本数据进行统计，对确定一个旅游资源区的旅游特色和旅游价值具有重大意义，也是设计旅游环境和生态系统的基本依据。

第二节　体育旅游资源评价

一、体育旅游资源评价的目的

体育旅游资源评价是在体育旅游资源调查的基础上，从合理开发利用和保护旅游资源及取得最大的社会、经济、环境效益的角度出发，选择某些因子，运用科学方法，对一定区域内旅游资源本身的规模、质量、分级及开发前景和外部开发条件进行综合分析和评判鉴定的过程。

体育旅游资源评价的目的在于通过对体育旅游资源类型、规模、质量、功能、性质，以及不同地域的旅游资源的组合特点进行综合评价，确定体育旅游资源的质量水平、吸引力、规模、开发利用价值和开发顺序；分析项目的可行性、明确建设方向，为合理利用资源，发挥整体效应、宏观效应提供经验和科学依据，是旅游资源开发规划的重要内容。

体育旅游资源评价一般包括旅游资源本体价值评价和旅游资源开发条件评价两个方面。

1. 体育旅游资源本体价值评价

（1）体育旅游资源特性和特色

任何类型的旅游资源都有自己独特的性质，即使完全同类的旅游资源，由于分布的地域环境差异，往往也各具特色。体育旅游资源特征和特色是该地区旅游资源区别于其他地区旅游资源的独到之处，是衡量其对游客吸引力大小的重要因素，也是资源开发可行性的决定条件之一。体育旅游资源由于其独特的性质，更应注重其是否具有险、奇、特、美、奥等特性。

①险：体育旅游资源所开发的项目是否具有刺激性和挑战性。面对大众的体育旅游应有惊无险，如慢速河段漂流、低坡度攀岩；针对热爱极限运动与探险的旅行者的体育旅游则应有惊有险，如长江漂流、攀登海拔高的山峰等。根据这些项目的难易程度，对地质和地貌进行危险性分析并对参与者的安全性进行评估。

②奇：体育旅游资源具有非同寻常的足以体现自然的造化之功或人类巧夺天工的品质。这类景观的形态光怪陆离，奇异多变，具有这种品质的资源常使人陷入迷幻、惶恐、甚至惊惧的心理状态。如曲折而出、幽深莫测的洞穴探秘旅游。

③特：体育旅游资源的独特性和稀缺性。分析区域内的同类项目和可能开发的资源情况，体育旅游资源具有独特的品质，体育旅游形式和内容是否标新立异，可给参与者带来无尽的刺激与欢乐，留下深刻印象。如具有浓厚民族和民俗风情的体育旅游活动。

④美：美是体育旅游资源所蕴含的、可令参与者感到怡神悦性，从而获得审美享受的美感形式。通过分析景观环境与景物的美感特征以及运动美来评定观赏价值，美感的突出程度是决定体育旅游资源吸引力的因素之一。

⑤奥：这类资源通常或复杂深隐、封闭迷离，或森密峰立、遮天蔽日，或一望无际、人烟断绝，或古道古城、迷离神奇，以此分析对参与者的吸引程度。如丛林穿越、沙漠远足、汽车自驾等旅游形式。

（2）体育旅游资源价值和功能

体育旅游资源价值包括美学、历史文化、健身、娱乐等价值，也包括商贸、文化交流等方面的价值。不同类型的旅游资源体现出不同的主体价值，它是资源质量和品位的反映。体育旅游资源的功能是指体育旅游资源可供开发利用的特殊功用，它是旅游资源价值的具体体现。对现代旅游业而言，旅游资源可以包括观光、度假、娱乐、健身、体育、商务等多种功能。

（3）体育旅游资源数量、密度和布局

体育旅游资源数量是指区域内可供开发的资源的多少。体育旅游资源密度又称体育旅游资源丰度，是指在一定地域上体育旅游资源集中的程度。体育旅游资源布局则指资源的分布和组合特征，它是资源优势和特色的重要表现。相关体育旅游资源数量大、相对集中并且布局巧妙合理的地区是理想的旅游开发区。

（4）体育旅游资源容量

体育旅游资源容量是指在保证旅游资源质量的前提下，在一定时间内旅游资源所能容纳的旅游活动量。即在满足游人最低游览要求（心理感应气氛）和在达到保护风景区环境要求时，体育旅游资源的特质和空间规模所能连续维持的最高旅游利用水平，又称旅游承载力或饱和度。它一般以容人量或容时量来度量。

2. 体育旅游资源开发条件评价

（1）区位条件

区位条件即体育旅游资源所处区域的地理位置、交通条件及体育旅游资源与其所在区域内的其他旅游资源、周边区域旅游资源的关系等。它决定了体育旅游资源所在区域游客的可进入性，进而影响到体育旅游资源开发的时间、规模、层次、市场指向等。这是评价体育旅游资源开发条件的首要因素。

（2）客源条件

客源数量是维持旅游经济活动的必要条件，与旅游经济效益直接相关，是提高旅游资源开发效益的重要因素。因此，它决定着旅游资源的开发规模和开发价值。体育旅游资源的客源条件可以从空间和时间两方面，同时与体育旅游资源的价值、区位条件等因素结合起来进行综合分析和考虑。

（3）环境条件

环境条件包括自然生态环境和经济、政治、社会、文化环境以及投资环境等。自然生态环境是构成旅游资源区整体感知形象的一个因素，是旅游活动的重要外部环境条件之一。

自然生态环境包括：①旅游景区内旅游资源以外的自然生态环境。②旅游地及其周围受旅游活动影响的自然生态系统环境，即旅游活动的大环境。良好的自然和生态环境有利于吸引游客和进行资源的开发利用。

同时，一个区域旅游资源的开发利用，必须有坚实的经济基础做后盾。影响旅游资源社会和经济环境条件的因素很多，包括旅游接待地区的人口构成、宗教信仰、民情风俗、生活方式、社会开化程度、地区国民总收入、总消费水平、居民平均收入、主要经济部门的收入渠道、基础设施和旅游专用设施的容纳能力、投资和接受投资用于旅游开发的能力、当地产业中与旅游产业所能满足旅游需要的程度及区域外调人的可行性、区域所能投入旅游业的人力资源等。

(4) 建设施工条件

体育旅游资源的开发必须有一定的设施场地。开发体育旅游资源还要考虑建设施工条件即工程量的大小和难易程度，因为施工场地的地质、地形、气候等自然基础条件和供水、供电、材料等工程建设供应条件影响着施工进度、投资大小及旅游地受益早晚。

二、体育旅游资源评价的方法

(一) 定性评价方法

这是一种描述性评价方法，又称经验法，是评价者在收集大量的体育旅游资源信息的基础上，凭经验通过人们的感性认识，主观判定体育旅游资源的价值。可借鉴以下三种对一般旅游资源的评价方法：

1. 卢云亭的“三三六”评价法

“三三六”即“三大价值”“三大效益”和“六大开发条件”。“三大价值”指历史文化价值、艺术观赏价值、科学考察价值；“三大效益”指经济效益、社会效益和环境效益；“六大开发条件”指景区的地理位置和交通条件、景物或景类的地域组合条件、景区旅游容量条件、施工难易条件、投资能力条件、旅游客源市场条件。

2. 上海社会科学院黄辉实的“六字七标准”评价法

黄辉实提出评价资源应从资源本身和资源所处环境来评价。

从资源本身来评价采用六字标准：①美（旅游资源给人的美感）；②古（有悠久的历史）；③名（具有名声或与名人有关）；④特（特有的、稀缺的、有特色的）；⑤奇（有新奇感）；⑥用（有实际开发价值）。

从资源所处环境来评价则有七项标准：季节性、污染状况、资源联系、可进入性、基础结构、社会和经济环境、客源市场。

3. 体验性的定性评价法

该方法是评价者（旅游者或专家）对于旅游资源的质量进行个人综合体验评估。根据评价的深入程度及评价结果的形式，又可分为一般体验性评价和美感质量评价。

一般体验性评价是通过统计旅游者或旅游专家有关旅游资源（地）优劣排序的问卷回答，或统计旅游资源（地）在旅游报刊、书籍上出现的频率，从而确定一个国家或地区的最佳旅游资源（地），其结果能够表明旅游资源（地）的整体质量和大众知名度。

美感质量评价是一种对旅游资源美学价值的专业性评估，这类评价是在旅游者或旅游专家一般体验性评价基础上进行深入分析，建立规范化的评价模型。其评价结果多具有可比性的定性尺度。其中对于自然风景视觉质量的评价较为成熟，目前比较公认的有四个学派，即专家学派、心理物理学派、认知学派（心理学派）、经验学派（现象学派）。

（二）定量评价方法

定量评价方法是指评价者在掌握大量数据资料的基础上，运用科学的统计方法和数学评价模型，通过分析和计算，用具体的数量来表示旅游资源及其环境等级的方法。数量化是现代科技发展的趋势。

1. 技术性单因子定量评价法

技术性单因子定量评价法即在进行旅游资源评价时，针对旅游资源的旅游功能，集中考虑某些起决定作用的典型因素，并对这些关键因子进行适宜性评价或优劣评判。这种评价的基本特点是运用了大量的技术性指标。它一般只限于自然资源评价，对于开展专项体育旅游活动，如登山、滑雪、游泳等较为适用。目前较为成熟的有旅游湖泊评价、海滩及海水浴场评价、康乐气候评价、溶洞评价、滑雪旅游资源评价、地形适宜性评价等。

以海滨旅游资源评价为例，其评价主要考虑以下典型因素：

（1）气象

气象简单来说是指发生在天空中的风、云、雨、雪、霜、露、虹、晕、闪电、打雷等一切大气物理现象。气象是制约旅游活动开展的重要因素，对海滨资源的影响尤为突出。一般来说，适宜开发的气象条件为：夏季晴天最低 2 周，最高 10 周以上；温度，气温 25 ℃～27 ℃，水温 23 ℃～30 ℃；风速在 5 米/秒以下。

世界一级海滩的评价标准中规定，一年中要有 9 个月适合进行水上活动。我国许多海滩上不了档次或者不能被利用的原因，一是适宜水上活动的时间少，二是水温与气温的差异太大。

（2）海象

符合下列指标的海滨资源方能为旅游业所利用：

①波浪：0.8 米以下；

②流速：0.2～0.3 米/秒；

③透明度：30 厘米以上；

④大肠杆菌：1000 克以下/公升；

⑤cod（化学耗氧量）：2 ppm 以下；

⑥无油膜：需要依靠科学技术检测，肉眼难以辨明；

⑦基本无藻类和浮游物；

⑧无有害生物或有相关防护设施。

（3）海滩

①长度：200 米以上。欲开发大众旅游的海滩长度必须足够长，但如果开发的是高档次的海滩，则对此指标的要求可以依据实际情况放宽。

②朝线以上宽度：30 米以上。

③海底坡度：8～15 度。

④海滩倾斜度：1/10 到 1/50。

⑤沙滩颗粒：以中细沙为主，但不能过细，否则会扬起细沙，影响游人在海滩上活动。

（4）沙滩后腹地

游客更看重前三个方面，而投资商则更关注第四方面的情况。平缓坡地可以降低设施建设的难度，如果后腹地上有沙坝，还要考虑沙坝是否会移动；绿化率达到 80%以上；面积 1 平方公里以上，因为面积太小，则不利于大规模基础设施和旅游设施的配套建设。

2. 综合性多因子定量评价法

该评价方法是在考虑多因子的基础上，运用数理方法，通过建模分析，对旅游资源进行综合评价。评价的结果为数量指标，便于将不同资源评价结果进行比较，具有更为客观、准确和全面的优点。这类评价方法非常多，有层次分析法、指数表示法、美学评分法、综合评分法、模糊数学评价法、价值工程法、综合价值评价模型法、观赏型旅游地综合评估模型法等。

国家旅游局制定的《旅游规划通则》（2003）的附录 A 中，依据已有的研究成果，将旅游容量分为空间容量、设施容量、生态容量和社会心理容量四类，并提出，对一个旅游区来说，日空间容量与日设施容量的测算是最基本的要求。容人量估算决定着旅游资源的合理开发规模，各项服务设施的设置及交通、水电等的方面的指标。容人量应满足区域内的生态允许标准和游客心理标准。

附录中还列出了日空间容量与日设施容量的量测公式：

①日空间容量公式：$C=\sum C_i=\sum X_i \cdot Z_i/Y_i$

其中，C 为旅游区日空间总容量，数值上等于各分区（景点）日空间容量之和；C_i 为第 i 景点的日空间容量；X_i 为第 i 景点的可游览面积；Y_i 为第 i 景点的基本空间标准，即平均每位游客占用的合理游览空间；Z_i 为第 i 景点的日周转率。

②日设施容量公式：$C = \sum C_i = \sum X_i \cdot Y_i$

日设施容量的计算方法与日空间容量的计算方法基本类似。

生态容量＝有效游赏区域面积×生态压力指标

（生态压力指标：8 人/公顷）

容人量计算方法：

周转率＝每日开放时间/区域游览所需时间

线路容人量＝游览线长度×周转率/道路容人量指标

$$Ne = L \cdot D/A$$

其中，Ne 为线路容人量；L 为规划游览线路长度；D 为周转率；A 为每个游客所需要的最小长度。

线路容人量指标一般为（4～8）米/人（游览道路长度）。

面积容人量＝（道路面积＋各景点面积）×周转率/面积容人量指标

公式：

$$Me = (Lm + SHi) \cdot D/M \text{ 或 } Me = S \cdot D/M$$

其中，Me 为面积容人量；Lm 为道路面积；Hi 为景点面积；D 为周转率；M 为面积容人量指标；S 为区域总面积。

面积容人量指标一般为（50～100）平方米/人。

在旅游容量测算中，为保证测算结果的科学性，专家们结合实际情况，对测算公式进行了修订。如：考虑到景点之间游客的流动性，不再单独计算各景点的日周转率，而用整个旅游区的平均游览时间计算得出的日周转率作为代替。具体的修订公式如下：

$$C = \sum X_i/Y_i \cdot T/t = \sum D_i \cdot Z$$

其中，C 为旅游区日空间总容量；X_i 为第 i 景点的可游览面积；Y_i 为第 i 景点的游客适宜游览面积，即平均每位游客占用的基本空间标准；T 为风景旅游区每天的有效开放时间；t 为每位游客在风景旅游区内的平均游览时间；D_i 为第 i 景点的瞬时旅游容量；Z 为整个风景旅游区的日周转率。

3. 国家标准综合评价法

旅游资源的多样性和复杂性给定量评价带来许多困难，纯粹的定量评价往往带有机械性，而单纯的定性评价包含主观成分，只有将两者有机地结合起来，才能作出科学的评价。国家标准（GB/T18972—2003）《旅游资源分类、调查与评价》所使用的就是这种方法。其评价体系由“旅游资源共有因子综合评价”赋分（包括资源要素价值、资源影响力）和“附加值”赋分两部分组成。根据对旅游资源单体的评价，得出该单体旅游资源共有综合因子评价赋分值和附加值赋分值，二者之和为该单体评价总分值。

依据旅游资源单体评价总分，将其分为五级，从高级到低级为：

①五级旅游资源，得分值域≥90 分。

②四级旅游资源，得分值域≥75～89 分。

③三级旅游资源，得分值域≥60～74 分。

④二级旅游资源，得分值域≥45～59 分。

⑤一级旅游资源，得分值域≥30～44 分。

此外还有：未获等级旅游资源，得分≤29 分。

其中，五级旅游资源被通称为“特级旅游资源”；四级、三级旅游资源被通称为“优良级旅游资源”；二级、一级旅游资源被通称为“一般旅游资源”。

复习思考题

1. 体育旅游资源调查的内容有哪些？
2. 体育旅游资源调查程序与方法分别是什么？
3. 体育旅游资源评价的方法有哪些？

第六章 体育旅游项目策划的市场调查

第一节 旅游市场调查的内容与方法

一、旅游市场调查的定义

在项目开发的过程中，如何分析市场、发现市场和确定市场是旅游企业重点关注的问题。企业成功地开发旅游项目并满足旅游市场需求的前提条件是充分“透视”旅游市场，即开展旅游市场调查与预测。旅游市场调查是指运用科学的方法，有针对性地、有计划地、系统地收集整理和分析有关旅游项目开发、经营、管理等方面的信息，以了解旅游环境与市场状况，为旅游经营决策提供依据的活动。

一般说来，体育旅游市场调查主要涉及以下几个方面的内容：

①体育旅游市场环境调查。

②体育旅游市场需求调查。

③体育旅游市场供给调查。旅游供给是指在一定时期内旅游市场提供的旅游产品的总量，包括旅游吸引物调查、旅游设施调查、可进入性调查、旅游服务调查、旅游形象调查和旅游容量调查。

④体育旅游企业营销运行状态及效果调查。营销运行状态及效果可通过对旅游企业可控因素的调查加以体现，旅游企业的可控因素主要包括旅游产品、旅游价格、旅游分销渠道和旅游促销。

⑤体育旅游竞争调查。包括竞争者的数量、分布和市场营销能力；竞争者的优势与不足；主要竞争对手的实力、市场营销策略和实际效果；与竞争对手合作的可能性和方式；本单位营销战术及其效果。

二、旅游市场调查的程序

（一）旅游市场调查企划阶段

旅游企业市场调查的企划阶段是调查工作的开始，企划阶段的工作成效，对之后市场调查工作的开展和调查的质量影响很大。这一阶段的主要内容是确定调查目标和调查项目、选择调查方法、估算调查费用、编写调查建议书等。

调查目标是调查所要达到的具体目的，包括旅游企业产品和服务问题、经营中出现的困难、市场竞争问题及未来发展方向等。为使调查目标明确具体，必须要考虑调查的目的、调查的内容、调查结果的用途及调查结果的阅读者等问题，从而为下一步调查工作的顺利进行奠定基础。

在确定调查目标后，就要拟订调查方案和工作计划。调查方案是对某项调查本身的具体设计，主要包括调查的具体对象、调查的地区范围、调查资料收集和整理的方法等内容。调查工作计划是对某项调查的组织领导、人员配备和考核、完成时间、工作进度和费用预算等事先进行的安排，目的是使调查工作能够有计划地进行，从而保证调查方案的实现。

（二）旅游市场调查的资料收集阶段

拟订的调查企划建议书经企业主管审查批准后，就进入调查资料的收集阶段。这个阶段的主要任务是组织调查人员按照调查方案的要求和工作计划的安排，通过案头调查和实地调查系统地收集各种资料。一般而言，旅游企业市场调查所要收集的资料主要有直接资料和间接资料。

直接资料是旅游企业市场调查者自己采用各种市场调查方式，如典型调查、重点调查、抽样调查以及各种市场调查方法，如观察法、实验法、访问法等，对市场信息进行收集、整理、分析的结果。直接收集的市场资料实用性强、可信度高，但取得直接资料需要较多的费用，有些资料又是旅游企业无法取得的。

间接资料是指从别人所组织的各种调查所收集起来的资料中，摘取和整理出的旅游市场或与旅游市场有关的资料。报纸、年鉴等都是其重要来源。间接资料的主要特点是节约费用，可以充分利用别的组织提供的而自身企业无法获得的调查资料，但需考证其真实性，且适用性较直接资料低。

资料收集阶段是旅游企业进行市场调查的重要阶段，是调查能否取得成功的关键，也是花费财力和人力最多而且最容易产生差错的阶段。因此要深入研究各种调查方法、调查方式并科学地制作调查问卷。

（三）旅游市场调查的资料整理分析阶段

旅游市场调查资料的整理分析阶段是调查全过程的最后一环，也是市场调查能否充分发挥作用的关键。它包括资料的整理、资料的分析和旅游市场调查报告的撰写。在取得大量的旅游市场调查资料之后，首先要对其进行审核订正和分类汇总，根据研究目的进行加工整理，然后进行分析，在确实弄清旅游市场活动和过程的基础上，研究其动向及发展变化规律，探索解决问题的方法。

三、旅游市场调查的方法

市场调查的方法很多，在旅游市场营销调查中常用的方法主要有：

（一）询问调查法

询问调查法是调查人员与被调查者直接接触的实地调查方法。旅游市场调查人员将事先拟订好的调查问题以各种方式对被调查者进行询问，并通过其回答获取所需资料。为了调查人员收集资料的规范与整理资料的方便，事先拟定的问题一般以调查问卷的形式出现，所以，调查问卷的设计直接影响调查的效果。

询问调查法一般分为以下四种：

1. 访谈法

由调查人员访问被调查者，根据调查提纲当面提问或电话提问，其方式有个人访谈、小组访谈、会议访谈。采用这种方法，调查人员可以依据被调查者的具体情况，灵活决定谈话方式、内容和时间，并有助于消除被调查者的疑虑，建立融洽的访谈气氛，因而效果好、质量高。但是，这种方法比较耗费时间和财力，又容易受调查人员素质的影响，管理操作比较困难。

2. 邮寄法

调查人员将设计好的调查问卷通过各种媒介（如利用邮政邮寄、电子邮件、报纸杂志刊登等）传递给被调查者，请其填写后寄回。这种方法可以调查比较多的内容，被调查者也可以有时间认真考虑、从容回答，但是，这种调查的回收率低、信息反馈时间长，从表格中也很难判断被调查者回答的真实性。因此，可以使用一定的物质刺激来提高调查表的回收率。

3. 留置法

这种方法介于访谈法与邮寄法之间，是调查人员在访谈过程中发放调查问卷，让被调查者自由填写，过后再予以收回。这种方法可以避免访谈法时间比较仓促、问题简单的缺点，也避免了邮寄法回收率低的不足，但是费时间且成本高。

4. 电话法

由调查人员通过电话向被调查者直接征询意见。这种方法的优点是信息反馈快，费用比较低，但是，问题不能太多，因此也无法进行深入交谈。

（二）文案调查法

旅游市场营销调查需要收集两类数据，即统计数据与原始数据。其中，统计数据也称二手数据，是经别人收集、加工整理和发表的数据。文案调查法就是通过收集各种历史和现实的动态统计资料（二手资料），从中摘取与市场调查有关的情报，在办公室内进行统计分析的调查活动。所以也称间接调查法、资料分析法或室内研究法。就一般情况而言，统计数据的收集相对快捷，成本较低。

统计数据的资料来源主要有：

①旅游企业内部积累的各种资料，如旅游报刊以及一些内部文件。

②国家机关公布的国民经济发展计划，统计资料、政策、法规等及一些内部资料。

③旅游行业协会和其他旅游组织提供的资料，或旅游研究机构、旅游专业情报机构和咨询机构提供的市场情报和研究结果。

④旅游企业之间交流的有关资料。

⑤国内外公开出版物如报纸、杂志、书籍及图书刊登的新闻、报道、消息、评论以及调查报告。

获取以上统计数据的方法主要有以下三种：

1. 文献资料筛选法

这种方法通常根据旅游市场营销调查目的和要求，有针对性地查找有关文献资料，从中分析和筛选出与旅游企业市场营销有关的信息情报。例如，某旅游企业要收集有关我国旅游者旅游消费支出状况的统计数据，就可以通过《中国旅游统计年鉴》查出不同年龄阶段、不同职业状况的旅游者在不同城市的旅游消费支出状况，进而查出旅游者在餐饮、住宿、市内交通、购物、娱乐方面的状况。由于文献筛选法具有传播广泛、查找记录方便的优点，因而文献资料筛选法是旅游企业获取技术和经济情报的最主要来源。

2. 报刊剪辑分析法

这种方法是指调查人员平时从各种报刊中分析和收集旅游营销信息。信息量大和信息流快是信息社会突出的特点，市场情况的瞬息万变在日常新闻报道中都会有所体现。

旅游调查人员如果仔细去观察、收集、分析各种公开发行的报纸与杂志中与旅游企业市场营销有关的信息，往往会收到意想不到的效果。因此，旅游企业应积极订阅与旅游相关的报纸杂志，同时还应该充分利用广播、电视、互联网络等现代通信宣传渠道，收集情报信息，以便及时发现市场机会，争取和占领市场。

3. 情报联络网络

这种方法是指旅游企业在全国范围内或国外某些地区设立情报联络网，扩大商业情报资料收集工作的范围。一般由旅游企业派遣专门人员在重点营销地区设立固定情报资料收集点或同旅游相关部门以及有关情报中心定期互通情报，以获得有关旅游市场供求趋势、旅游者购买行为、价格情况等方面的信息，从而建立起旅游情报网。

全球的大型连锁酒店一般都设有情报联络网，连锁集团内部酒店可以共享相关的旅游营销信息。由于情报联络网涉及的范围广，因而获取的情报信息量大、综合性高。但是这种方法也受到旅游企业自身规模、资金和人力的制约，它一般适用于一些大型的旅游集团企业。

（三）观察调查法

观察调查法是指由旅游调查人员到各种现场进行观察和记录的一种市场调查方法。在观察时，既可以耳闻目睹现场情况，也可以利用照相机、录音机、摄像机等仪器对现场进行记录，以获得真实的信息。

观察调查法的优点是被调查者往往是在不知不觉中受到调查的，处于自然状态，因此所收集到的资料较为客观、可靠、生动、详细。但这种方法所需费用较大，并且只能观察到事实的发生，观察不到行为的内在因素如感情、态度等，因此一般与面访调查等其他方法结合使用。

（四）实验调查法

实验调查法是指旅游调查人员将调查对象置于特定的控制环境之中，通过控制外采取调查变量和实验检验差异来发现变量之间的因果关系的一种调查方法。由于实验调查法是在较小的环境下进行实验，所以在管理上较为容易，所获取的资料也较为客观，一般适用于获取因果性调查数据。

（五）网络调查法

网络调查法是指旅游调查人员利用互联网了解和掌握市场信息的方法。具体方式是旅游企业通过 Web 方式附加调查问卷、给被调查者发送电子邮件等方式来获取被调查者的资料。这种新型的调查方法与传统方法相比，具有组织简单、费用低廉、调查结果客观性高、传播快速与直观、不受时空与地域限制、调查周期短等优点，但是，该方法的调查对象仅局限于上网的人群，缺乏广泛性。

第二节 体育旅游客源市场调查

客源市场是体育旅游业赖以生存和发展的关键因素，也是体育旅游业项目开发过程中的焦点。体育旅游资源开发的成功与否主要是看开发后的体育旅游地能否吸引一定数量的体育旅游者。对体育旅游客源市场的研究是体育旅游开发规划和市场营销等工作的基础。

体育旅游客源市场分析的内容不仅仅是指体育旅游客源的数量，还包括体育旅游客源消费层次与文化结构等。在体育旅游客源市场调查中，一般从人口学结构、地域结构以及心理结构等方面进行体育旅游客源市场分析，并对其进行细分、定位和预测。

体育旅游的国内客源正在逐步扩大，国内客源是我国体育旅游客源市场的主要组成部分。从全国体育旅游业的发展情况看，我国体育旅游客源市场前景相当广阔。由于人们的旅游消费观念开始慢慢地从以前的“风景名胜”游向“休闲放松”游发展，像滑草、登山、水上运动等体育旅游项目颇受欢迎，探险性的攀岩、滑伞、速降、蹦极等也受到了一些喜欢“刺激”运动的青年旅游者的喜爱，体育旅游客源正在不断增加。

在旅游市场的调查研究中，必须认真研究游客的行为，认清游客行为的时空特征。因为游客在目的地空间移动过程对目的地商业业态空间布局起着决定性作用，所以游客的时空行为与商业业态的关系是市场调查的重点。

一、游客基本情况研究

游客基本情况调查分析可以从以下几方面进行：地理、人口特征、旅游动机心理等。

（一）地理细分法

这是在旅游服务业中运用最广泛的市场细分方法。地理细分法意味着将市场划分成具有相同地理位置的顾客群。

（二）人口特征细分法

人口特征细分法意味着基于人口的统计学特征划分市场，包括年龄、性别、家庭总收入和平均收入、家庭大小和构成、职业、受教育水平、宗教信仰、族裔、住房类型以及其他因素。这些因素在很大程度上影响着游客的旅游行为。

一般来说，不同性别所处的社会地位不同，由此造成的职业收入、消费结构也存在差别。随着社会的发展，女性逐渐从传统家庭角色中解放出来，经济地位有所上升，从而有更多的精力和时间参与时尚新颖的体育旅游活动。

从年龄上看，中青年旅游群体是体育旅游市场的主体，该年龄区间段的游客群有着追新求异、寻求刺激的心理特征以及精力充沛、经济较为宽裕的硬件优势，因而体育旅游对他们有着较大的吸引力。此外，不同年龄段的游客在选择体育旅游项目时呈现出年龄越小，越倾向于刺激强度大、体能要求高的项目这一总的趋势。

文化程度的高低是影响游客体育旅游动机强弱和旅游体验感受深浅的关键因素。

消费者的收入水平决定其消费需求和支出结构，也是实现需求的必要前提。一般情况下，人们的总需求水平与其经济收入成正相关的关系，随着收入的提高，需求水平也不断提升。

从事不同职业的体育旅游者，在收入水平、消费结构、休闲时间等方面会存在明显的差异性，进而呈现出不同的消费行为和倾向。

（三）旅游动机细分法

1. 强身健体动机

生活在现代都市，来自各方面的压力很大，都市人群很多处于亚健康状态。参加体育旅游的游客群体，对于体育旅游的功能通常有着更准确的理解和认识，他们认可“健康投资”的观念，因此，他们参加体育旅游一个主要的目的便是锻炼身体、消除疲劳、缓解压力，从而达到增强体质、增进健康的效果。

2. 休闲娱乐动机

现代都市人生活节奏快、工作和生活等压力大。人们试图通过参加体育旅游，达到放松心情、锻炼身体的目的。同时，体育旅游也具文化性，在旅游过程中，当地的体育文化内涵、民风民俗、民族传统体育等均能满足游客的探索欲和求知欲，从而达到开阔视野、陶冶情操的目的；观看高水平的体育比赛，可以获得精神享受，放松身心。

3. 新奇刺激动机

都市生活压力与日俱增，人际关系复杂，生活圈子有限，人们会渴望寻找一个新环境去放纵自己，挑战自己和超越自己。传统的观光旅游无法满足人们的这种需求，因此更多的人选择了体育旅游。通过登山、航海、空中翱翔等体育旅游项目，挑战自然、征服自然，与大自然接触、交流，提高心理素质。在旅游过程中挖掘自己的潜能，实现自我价值。

4. 交际需求

通过参加体育旅游，如打高尔夫球、登山旅游、骑自行车旅游，可以与家人、亲友交流思想和感情，增进彼此间的了解。

通过与同伴共同参与体育旅游的过程，可以体会到团队分工与协作的乐趣，促进人与人之间的接触与交往。

5. 观看或参加体育赛事

随着市民对体育赛事的关注度越来越高，在各大国际顶级体育赛事推动下，观看或参加体育赛事的人群逐渐增多，体育赛事以其庞大的观众参与性、互动性、延展性成为众多商家眼中的“大蛋糕”，而“观赛团”也成为旅行社吸引游客赴境外旅游的一个亮点。

二、游客消费的时空行为研究

（一）游客空间行为

对于行为研究，国内学者并未形成统一的认识，各人都根据其研究角度侧重于行为的不同层面。这是因为，一方面行为研究工作在国内较难，研究成果难以应用到实际工作中；另一方面行为研究本身就是复杂的。两者结合决定了旅游行为研究的复杂性。

《旅游经济分析》中对游客行为的定义为：“所谓游客行为是指游客在认识购买、消费和评估旅游产品全过程中所反映出来的心理过程、心理特征和行为表现。”并指出游客行为是贯穿于游客旅游活动整个过程的全部行为表现，它包括游客收集有关旅游产品的信息而产生的购买动机（动机行为），并经过对信息的筛选比较做出购买决策（决策行为），进行旅游活动（空间移动行为）及事后评价的全过程。游客行为不仅反映了游客购买和消费旅游产品的全部心理和行为过程，还反映了游客购买和消费旅游产品的全部心理和行为特征。

按旅游进程和游客活动特点不同，将旅游行为分为旅游前行为、旅游中行为和旅游后行为。

旅游前行为也就是旅游决策行为，包括旅游信息的收集与处理，出游目的地和出游方式的选择。

旅游中行为也就是消费旅游产品时的行为表现，包括：①需求行为：产品决策、旅游目的选择行为、旅游行为偏好；②消费行为：总体消费结构，如交通、食宿、娱乐、通信等消费分布状况；③不同旅游行为结构的游客消费结构，如体育体验活动、观光、度假、会议、商务等方面的消费分布；④移动行为方式：组织方式（单位组织、参加团队、散客等）；⑤出游方式（与家人同游、与朋友旅游等）；⑥交通方式（乘飞机、火车、自驾等等）；⑦空间行为：流入行为（市场客源构成）；⑧流出行为（游憩空间结构、行为空间模式）。

旅游后行为也就是旅游反馈行为，包括旅游产品的整体印象、旅游满意度评价、旅游经验的学习等。

本著论及的游客空间行为指的是狭义的游客空间行为，即游客在地域空间上进行旅行和游览的过程，它特指游客在旅游目的地的购买和消费过程，是游客完成旅游决策行为之后所进入的消费环节。

（二）影响游客空间行为的因素

1. 需求因素

是指由需求方（游客）个体决定的主观因素，主要包括动机、旅游偏好、感知环境等三个内在要素。虽然个性特征（年龄、职业、受教育程度）也直接影响游客空间行为，但都综合反映在旅游偏好方面。这三种因素中，游客动机的不同，会使他对目的地的感知倾向不同，从而导致不同感知环境的形成。三者之间彼此联系，层层递进，对游客空间行为产生由浅至深的内在影响。

2. 供给因素

是指旅游市场供给方（经营者）对游客空间行为产生影响的因素，主要包括旅游产品质量和旅游地空间分布。这两种因素是由供给方决定的外在影响因素。

（1）旅游产品质量

旅游产品质量影响着游客的空间行为。旅游产品质量的高低可以用旅游产品吸引力的大小来衡量。引力模型即可用来计算旅游产品的吸引强度。该类模型从游客角度客观综合地反映出旅游产品的吸引力，说明不同旅游产品在游客心目中具有的品质。

（2）旅游地空间分布

游客空间行为是游客在区域范围内的空间移动行为。不同旅游地在区域内的分布直接影响游客的空间移动形态，也就是旅游线路的组织。旅游地连线成片或者单体分散布局，对游客空间移动的影响的差异是很大的。连线成片的旅游地便于游客采取环状、基点式、串链珠式等旅游方式，满足游客的最大效益原则，也能更好地发挥旅游地的规模效应；而单体式旅游目的地，除非旅游资源价值突出，否则在区位和效益上都会处于劣势。

（三）游客空间行为特点

个体的空间行为在大多数情况下并非由客观地理空间环境决定，而是由个人感应空间所支配。感应空间通过两种途径构筑，一是来自直接接触的环境，二是来自各种间接信息。前一条途径对指导日常行为（如购物、娱乐）有着重要作用，后者则对行为和动机的产生、行为的选择及空间搜寻有重要影响。

1. 个体的空间行为

（1）大尺度旅游空间行为

受旅游时间比和最大信息收集量原则的影响，游客大尺度的空间行为表现为以下特征。

①力图到级别较高的旅游点旅游。表现在两个方面：其一，倾向于选择高级别的旅游点作为旅游目的地；其二，到达目的地后，往往只游玩目的地附近级别较高的旅游点，而对低级别景点的兴趣较低。

②尽可能游玩更多的高级别旅游点。大尺度空间的旅游属于长线旅游，游客往往只游览级别较高的旅游点，之后如果时间和资金允许，他们一般不停留在原地游览级别较低的旅游点，而是迁移到其他地方，游览该地级别较高的旅游点。

③力图采用闭环式路线旅游。当旅游目的地不止一个时，游客总是试图用闭环状路线把它们连接起来，避免走回头路。

（2）中小尺度的旅游空间行为

除了与大尺度空间旅游行为有类似的特征外，小尺度旅游空间行为还有一个大尺度空间行为没有的特征，即旅游路线影响旅游效果。中小尺度空间旅游中，游客常常有一定的兴趣欣赏旅游路线附近的景色，因此旅游线路的安排将影响旅游效果。

2. 团体的空间行为

目前，大部分的研究都是从个体角度进行调查分析，研究者把游客看成决策主体和行为主体，力图通过对个体研究的归纳分析总结出群体的旅游空间行为规律。由于企业追求利润最大化和游客追求利益最大化之间存在矛盾，旅游企业和旅游者个体之间在感知环境上存在错位，所以组团旅游在线路的安排、景点的组合等方面与个体旅游有着不同之处，旅游空间行为也就有了差别。具体表现为以下两个方面：

（1）宏观上的相似性

组团旅游线路按出行距离可简单划分为长线旅游和短线旅游，在空间模式上与个体旅游一样，长线旅游多采取闭合环状线路和节点状线路，短线旅游则几乎都是节点状旅游线路。在线路景点组合上，长线旅游尽可能安排更多较高级别的旅游景点，以满足游客的最大需要；短线旅游则尽可能覆盖更广范围内的景点，这与不同空间尺度下个体游客对旅游景点级别的偏好是一致的。

（2）微观上的差异性

在大尺度空间下，个体游客往往都力图到级别较高的旅游点旅游，而旅行社为了降低成本，往往在线路中加入少量低级别的旅游点，实行搭配销售。另外，由于旅行社组团旅游的交通时间较之个体游客要少得多，在各种交通工具衔接时间容许的情况下，旅行社也会组织游客游玩高级别旅游景点附近的低级别旅游景点，以丰富旅游线路内容。因此，组团旅游在景点组合上表现出旅游地级别多样、数量增多等有异于个体游客的特点。

此外，在暂住地安排上，个体游客与组团旅游也有所区别。个体游客一般愿意在选定暂住地后，采用节点环状旅游路线；旅行社作为大量信息的拥有者，一般会根据成本最低原则选择适宜的住宿点，而不受地理因素的限制。

（四）游客空间行为模式

游客的旅游行为从理论上为旅游空间布局及旅游线路设计提供了理念基础。一般来讲，游客在进行旅游活动时，不同个体在旅游地的空间行为选择上具有很大的差异性。旅游线路实际上是旅行系统在线性轨迹上的投射，旅游线路的设计离不开对游客空间行为的分析。

第三节 竞争者调查分析

旅游开发由于开放周期长、投入资金巨大，旅游项目的投资往往充满了风险，因此，项目正式开发前进行规范、科学的市场调查及市场可行性分析，对于开发商及投资者来说，无疑是有效规避风险的必要手段。

传统的产业组织理论认为，供给和需求是市场结构中最为重要的两翼，旅游项目市场可行性的研究无疑也是对旅游项目市场供应、需求结构的分析。最为不同的是，由于旅游开发的性质，土地资源本身对于旅游项目产品的好坏乃至项目开发成败起着非常重要的作用，因此，往往也把对开发区域及其周边环境的调研作为一项在项目市场可行性论证中的重要内容加以论述。

一般而言，旅游项目开发市场研究主要从需求、竞争结构、地块条件、行业和政策限制及企业自身条件等方面展开。

关于竞争状况的研究，是旅游项目投资、项目市场可行性中的一个重要内容。不但如此，通过竞争与需求的对比研究，在论证项目可行性的同时，还能据此给出项目的产品定位方案。

因此，准确的投资可行性论证及正确的产品设计，要求在旅游项目开发的前期即密切关注并研究"竞争"。

另一方面，由于旅游开发的区域性、消费群体的相对固定性及消费的不易重复性，在一定时段内，在特定区域内参与旅游项目争夺的产品往往屈指可数，竞争往往就发生于少数几个有数的、有形的产品及其商家内。其中，定位清晰、适度创新、性价比较高，广告宣传等全面到位的旅游项目，往往就成为该区域内该时段旅游开发中的胜出者。在相对固定的消费力条件下，同一区域内其他产品将很难避免在销售上的困难。

一、竞争者研究内容

对自己所处区域内其他竞争性产品的动态了解，往往是旅游项目营销人员关注的焦点，第一线的营销人员及投资决策者往往会有这样的担心和疑问：

——在能够产生直接威胁的区域内，还有哪些旅游项目在开发？它们的经营状况又是怎样？

——区域内有什么样的旅游项目？它的主要卖点何在？采用何种销售方式？可借鉴的优点是什么？不足之处又在哪里？

——区域内现有旅游项目供应是否存在相对的空白点或需求未被满足点？怎样有效回避竞争压力？针对竞争对手产品定位、广告宣传方面的特点，我们该采取什么样的应对措施？

——在自身旅游项目的有效辐射范围内，是否还可能出现其他旅游项目？与其他可用于开发的旅游项目相比，自身旅游项目在周边环境及配套方面，存在何种优（劣）势？该如何应对市场后进者的挑战？

上述竞争的直接性，使得在旅游项目后期销售中，关于竞争对手在产品特点、销售概念、销售方式等方面的动态关注和研究，也成为项目开发中必要的应对举措。

因此，对竞争的关注，尤其是对可对自己形成直接冲击的区域内竞争结构的探索和思考，越来越成为旅游项目投资者及营销人员关注的焦点。

二、旅游项目竞争状况研究方法

旅游项目竞争状况分析，需要按以下流程操作：

第一，明确产品有效竞争区域及主要竞争对手。

第二，对界定区域内的旅游项目竞争状况展开系统研究。

第三，在完成对区域整体的分析后，进一步地对区域内重点竞争对手进行专项研究。

第四，综合整体竞争状况及重点竞争对手的分析，从竞争的角度给出竞争策略及产品设计意见。

因此，产品本身的丰富性决定了要想真实、准确地反映特定区域、特定时段内旅游项目竞争状况，就必须深入到该区域内旅游项目的价格、类型、组合情况、文化特色、景观位置等属性方面的内部供、销结构情况。

只有将基本的供、销、存与面积等产品属性作出交叉分析，才能真正明确区域内旅游项目的竞争态势，才能准确展示内部竞争结构情况，为项目的产品设计提供准确依据。

复习思考题

1. 游客基本情况调查可从哪些方面展开？
2. 影响游客空间行为的因素有哪些？
3. 如何分析旅游项目竞争状况？

第七章　体育旅游项目的定位

体育旅游项目的定位，就是通过 SWOT 分析，对项目区域的发展方向进行定位，包括主题及形象定位、市场定位、竞争定位等。

第一节　体育旅游项目的主题与形象定位

一、旅游主题与形象定位的本质

社会学认为，现代社会里人们生活在一个信息虚拟的世界之中，消费者的观念不同程度地带上了情感消费或者形象消费的印记，其最基本的心理和行为特征就是形象导向思维和形象消费模式，即越来越依靠主观感觉认知购买产品。旅游产品也不例外，研究证明，旅游主题形象既是旅游主体对自身的理解和诠释，也是旅游者对旅游主体的感知。旅游形象对于旅游的选择和后续活动的进行起着非常重要的作用。旅游形象是基于旅游主体的资源禀赋和产品特色，按照市场性原则，综合运用各种形象定位原则、方法及现代传媒手段，构建包含旅游理念、语言、标识、视觉、行为、服务等方面的印象体系，而旅游主题形象更偏重于理念和语言，优秀的旅游主题形象更是对旅游发展有起死回生之功效。

早在 20 世纪 70 年代，城市旅游作为重要的旅游主体就进入了形象驱动时代，作为现代城市旅游发展的战略武器和竞争工具，鲜明独特的形象成为旅游城市吸引旅游者的关键因素。国际上著名的旅游城市无不具有特色鲜明的旅游主题形象，例如：维也纳的形象定位是"世界音乐之都"，纽约被冠以"万象之都"的美名，威尼斯以"浪漫水都"誉满天下。这些形象会在旅游者脑海中迅速形成一个概念，甚至浮现一幅画面，并且旅游者会因为这种感知而触发旅游动机，由此而形成旅游经济。

由于旅游产业具有综合性、辐射性和带动性的特点，其内涵与外延难以厘清，因此旅游形象所代表的不仅仅是旅游景点和景区，更是一个城市、一个区域乃至一个国家。也就是说，旅游形象是一个系统化观念，整个城市或国家都受惠于旅游形象的传播。例如：当我们去感知北京的时候，首先呈现在脑海中的便是天安门、长城、故宫等标志性景观，说上海必说东方明珠和外滩，接着便是“京味”“海派”等一系列丰满的文化符号。对于泰国，我们会想到芭堤雅；谈到金字塔会想到埃及；谈到凯旋门会想到巴黎。可见旅游景区形象定位在很大程度上是跟国家或城市形象联系在一起的，也可以说，在我们潜意识里是通过旅游形象而定位了国家或城市形象。

随着旅游业的发展，旅游供给市场分类更加明细化，旅游竞争愈演愈烈。而在注意力经济时代，形象塑造早已形成注意力经济。与之相适应，旅游景区的竞争形态正经历从资源竞争、产品竞争到形象竞争的升级转型。形象就是生产力，谁亮出了新牌，谁就赢得了市场。在旅游革命新形势下，我国以区域旅游主题形象塑造为开端的大旅游开发正进入历史性高潮，注意力经济以巨大的能量受到业界的追捧，而这种注意力就是主题形象的能动表现。大至一个国家、一个地区、一个城市，小至一个旅游区、一个景点，包括主题公园、度假区、保护区、风景区等，不管是旅游优势区域，还是旅游弱势区域，都必须将形象定位、设计和塑造放在第一位，铸就自己的旅游形象和品牌，进而满足从开发到营销的符合生态、景观、人文、消费取向的各种需求，让旅游时刻处于“给力”状态。

旅游主题形象定位，从其过程来看，是旅游规划者在研究了旅游景区的特性及其市场需求之后，按照其预想所设计出的一种景区打造理念及一系列可付诸实践的行动，这一定位的结果最终是通过旅游消费者在游览该景区的过程中及其游览之后的实际体验来综合加以评价并决定认可与否的。因此，旅游消费者的认可与否是旅游主题形象定位是否成功的关键所在。

旅游消费者对景区体验的感受，是通过消费者在游览景区的过程中，对景区环境形体（硬件）的观赏游览和景区内居民素质、民风民俗、服务态度等（软件）的体验所形成的对景区的综合印象。很显然，景区环境形体、景区内居民素质、民风民俗、服务态度等传输景区体验的载体，是否准确地传达了景区主题形象定位的内容以及是否得到了旅游消费者的认可，是旅游主题形象定位环节中的决定因素。

由此可见，旅游主题形象定位的本质应当是：挖掘出旅游景区自身所承载的文化内涵，结合旅游市场的需求，通过某种恰当的方式，诸如特定环境形体（硬件）的建设，民风民俗、服务态度等（软件）的培育，让旅游消费者在景区体验的一点一滴中感悟到主题文化形象定位的存在。

二、旅游主题形象的定位原则

主题形象是旅游区的生命，主题形象的定位是旅游的核心问题。可以说，旅游主体之间的竞争在某种程度上就是旅游形象的竞争，一个特色鲜明的主题可以形成较长时间的竞争优势。产品或项目形象定位的直接目的就是向旅游者传递项目中独特和美好的信息体验，力图使被定位的对象攀升到已存在于旅游者心目中的形象阶梯，从而被旅游者认知并产生吸引力。旅游主题形象定位有其自身的规律，必须遵循一定的原则。

（一）资源主导性原则

资源主导性原则主要立足于旅游资源的特色评价和文化主题的挖掘与提炼，反映旅游主体的特征。旅游主题形象应反映旅游地的文脉、地脉和资源特色。其中文脉包括旅游地的历史文化、社会经济、民俗风情等特征，地脉包括地质地貌、气象气候、土壤水文等自然环境特征，亦即客观、准确、全面地体现旅游主体的资源特色。旅游资源具有复杂性、特色性和相对稳定性的特点，这是旅游形象定位的主要依据和重要基础，据此可以将旅游主题形象的资源主导性原则分为三种方式，即综合型定位、特色性定位和多元化定位。

1．综合型定位

在很多旅游城市，特别是在一些国际大都市，其旅游形象影响因子之间相对比较平衡，众多的资源要素都比较优越，因而在城市形象定位总体选择上不能顾此失彼，需要采取一种兼容性、概念化定位，这种方式就是城市旅游形象的综合型定位。比如：香港的“动感之都”、巴黎的“浪漫之都”、曼谷的“天使之城”。此类城市旅游形象定位没有一个明确的具象，而是用一种高度抽象的概念来界定这个城市的旅游特点，以达到高屋建瓴、包容万象的效果。

综合型定位是一种普遍采用的旅游主体形象设计类型，主要适用于一个国家、地区或较大的城市，亦即文化元素比较宽泛的区域。当然，综合型定位并非不要特色，只是在选择城市旅游形象定位点时，更具概括性，进而从更高层面体现城市的旅游特色。“动感之都”隐含着香港的活力与快节奏特点；“浪漫之都”巴黎烘托了香水、美人、时装、红酒的浪漫氛围；“天使之城”曼谷的全称是“天使的城市、美玉的宝库、无法征服之地、宏大的城都、至高的皇家居住地、大王宫、轮回转世神灵的庇护地和居住地”；云南九乡采用比附性方法以及综合型与特色性并用原则，推出“七彩云南，精彩九乡”的广告语，既依托了“七彩云南”的大景致，又突出了“精彩九乡”的特色，较好地体现了九乡以溶洞景观为主，集自然风光、人文景观、民族风情于一体的综合性风貌。以上形象定位本身就包含众多特色。综合定位必须注意与地域文脉相承，如果定义不准或太窄，会有所缺憾；反之，如果定位过于宽泛，容易指向不明，引发歧义。

2. 特色性定位

虽然综合型定位具有概括性强、包含内容广的优点，但对于绝大多数中小型旅游城市并不适用。中小城市创建名城的有效途径是发挥独特优势，塑造有特色的城市文化，这就需要特色性定位。特色性定位是以在影响城市和景区旅游形象中最重要、最具吸引力的要素为重点进行的主题形象定位，特点要明显，突出具体，让旅游者一目了然。例如：意大利威尼斯——“浪漫水都”，奥地利维也纳——“音乐之都”，美国拉斯维加斯——“赌城”，英国威尔士——“城堡之乡”，苏州——“园林之城”，新疆吐鲁番火焰山——“红红火火火焰山”，都突出了自己的亮点。南通的广告语为“追江赶海到南通”，凸显了江之尾、海之头这一地理特色，突出了独特的江海资源；“别在沙滩垒古堡玩，请到德国来看真的吧”和“阳光普照西班牙”都是运用了特色性定位原则。

特色性定位有其负面作用，需要慎用。这种定位方式是针对特有的游客群体的，一旦锁定了某一特色，也就意味着忽略了其他旅游资源，失去了很大一部分没有这方面需求的游客。例如：某景区拥有深厚的文化底蕴和世界级资源，却简单地定位为“保平安”，尽管迎合了国内某些游客的单一求平安取向，却忽略了多元性文化与雄伟自然景观，可谓“捡了芝麻，丢了西瓜”；有些地方随便冠以“××之乡”“××之城”“××之都”之类的名号，从游客取向看，如果资源特色不突出，在形象上有以小攀大之嫌，在市场上有挂千漏万之失。作为区域旅游主题形象，它的塑造周期是相对较长的，如果弹性不足，则容易制约短期目标的实现与特定市场的拓展。

3. 多元化定位

多元化定位即兼顾旅游主体的众多旅游元素，介于综合型定位与特色性定位之间的一种定位方式。它既注重综合化，又注重特色化，一般包含两个以上的资源特色。例如：苏格兰的“花格子呢和威士忌之乡”，突尼斯的“空气、阳光、海水浴”，南宁的“绿城寻歌壮乡情”，重庆的“山城、雾都”，兰州的“黄河明珠、山水城市、丝路重镇、水车之都”，淄博的“齐国故都、聊斋故里、足球故乡、陶瓷名城”，都精准地概括了旅游地的特色。

多元化定位原则要注意不能以偏概全，例如：山东的“走近孔子，扬帆青岛”，就放弃了该省许多优秀资源，远不如“好客山东”这一综合性定位来得实在。另外，多元化定位有时可能有不同的形象主题语，如：新加坡——“尽情享受，难以忘怀”；“新亚洲，新加坡，新感觉”；“说得完，玩不完”。这是从旅游主题的不同侧面和角度进行的全方位审视。

（二）市场导向性原则

市场导向性原则主要顺应现代旅游发展趋势，找准市场感应点，确定旅游主体的发展方向。旅游市场需求是多种多样的，即使在同一区域，它在不同时期的旅游市场需求也是不同的，因此，必须考虑主要目标市场状况及需求偏好，根据市场导向的动态性和相对性灵活掌握，力求对目标市场的潜在旅游者“投其所好”。据此，旅游形象可以围绕旅游主题形象这一中心，针对市场需求特征、热点、主流和趋势作适当调整：一是空间上的，二是时间上的。这种调整首先要保持主题的统一性和相对稳定性；其次被旅游区及当地人所认可。因为旅游区及其所在地的人对其性质、特征认识得最具体、最直观、全面而深刻，他们的认可在很大程度上表示主题定位符合实际。市场导向性原则有两种形象定位方式：

1. 分区域

分区域定位是一种多维度定位，是按照本地、外地、国内、国外等不同目标市场分别设定旅游形象。例如：纽约的“我爱纽约，万都之都”、瑞士的“世界的公园”、马来西亚的“亚洲魅力所在”、泰国的“缤纷异放，精彩之邦”都是针对全球市场的；韩国的“开心胜地，好客邻邦”显然是针对邻国；越南下龙湾的“海上桂林”则是直接针对中国市场的；深圳的“畅游深圳，了解中国”是定位于中国对外窗口而面向世界的；江西省旅游形象对外为“世界瓷都、白鹤王国”，对内则为“红色摇篮、绿色家园”；河北的“彩环京津，休闲河北”明显是定位于京津两大目标市场。以上形象定位，在确保一个明确主题形象的同时，留足了空间，有利于不同分众市场的形象语或广告语的设定。

分区域定位也有劣势。例如：南方某城市的“天天是春天”，这一分区域定位过于偏重北方市场，而忽略了南方市场和国外市场，必须要用多元化定位来弥补。分区域定位原则适用于特色较多、区域较大的旅游主体。反之，明明一个很差、很小的景区，非得攀大，结果景区品级、交通条件等都达不到，搞个世界性的定位会贻笑大方。广东佛冈的城市定位就极好地回避了这一问题。佛冈是广州附近的小县城，其“更近，更爽，更给力”的形象定位明显是主打广州市，这对区域比较小的城市和品位较低的景区具有现实的借鉴意义。

2. 分时段

有些旅游地的形象主题要与时俱进，根据不同时期的市场需求及其变化对主体旅游产品、项目性质作必要的调整。这就要求在深耕景区的传统与个性的同时，兼顾景区的现实处境和未来发展，使旅游宣传口号既能延续景区的文化链条，又能巩固景区的市场影响，还能引领景区主题的深化完善。例如：香港的旅游形象由20世纪的“万象之都”调整为“动感之都”，广告用语也变为“香港，爱在此，乐在此”，反映了20世纪的繁华气象、充满机会与活力的都市形象以及如今好客、魅力无限的时代特征；北京原是“东方古都，长城故乡”的多元化定位，通常的广告语是“不到长城非好汉”，但在2008年奥运期间却面向世界游客适时推出了“新北京，新奥运”的综合性形象定位；新版海南形象紧扣在国际旅游岛定位，进一步诠释为“阳光海南，度假天堂”，其“海南深呼吸”的旅游宣传口号则极贴切地迎合了游客渴望回归自然、放松身心的心理。

分阶段形象定位原则应注意两点：其一，形象变化是相对的，是小动大不动，主体旅游产品、项目性质、特征可以根据市场需求和变化进行必要的调整，但绝不是变化得越快越好、越多越好；其二，分阶段形象定位需富含时代气息，适合大众感知口味，讲究时尚感，以有效地展现旅游地形象，与目标市场那些最为活跃的旅游消费群体实现有效沟通。个别地方由于策划工作不到位，频繁变换主题形象，往往一个形象还没有被大众普遍接受，又有新的提法出来了，使旅游者如坠云雾之中，无所适从。这极不利于旅游地形象的传播。主题形象是由旅游资源和产品决定的，要相对稳定。一旦推出，就要力争嵌入大众心里，形成一个固定的理念和意象，俘获并稳固特有的游客群体。

（三）游客取向性原则

游客取向性原则主要契合于游客体验和感受不同文化背景生活方式的理念，突出旅游主题的性质。传统旅游的形象定位很大程度上源于资源导向，现代旅游则更趋向于游客取向，满足不同的个性化需求。正是基于繁多的游客取向和旅游理念，才产生了多种旅游项目和方式，因而决定了不同的主题形象定位。游客取向性原则应顺应旅游发展趋势，侧重于旅游内容和游客感受，并以特定消费群体为诉求对象设定主题形象和专题服务项目，打造旅游品牌，来获得目标消费群的认同。这一原则有利于增进消费者的归属感和优越感，使其产生“量身定做”的感觉。由于不同群体以及同一群体在不同时期的旅游需求不同，因而决定了形象定位的动态性和相对性。例如：英国的“伦敦是儿童的世界”针对的是儿童；埃及的“历史的金库”针对的是历史爱好者；国内近几年兴起的主题公园、部分景区推出的七夕之旅等，也是针对特定人群定位的。

运用这一原则有两种做法：一是为适应市场而调整形象，二是主动变更形象引导市场。在实践中，要主动把握市场，敢为人先，像深圳华侨城锦绣中华的开发，由于抢占先机而赢得了市场，同时带动了中国主题公园的开发热潮。关于不同游客群体的旅游取向有很多种，由此也产生了不同的旅游文化主题，并设定了不同的旅游形象。例如：

①祈福类。贺州——“贺喜之州”；“灵山九华，福佑天下”。

②休闲类。云南宜良——“宜居宜良，度假天堂”；成都——“休闲之都”。

③宗教类。云南盈江——“大德盈江”；常德——“佛教禅宗发祥地”。

④猎奇类。丹霞山——“千古奇观阴阳石，万代风流丹霞山”；“九乡石林，滇游之魂”。

⑤修学类。绩溪龙川——“木雕艺术博物馆”。

⑥原生态类。江苏草堰——“草长燕飞，美丽草堰”；新西兰——“百分百纯正新西兰”。

⑦爱情类。鲁迅故里沈园——“千年爱情，不老沈园”；山东高唐——“一拜天地，二拜高唐”。

⑧寻古类。陕西韩城——“还是明貌的古城”；清西陵——“最后的帝陵，最美的风景”。

⑨风水文化类。浙江金华——“风水金华”。

⑩购物类。浙江义乌——“小商品的海洋，购物者的天堂”。

⑪赏花类。福建漳州——“水仙花的故乡”；洛阳——“国花牡丹城”。

⑫寻根问祖类。广东江门——“侨乡山水风情画”；湖北黄陂——“黄皮肤祖庭”。

⑬阳光度假类。海南——“阳光海南，度假天堂”；舞阳——“与太阳共舞”。

⑭养生类。普洱——“妙曼普洱，养生天堂”。

⑮红色旅游类。云南麻栗坡——“老山兰，麻栗坡绿”；江西——“红色摇篮，绿色家园”。

⑯山水类。浙江——“诗画江南，山水浙江”；阿勒泰——“山水大爱”。

⑰故里游类。天津——“津门故里，故里寻踪”。

⑱武术类。河南登封——“中国少林武术之乡”。

⑲刺激体验类。宁夏沙坡头——“沙都”（滑沙、羊皮筏、沙漠冲浪）。

⑳茶文化类。武夷山——“游武夷山，品大红袍”。

根据游客取向性原则定位主题形象，旅游地文化内容必须集中、丰富、突出，不能“挂羊头，卖狗肉”，为搞旅游找噱头。如：某城市的旅游主题形象定位为“龙城”，其境内只不过有一个恐龙园而已，而龙是中华民族的图腾标志，龙文化是华夏文化的重要内容，意蕴非常饱满丰厚。国内的恐龙遗址很多，称为“龙城”的城市也很多，此地只为其中之一，且该城并非文化名城，缺少以龙为主题的文化底蕴。这是典型的偷换概念——盛名之下，其实难副。该城市并没有站在旅游者需求的角度去思考，从而使自身的理解与旅游者对旅游地的感知出现了严重的不对称，最终因为争议而不了了之，游客不买账，市场不认可。

（四）品位类比性原则

品位类比性原则主要考虑如何更直接地给予游客一个直观感受，反映旅游主体的地位和品质。类比设计法是指通过与竞争对手的客观比较来定位形象，是一种标榜自我、排挤对手的策略。在实际操作中，要设法改变在旅游者心目中的固有形象，扬长避短，确立自己突出的形象定位。对于得天独厚的、无与伦比的资源，可采用至尊型、唯一性、第一位的领先性定位原则，但绝对领先的旅游目的地毕竟是少数，大量的旅游区可能要依据市场属性采用比附性和特色性定位原则。

1. 至尊型

独一无二的、罕见的资源都是至尊无比的，是极品，是形象定位的最高境界。这类旅游目的地几乎不通过营销就可以形成旺盛的旅游市场。例如：首都北京，在国民心里是万众向往之地；而对于国外，尤其在全球开始关注中国的新时代，北京更是举世瞩目。由于这类资源具备独特的品质和强大的文化支撑，因而在定位上必然要彰显大气和自信，有时甚至是不需要考虑形象定位的。例如：桂林的“桂林山水甲天下”，西藏的“世界屋脊，神奇西藏”，泰山的“五岳独尊”。

2. 唯一性

唯一性资源堪称上品，仅次于至尊型资源。独有的、不可替代的资源往往是富有特色的，也是吸引人的，很容易引起注意。例如："鸟巢"、故宫、少林寺、丽江等，都是世界上绝无仅有的旅游产品，处于绝对的垄断地位。承德避暑山庄的品牌唯一性在于"形貌如中华成一统、名胜集全国于一园、文化融华夏五千年"，其"盛景说天下"的广告语最高明之处，在于淋漓尽致地体现了集中华传统文化之大成的文化符号内涵，"盛景"不是胜景，是说避暑山庄名景云集，盛大集会；"说天下"向游客揭示的是一个理念，游山庄，即游华夏，尽显大气，既存贴切，又有内涵。温州市雁荡山的"寰中绝胜，梦回雁荡"，侧重了"绝"字招牌，已是宣传雁荡美景的最响亮口号。安徽天堂寨的"华东最后一片原始森林"也注重了"最后"这一唯一性卖点。

3. 第一位

在众多同质化的资源中能够占据第一位是不可多得的。第一位是根据旅游者各种不同的标准和属性建立形象阶梯，通过对资源进行分析比较后确定的领先位置。杭州西湖"天下湖，看西湖"的形象定位，瞬间传达给游客的是世界第一湖的品牌形象。这种第一品牌形象，使西湖永远有别于其他湖泊，"第一印象"会永远根植在游客的脑海里。再如：千岛湖的"天下第一秀水"、平遥的"华夏第一古县城"。

有的景区为了吸引市场注意，在旅游宣传形象设计上不惜建立市场区隔，抬高自己，贬低对手，不仅不能达到应有的宣传效果，反而失去了自身的特点和优势。适度提升和点化本无可厚非，但如果目空一切、言过其实，则无疑触犯了广告文案设计中的基本禁忌。例如：对于"感受黄山，天下无山"，网友早有非议，尽管此语出自"黄山归来不看岳"，但此广告"太焦躁、太狂妄、太没有品位，也与中国和谐文化背道而驰"，使得各山岳景区不服、游客不满。三山五岳各有千秋、各领风骚，游客各有所需、各有所爱，怎能以一概之？这样的形象设计毫无意义。

4. 比附性

能够与较高级别的同质化资源并驾齐驱当然是不错的选择。比附法就是借壳上市、借船出海，通过比拟名牌、借用著名景区的市场影响来设计和传播旅游形象。比附性定位避开第一位，抢占第二位，看似退而求其次，实际是以退为进。例如：三亚定位为"东方夏威夷"，由于与美国夏威夷形成区位间隔，尽管在各方面都不可比拟，但对东半球游客仍很有诱惑性；苏州乐园的"迪士尼太远，去苏州乐园"，由于迪士尼乐园在中国的稀缺性和知名度，对国内游客是相当有吸引力的；宁夏的"塞上江南，神奇宁夏"是双面性的定位，对江南说塞上风光，对江北说江南水乡，两面买好，没有遗漏；腾冲的“中国的北海道”则借日本北海道的知名度，传播了温泉的自然特色，南方游客不用跑到北边去，国内的游客不用跑到国外去。

比附性定位方式应注意三点：其一，确实具备攀附的条件和特色，切忌乱学乱仿。现实中很多中小城市竞相模仿国际旅游大城市定位，动辄打出“东方××”“小上海”“小洞庭”之类的名号，或以小攀大，或以次充好，甚至无中生有，不切实际，大而空，虚而假，往往“画虎不成反类犬”。例如：“肇庆山水美如画，堪称东方日内瓦”，日内瓦是一个国际性城市、文化艺术中心，集中了联合国日内瓦总部、国际红十字会等国际机构，悠久、宽容、恬然中透着古朴、典雅、凝重，勃朗峰白雪皑皑，莱蒙湖烟波浩渺，人工美与自然美相映生辉，无与伦比。但肇庆山水、文化与之有天壤之别，这样的定位显得不伦不类。其二，已经出名的旅游景区和具有独特风格的旅游景区不宜采用比附法，以免让自己失去品牌、降低格调。我国景区现有旅游形象设计和宣传口号中，经常见到低劣的攀移附会现象，这是没有自信、缺乏创见的表现。例如：长白山的“南有亚龙湾，北有长白山”就有自我矮化的意味，长白山为什么去傍海南？这是《海南日报》关于这则广告做的新闻标题，海南人都觉得意外。这则旅游形象设计忽视了自身传统，淡化了对自己个性的肯定和尊重，而意图套用或抄袭他人的创意来展现自己，无疑模糊了景区的形象，降低了景区的品位，使其丧失长远的影响力和感召力。其三，与比附对象的空间距离不可太近，因为这种设计方法属于区域性定位，目的是吸引远离比附对象的游客，在这种情势下，如果强行比附，就是自取其辱。如：泰山周围有数个号称“小泰山”的景区，纯属当地人自娱自乐，没有任何价值。

综上所述，旅游主体或注重资源主导，或注重市场导向，或注重游客取向，都要分出个品级，也就是融合众多元素形成定位，给游客一个明确的评价。有的直接表现在字面上，有的则嵌入字义里，表现为隐性。例如：北京的“东方古都、长城故乡”是一个全方位的形象定位，其包含了“古都、长城”两大人文景观因素，面向国外市场和钟爱中国文化的游客，并对东西方古都作了比较，同时也突出了长城的至尊、古老和雄伟。

三、旅游主题形象定位与主题口号设计

（一）旅游主题形象定位与主题口号的关系

主题形象和主题口号是共存共生的，主题口号建立在主题形象之上，并

成为旅游主题形象的最关键部分，因此，它不可能游离于形象定位之外，而应该涵盖属于这个景区主题形象的相关信息，否则便无法“落地”。目前，旅游界对旅游形象定位和主题口号设计有所混淆，很多时候被等同了。有时主题形象用语可以直接拿来作为宣传口号，这确实说明了二者的相通之处，但这并不是说二者可以相互代替。二者的区别在于：

其一，前者有内在的文化底蕴，可以表现为语言、图案、标识等，而主题口号具有形象的质感，更侧重于用一个相对稳定的概念界定特征描述，它可以是具象的，也可以是抽象的，在内容上需要传达一定的信息量，但同时又是一个感性化的超短文本，在形式上只表现为语言。

其二，前者更侧重资源特色，而后者尤其需要以所处的发展阶段和市场变化为依据，以拉近旅游主体和市场的距离，故更侧重于游客感受，讲究语言的冲击力。

其三，前者讲究语言的严谨与精准，而后者讲究语言的口语化和语感。

（二）主题形象定位与主题口号设计方法

作为旅游主题形象的衍生品和最佳传播载体，旅游主题口号在旅游规划和营销实践中的重要性日益凸显，必须采取恰当的策划方法，系统性地整合品牌设计元素与形象标识，达到感性和理性的融合，并在营销时机、旅游资源、景区产品、细分市场的互动分析中，凝练景区的特色和风貌，然后运用富有冲击力的语言表达出来。主题口号反映了旅游地对自身的理解，同时通过信息传达，也反映了受众的感知；可使人在短时间内产生形象化的联想，因而对品牌、形象、行为的传播十分重要。

旅游主题形象及主题口号的设计必须遵循前述定位原则，客观、准确、全面地表现出旅游资源的性质特征，既要考虑资源导向，又要考虑市场导向，从游客需求出发，向游客传递一种信息，即，通过到目的地旅游，游客将获得一种什么样的感受与体验。

1. 依托法

依托设计法是依托效应来塑造旅游主题形象的方法。名人、名句、著名事物、权威评价等本身就有较好的传播深度和较高的可信度，稍加改进或直接采取“拿来主义”，即可获得很好的形象宣传效果。

（1）名人效应

旅游实践中依托名人效应设计的主题形象有很多。例如：印度——“探索圣雄甘地的生平”；曲阜——“孔子故里，东方圣城”；诸暨——“西施故里，美丽诸暨”；富阳——“富春山水，孙权故里”；莆田——“妈祖故乡，福建莆田”；天津盘山的“早知有盘山，何必下江南”的形象设计借助了乾隆皇帝的威名（乾隆第一次巡幸盘山就发出了如此的感叹）；临沂马髻山成功借用岳飞风波亭遇害后在一个雷电交加的雨夜，天马行空，魂归马髻山的民间传说，将“马髻山”更名为天马岛，从而使天马岛形成旅游热。

（2）文化效应

古往今来流传的名句很多，有古诗，有名言，有民谚俚语。例如：“上有天堂，下有苏杭”“新疆是个好地方”是广为流传的名句；安徽天柱山的“天柱一峰擎日月，洞门千仞锁云雷”直接套用了白居易的诗句；八达岭长城则套用了毛泽东的“不到长城非好汉”诗句；“烟花水都，诗画扬州”借用的是孟浩然的“烟花三月下扬州”；“登泰山而小天下”则是孔子的名言。

好莱坞电影《阿凡达》轰动全球后，张家界借此推出“阿凡达的故乡，神仙居住的乐园”主题形象。好莱坞电影《阿凡达》借用了张家界的一个如梦似幻的场景，张家界也借此拓宽了自己的想象，正所谓“出于此，还于此，升于此”。

河南登封市利用少林寺的名气，定位为“中国少林武术之乡”。开封的清明上河园本身就发端于《清明上河图》这幅名画。在景观上依照张择端《清明上河图》按 1∶1 比例建设，在表演、体验、服务等方面，都有明显的“宋文化”痕迹，以此立体地构筑了完整的宋文化主题公园形象，确立了“一朝步入画卷，一日梦回千年”的形象理念，使得理念、视觉、行为得到完美统一。

（3）权威效应

一些权威机构的评价对旅游主体的宣传效果的影响是巨大的，一些景区形象直接由此设计，简单易行，立竿见影。例如：联合国最佳人居奖“烟台——最佳人居城市”；公众评选的“最具幸福感的城市——杭州”；联合国教科文组织评选的“西递宏村——世界遗产，世外桃源”。

2. 逆向法

个别景区不具备唯一性，第一、第二没得争，效应也没得依托，干脆采用逆向法，反其道而行之，负负得正，目的就是出名。逆向法是从心理上突破常规，打破消费者一般思维模式，以相反的内容和形式来塑造旅游形象，同时搭建一个新的易于为旅游者接受的心理形象平台。逆向法运用在旅游领域，就是避开与强有力竞争者的直接对抗，设计和提供该旅游市场上目前没有的特色旅游产品。它所强调和宣传的定位对象一般是消费者心中第一形象的对立面，正所谓剑走偏锋，歪打正着。这种设计方法可以在被其他旅游景区遗忘的市场角落，迅速站稳脚跟，于夹缝中求生存，并能在旅游者心目中较快树立良好的形象。例如：河南林虑山风景区以“暑天山上看冰堆，冬天峡谷观桃花”的奇特景观征服市场；宁夏镇北堡影视城推出的主题定位就是避开繁华，“出售荒凉”；加拿大的广告用语是“越往北，越使你感到温暖”。

3. 文饰法

文饰法就是采用游客取向性定位原则，用文化渲染烘托主题形象，即通过挖掘资源特色，赋以文化主题，形成文化品牌，目的是使产品、品牌在消费者心中占据一个新的位置，形成一个新的概念，甚至形成一种新的思维定势，以获得消费者的认同，使其产生旅游欲望。这种方法不仅可以大大提高品牌的品位，而且可以使品牌形象更加独具特色。例如：衡山的寿文化、黄帝故里的根文化、武当山的太极文化。湖北荆州的“楚国古都，三国名城”主打三国文化；江西鹰潭的“华夏道都”主打道教文化；“龙在中国，根在西安”强调的是华夏文化发源地；“丝绸之路起点——西安”反映的是丝绸之路文化。少林寺的形象设计在国外造成了少林武术就等于中国功夫的错觉，基本将武术文化和少林等同了，进而形成了中国功夫的概念，其轰动效应无可比拟。

4. 悬念法

不少旅游区为吸引游客，故意设定悬念性的形象，作为广告噱头增加了神秘感。例如：海南五指山——“不登五指山，不算到海南”；济南灵岩寺直接借用古语“登泰山不游灵岩不成其游也”；澳大利亚——“最真一面，在澳大利亚见”；葡萄牙——“如今人们都想去葡萄牙，你知道为什么吗?”；日本人干脆直接说“发现日本”。

但这一形象设计方法不能滥用，否则会弄巧成拙。比较典型的是庐山的形象设计：山顶景区称“不到三叠泉，不算庐山客”；山南的秀峰景区称“庐山之美在山南，山南之美数秀峰”；太乙景区打出“登庐山不到太乙村，只算半个游山人”的标语；石门涧则称“不到石门涧，难识庐山面”。凡此种种，借用的当然是“不识庐山真面目，只缘身在此山中”这一名句，但是这些相互矛盾的旅游宣传口号往往使游客不知所措、无所适从。

5. 释义法

有些景区名称带有特定的意义，往往可以通过释义法诠释某种理念，概括特定形象，这正注解了景区名称。例如：黄山——“黄帝之山”，既将字义延展开来，又契合了轩辕文化发源地以及皇帝在黄山布道之说；福州——“福山福水福州游”，则昭示了求福的文化特性。类似的还有：德山——“中国五千年‘德’文化发祥地”；景德镇——“景象万千，德广无垠，镇动世界”；张家界——“境界张家界，止于神奇”；高邮市——“天下第一邮(游)”；徐州云龙湖——“云中龙，城中湖”。

6. 谐趣法

有些景区在诠释其自身涵义之外，为增加传播力，还借用谐音进一步突出景区的主题形象。例如：山西——“晋善晋美”，既借助了“尽”的谐音，又突出了大善大美之意。再如：四川广元——“广结良缘”；钦州——“亲亲钦州，亲和之都”；河北阜平——“抚平困顿之旅”；韩城——“足以撼动世界”；宜宾——“旅游最宜宾”；湖北会昌——“风景独好，荟萃会昌”；温岭——“中国温馨之岭”；中国洋县——“洋洋大观”；荥阳——“行在阳光下”；河北井陉——“景真行”。

第二节　体育旅游项目的市场定位

一、体育旅游目标市场定位

体育旅游项目的市场定位是确定旅游企业及产品在目标市场上所处的位置，是项目开发成功与否的关键。只有进行市场定位，锁定目标消费群体，才能获得较大的发展空间。在体育旅游项目开发的过程中，市场定位一般遵循以下步骤：

1. 分析目标市场的现状，确认潜在的竞争优势

由于旅游资源的特殊性，旅游景区营销的市场定位和一般的企业营销市场定位不同。要确认景区潜在的竞争优势，首要的任务就是要将同区域内的旅游资源进行分析比较，从而找准自己的特色，这个与众不同的特色就是景区的潜在竞争优势。比如我国几大名山景区，同是上等旅游景区，但是各自具有鲜明的特点，“泰山天下雄”“黄山天下奇”“华山天下险”“峨眉天下秀”等吸引着不同偏好的游客。

体育旅游项目开发，不仅要以旅游需求差异性为基础，考虑体育旅游者不同的旅游动机，同时必须兼顾体育旅游资源本身的特质，充分挖掘资源和市场的潜力，找出其竞争优势。由于体育旅游资源的可塑性较强，针对不同的旅游需求，同一资源可进行不同角度的开发，所形成的产品价值也将有很大差异。以常见的体育旅游市场细分的方法来看，其中的交叉也很明显：如同样是高尔夫球，既可开发为休闲体育旅游产品，也可开发为健身类产品，

更可开发为赛事类产品，其对应的开发条件、市场价值、目标群体均有较大的差异。

常见体育旅游市场细分方法见表 7-1。

表 7-1　常见体育旅游市场细分法

体育旅游细分市场	细分市场产品
休闲体育旅游	钓鱼、骑马、潜水、打高尔夫球等。
健身体育旅游	各种球类运动、跳绳、跑步、健身健美等。
体育观战旅游	观看奥运会、亚运会、世界杯、锦标赛等。
体育赛事旅游	专业运动员参加各种体育比赛所进行的旅游活动。
体育竞技旅游	运动员或旅游者参加竞技项目所引起的旅游活动，如射箭、滑翔、冲浪等。
探险体育旅游	包括蹦极、漂流、攀岩以及各种探险类体育旅游。
民族、民俗体育旅游	各种传统体育旅游活动，如赛龙舟、舞太极、摔跤、扭秧歌等。

2. 准确选择竞争优势，对目标市场初步定位

竞争优势表明企业能够胜过竞争对手的能力，这种能力既可以是现有的，也可以是潜在的。针对体育旅游项目的市场定位工作，我们应该分析项目目前的市场类型，再结合第一步骤中所确认的项目潜在竞争优势，对项目进行切实可行的市场定位。

3. 宣传促销活动，将其独特的竞争优势准确传播给目标顾客

这一步骤要求首先使体育旅游项目目标顾客了解、熟悉、认同、喜欢和偏爱本项目的市场定位，在游客心目中建立与该定位目标一致的形象。其次，通过各种努力强化旅游项目在游客中的形象，稳定目标游客的态度和加深目标游客的感情来巩固项目与市场一致的形象。

二、体育旅游市场规模预测

对于待建项目而言，市场前景是可行性研究的核心，事关研究精度及项目的成败。体育旅游项目的客源市场与项目主题、设计手法、区位及经营管理水平、社会经济形势都密切相关。

（一）宏观总量比例预测法

这是目前十分常用的一种方法，基本思路是先预测所在城市或风景区的

客源总前景（包括外地旅游量和本地居民区内旅游量），再根据项目对游客的吸引力，确定适当比例求得本项目客源量。宏观总量预测最简单的且最常被采用的方法是参考当地旅游主管部门的预测数据。但是，由于各地、各部门、各负责人员的水准和出发点不同，预测值严谨程度和准确程度不一。

在宏观总量测定之后，分析该项目可望在其中获得多大比例的客源。对此，应在全区范围内进行本项目的优劣势分析，通过对现有各旅游景区及待建旅游景区的旅游吸引力和旅游市场地位进行分析，从而确定本项目有望在总客源量中分得的份额。

（二）目标市场调查分析法

这是一种比较准确的方法，但是工作量较大。其工作步骤如下：

1. 明确和细分目标市场

科学地确立目标市场的办法是进行市场调查，即通过问卷（最好附图片）或电话访谈（问卷比电话更准确）的形式介绍即将建设的项目的概况，包括主题、内容、票价、区位、园内娱乐活动等，调查本地民众和流动人口各阶层的旅游愿望，在此过程中既可征求好的意见和建议，又可以区分出什么阶层的民众将成为项目的主要客源市场，什么阶层的民众将是潜在的客源层面或机会客源。

2. 确定市场客源量

通过问卷调查获悉了该项目对本地各阶层居民的吸引力以及对流动人口各阶层的吸引力情况之后，再向统计机构查询各阶层人口的总量，即可获悉该项目的客源流量规模。

3. 确定项目客源量趋势

由问卷调查中民众重游意向以及该项目主题、设计手法、票价等大致可确定本地游客量逐年变化的情况；对于流动人口，可以按照流动人口的发展预测及待建旅游项目对其产生的吸引力进行今后若干年的流量预测。此方法的一大优点是可以顺便掌握游客的消费承受能力，为科学地制定门票价格及景区内消费打好基础。

（三）类似项目比较预测法

在体育旅游项目待建地区及其近似地区，往往已经建有同类的不构成直接竞争的旅游项目，以已建项目为参照物进行适当比较修正，也可获得待建项目的客源量预测值。若构成直接竞争，则应比较竞争力，在总客源量不变或稍增的背景下，两者按竞争力瓜分一定部分。本方法与上述两种方法同时运用，可互相修正得出的值，从而使预测更加准确。

三、体育旅游项目的竞争定位

所谓竞争定位，就是确定策划对象与其他同类相比处于什么地位。其实，不管研究对象是什么，其竞争在很大程度上都是产品之间的竞争。因为产品是旅游系统中各种竞争要素的综合反映。在旅游策划中，实施这一步骤的目的就是确保策划所建议的产品具有竞争优势，而这是旅游产品能够生存并产生效益的前提条件。

关于竞争定位理论，中外很多学者进行了探讨。其中相当多的研究是指向旅游地的资源禀赋的。其中比较有代表性的是许春晓的"旅游资源非优区"理论和杨振之的"'形象遮蔽'和'形象叠加'"理论。前者对等级品质不太高的旅游资源应该如何进行竞争和旅游开发进行了探讨。而杨振之认为"形象遮蔽""形象叠加"是处于同一区域内的景区之间必然存在的一种关系属性，被遮蔽的旅游地应该通过重新定位形象、强化差异性形象或在经营管理上做出调整，从而摆脱"形象遮蔽"对旅游地发展造成的不良影响，使景区之间从相互遮蔽的竞争关系走向相互叠加的合作关系。"'形象遮蔽'和'形象叠加'"理论对旅游策划中如何正确认识资源及如何摆脱因资源劣势导致的不利地位具有很高的参考价值。

旅游系统是由多种要素构成的，因而旅游地和旅游产品在竞争格局中的地位除了受资源本身禀赋的影响外，其构成要素也应该是综合的。

决定区域旅游竞争优势的五个基本因素是：要素条件、需求条件、旅游环境、区域行为、介入机会。其中，要素条件指区域赋存的旅游资源的类型结构、数量、质量，是旅游资源开发和旅游产品生产的条件，它反映了旅游产品的生产价值和生产成本，是形成旅游产品的基础；需求条件主要是指由旅游者需求偏好、出游能力、旅游规模结构等综合性的、多层次因素组成的客源市场条件；旅游环境既包括为旅游服务的一些外围环境，如一个区域的自然、人文、社会、经济等条件和发展水平，也包括支持旅游业发展的相关行业如娱乐、餐饮等；区域行为是对一个旅游区域旅游系统进行管理、监控等，旅游系统的多层次性决定了区域行为的复杂性；介入机会是指围绕旅游活动而发生的一种空间联系现象，包括空间交通线路组织、市场营销宣传、网络信息等，介入机会是外生变量，它通过影响其他四个因素对区域旅游竞争力起作用。上述五个因素相互作用、共同整合，形成一个完整的功能结构。

旅游项目竞争定位策略，就是通过竞争定位确定自身的比较优势，然后寻求发挥这种优势的策略的过程。

对形象被遮蔽的旅游地如何摆脱不利境地，杨振之认为，旅游地形象遮蔽有三种情形，每一情形所采用的策略也不同：

①形象雷同。两者或更多的旅游地都可以用同一形象（因为旅游资源特色相似），抢先树立起形象者就会对其他旅游地形成形象遮蔽。

②同一区域内，尽管旅游资源各有特色，并不具有相似性，但品牌效应大，旅游资源级别高，特色明显的景区对其他景区也会形成形象遮蔽。

③同一区域内，旅游资源具有相似性，级别、品质高的旅游资源所在景区对其他景区形成形象遮蔽。

在这三种情形中，第一、第二种主要的应对策略是重新定位，从而改变产品组合和产品结构，相应地也就改变了开发的战略重点。其核心是差异化的产品定位，尽量避免在同一类型或同一等级上与强势景区开展竞争。在第三种情形下，除了考虑重新定位外，还可以在市场运作及自身管理上做出相应调整，塑造鲜明形象。其核心是管理或营销的差异化。

当景区在原来指向的市场中同竞争对手相比不具有或正在失去吸引力时，那么合适的竞争策略原则是离开或者逐步退出原有的市场，寻求新的生机。所以，尽管竞争的具体情况有很多不同，根据自身各种条件的比较优势寻找自己适合的细分市场应该是竞争策略定位的主导原则。

复习思考题

1. 旅游主题形象的定位原则有哪些？
2. 如何进行旅游主题形象定位与主题口号设计？
3. 体育旅游市场规模预测的方法有哪些？

第八章　体育旅游项目概念设计

第一节　观赏型体育旅游项目设计

一、观赏型体育旅游项目

观赏型体育旅游就是指旅游者在远离其常住地，主要通过视听感官对体育活动、体育建筑场馆场地、体育艺术景点、各具特色的体育文化进行欣赏体验的过程，旨在从中获得愉悦的感受。观赏型体育旅游又分为体育观战旅游与体育观光旅游。

体育观战旅游是以观看、欣赏国内外高水平体育比赛为主要目的的旅游活动。如世界杯足球赛、奥运会、亚运会、NBA 篮球赛、温布尔顿网球公开赛等。

体育观光旅游是指以参观体育建筑、雕塑、摄影、画展和体育文化遗存等为主要目的的旅游活动。如参观美国 NBA 名人堂、北京奥林匹克公园和古奥运会遗址等。

二、体育观战旅游项目设计

（一）体育观战旅游项目的特点

1. 时效性强

与其他旅游产品不同，体育观战旅游开始时间的固定性及持续时间的有限性决定了旅游者只有在比赛进行的短暂时间内才能消费到名副其实的旅游产品，由此决定了体育观战旅游时效性强的特点。

2. 季节性不明显

大型体育赛事为了吸引全球的体育爱好者前往目的地观看比赛，在时间安排上一般与常规旅游时间错开；另外体育联赛（如英超、意甲、NBA、中超等）的时间跨度较长，几乎每周都有精彩的体育比赛举行。因此，不同的体育爱好者能够在一年的不同时间购买其喜欢的体育观战旅游产品，这就突破了区域旅游产品的季节性限制。

3. 出游形式以团队为主

体育观战旅游易导致旅游流的集中，使得目的地出现消费聚集效应。体育观战旅游者出于对时间、费用、交通、安全等因素的考虑，一般采取团队出游的形式。此外，心理学研究也表明，兴趣和爱好具有稳定的趋向性和指向性，并且能够持续较长时间。这种心理倾向使得体育观战旅游者每次消费体育观战旅游产品的过程就是这个文化圈内的一次社交活动，他们可以通过沟通和交流在群体中获得他人的理解与认同。

4. 重复购买频率较高

任一体育观战旅游产品一般都有亮点吸引旅游者，尤其是顶尖选手和新秀的加入更使比赛具有吸引力和卖点。同时，体育爱好者通过重复购买既可以观看自己喜欢的比赛，更重要的是又可以与其他体育爱好者沟通交流。据NIEIR（澳大利亚国家经济和工业研究院）统计：在澳大利亚网球公开赛期间，47％的游客是专门来观看澳网比赛的，这其中又有21.4％的游客每年都来观看澳网赛并给澳大利亚带来2亿美元收入。

5.“被动”的高消费性

相对常规旅游产品而言，“被动”性体现在体育观战旅游产品供应的有限和组合的单一，旅游者只能相对被动地选择旅行社预先设计的旅游线路，无法选择多种组合产品。而高消费性则主要因为体育观战旅游产品具有较强的垄断性和排他性，其价格构成除了包含一般的旅游费用外，还包括一笔数目不菲的门票费用，而且由于门票供应渠道的不同、地区分配的不平衡以及热销导致的黑市炒作，加之比赛期间旅游目的地的机票价格、住宿费用的上涨，体育观战旅游产品价格偏高。以2002年日韩世界杯为例，一张普通球赛的票价约合50美元，旅行社拿到的票价却在300美元左右，当年3晚4日的韩国游报价是每人4000美元，而在世界杯期间报价却高达每人1.2万美元。

（二）体育赛事旅游品种

体育赛事旅游是伴随着旅游的兴起而产生和发展的。20世纪中后期，随着旅游业的快速发展以及体育运动的普及，以体育运动和比赛为特色的旅游项目在欧美发达国家和地区得以迅速发展。前不久，瑞士洛桑有关部门对欧洲几个发达国家的调查显示，体育给一个国家带来的经济效益约占该国国内生产总值的1％～2％。按照国际体育旅游委员会的统计，全球体育旅游的收入占到了世界旅游业总收入的32％。如足球工业发达的意大利，体育旅游及比赛的年产值在20世纪80年代末已达180亿美元，跻身意大利国民经济十大部门的行列，目前已达500亿美元；英国通过发展体育旅游业所得到的年产值近90亿英镑，超过汽车制造业和烟草工业的产值；新加坡正在筹划将本国发展成为体育旅游中心，新加坡拥有良好的体育设施，如高尔夫球场和水上运动场等，他们争取举办更多的大型体育比赛和体育活动，使体育旅游成为新加坡旅游业新的增长点。

1. 参与比赛的赛事旅游

在美国，1996年仅参加自行车赛事旅游的就有700万人，而迪斯尼乐园更是赛事繁多，每年一月都在专题乐园举办一次马拉松赛，同时还举办Indy 200汽车赛、世界三项全能锦标赛、迪斯尼杯足球赛、男女混合橄榄球及排球赛等。而新西兰每年有51%的人在业余时间经常从事各种体育比赛活动和体育休闲活动，该国的人均高尔夫场地最多，每年吸引了众多国外游客来打高尔夫球或参与各项比赛活动。在我国香港地区，体育赛事旅游开展得也很火爆，香港康体局和旅游协会为开拓体育旅游市场，联手通过驻外旅游办事处，有针对性地积极推销体育产品，他们向日本推销高尔夫球，向东南亚国家推销赛马，向欧美等国家推销网球、板球等，吸引了大批体育爱好者前往香港进行体育赛事旅游。

2. 观赏比赛的赛事旅游

在新西兰，每年有大量的游客是为观赏各种体育赛事而来的，比如英联邦运动会、世界铁人三项锦标赛、世界杯板球赛、大众参与的体育节、俱乐部举办的对抗赛、联赛等，对海外游客的吸引力非常大。日本著名的日本旅行社从1993年开始内设专门负责海外体育赛事旅游的营业部，该旅行社组织的团队频繁出现在世界体育热点赛事当中，体育赛事旅游收入逐年上升。国际上可开发的体育赛事旅游品种有：

①奥运会、世界杯足球赛。奥运会是世界上规模最大的体育赛事，同时也是最大的一块旅游招牌，比赛本身以及在未来几年间所积累起来的与比赛相关的国际知名度将给举办国的旅游业提供一个黄金机会，从而吸引更多游客在奥运会期间参观、游览本国及其周边的其他地方。同时，通过举办大型体育盛会将树立本国良好形象，提高国际地位，推动体育产业及旅游业的发展。这两项举世瞩目的赛事每四年一届，均在世界不同国家的大城市举行，举办城市除具备世界一流的体育场馆设施外，还应具备良好的城市环境和便捷的交通等，因此，也是观光游览的好去处。赛事旅游者不但可以观看到精彩的体育比赛，为本国参赛选手加油助威，体验各种体育文化，还可以观赏

异国名胜风光，体验异国风情，感受现代化的城市建设与管理。1984 年洛杉矶奥运会吸引的境外旅游者为 23 万人；1988 年汉城奥运会时的外国游客达 24 万人，数十万海外游客前往观看比赛，掀起了韩国的旅游热潮，与旅游有关的收入达 14 亿美元；1992 年巴塞罗那奥运会时旅游人数达 30 万人，旅游收入 30 多亿美元；1996 年亚特兰大奥运会共为美国带来直接及间接经济收入近 20 亿美元；2000 年悉尼奥运会又创新高，除了吸引 25 万海外游客前来观赛外，还吸引了 2 万多名世界各地的运动员、官员、记者等，仅在旅游业方面为澳大利亚带来的经济利益就高达 42.7 亿美元，悉尼奥运会承办前后共吸引了 150 万海外游客去澳大利亚观赛、旅游；2004 年雅典奥运会是历届奥运会中的一个反常现象，它的游客人数和旅游收入不增反降，主要是希腊旅游业在全球的推广和宣传做得不够，当然恐怖袭击及安全的问题也是不可忽视的重要原因，而它的近邻土耳其在奥运会期间旅游人数激增 50%。世界杯足球赛往往首先以分组赛的形成在几个城市同时进行，赛事旅游可以观赏到更多的名胜风光，体验更多的文化魅力。如 2002 年世界杯足球赛就在日本和韩国的几个城市举行，有数万中国球迷前往韩国观看比赛和游览观光，仅此一项，就给韩国和日本带来了近 1 亿美元的收入，给两国带来了巨大的经济利益。

②网球四大公开赛。每年各一次的网球四大公开赛也是举世瞩目的赛事，近年来，每次比赛均有 100 多个国家进行电视实况转播。举办城市分别在澳大利亚的墨尔本、法国的巴黎、英国的伦敦和美国的纽约，它们都是世界著名的旅游大城市。比赛期间正是适宜旅游的好时期。在我国，爱好网球的人多数是白领阶层或知识分子，经济较为宽裕，集中一周左右时间出国旅游也是可以办得到的。四大网球公开赛的赛事旅游者除了可以观看到世界一流的网球技术和网球明星的风采，同时体验举办时间均超过 100 年的四大公开赛城市的网球文化外，还可以观赏到四大城市的风景名胜，体验当地的文化和现代化的城市管理。随着我国网球竞技水平的逐步提高（特别是女子网球水平的迅速提高），将会有更多的中国运动员参加这四大赛事，也必然会吸引众多的网球爱好者前往观赛，并为中国运动员加油助威。

3. 国内赛事的赛事旅游

①足球、篮球、排球、乒乓球职业联赛及全运会、城运会和农运会。这些赛事均在我国不同的城市举行，可以组织赛事旅游者前往观看比赛，为本省市的参赛运动员加油助威；同时，可以游览举办城市的名胜风光，体验当地的民俗文化，为举办地带来更多的社会效益和环境效益。国内赛事旅游可

以组织该省市有优势或群众基础雄厚的运动项目的球迷团、加油团前往。

②中国网球公开赛（北京）和上海网球大师赛。这两项赛事每年举行一次。中国网球公开赛 2004 年首次在北京举行，取得很大成功。许多世界著名选手前来参赛，为观众带来了精彩的比赛盛宴。选手们对赛事的场地和设备均表示满意。同时，北京和上海均是我国最大和最重要的旅游城市和购物城市，赛事旅游产品开发可将观看比赛、体验赛场文化与旅游、购物和休闲相结合。

③上海 F1 方程式赛车。上海国际赛车场为高端游客提供了不同的体验项目：如试乘（尝试乘坐赛车的感觉，也可以选择准专业赛车和房车）、试驾（在专业教练进行赛车培训课程后，可以在 F1 赛道上驾驶赛车）和自驾（驾驶自己的车上 F1 赛道行驶），给体育赛事增加互动性。从 2004 年开始，上海春秋等 6 家旅行社推出的 F1 旅游线结合了江南旅游的特色，将 F1 中国大奖赛有机地嵌入旅游行程中，使各地游客能在 F1 的速度中加深对上海的印象，同时能领略华东地区的风光。

④厦门国际马拉松赛。厦门国际马拉松赛创办于 2003 年，由中国田径协会和厦门市政府联合主办，由中央电视台和厦门电视台联合直播，国内外 40 余家电视台转播。经过几年的发展，厦门国际马拉松赛以其较高的竞赛水平、广泛的群众参与和丰富的配套活动，成为中国最具影响力和国际知名度的马拉松赛事之一，并于 2007 年 12 月被国际田联评为“国际田联路跑金牌赛事”，且连续五年获此殊荣。厦门国际马拉松赛事也成为国内外马拉松爱好者和旅游者关注的热点。

（三）体育观战旅游项目开发设计的障碍

1. 观念障碍

体育旅游在我国开展时间较短，没有现成的模式和经验可以借鉴，大部分旅行社只局限于传统旅游产品的开发，而对于一些专业性的市场（比如说体育观战旅游市场）缺乏开创精神，从而导致目前大多数旅行社推出的体育观战旅游虽然打出的是体育的牌子，但仍旧组织常规旅游线路，未能突出体育观战旅游的特点，且缺乏创意和有效的组织管理，不能很好地满足游客的需求，这样不仅可能失去现有体育观战旅游客源，还可能使其他的旅行社“望而却步”；同时，也易让旅游者曲解体育观战旅游的内涵，不利于体育旅游业的长远发展。

2. 票源障碍

门票是旅行社组织观战团的前提条件。而体育赛事特别是大型的国际体育赛事一般都是跨地区、跨国度举办，为了照顾不同国家的体育爱好者，体育赛事组委会分配给每个国家的门票数量是极其有限的，这就加大了客源地的旅行社采购门票的难度，而票源采购能力的强弱又会直接影响旅行社组团规模的大小。

3. 签证障碍

目前，我国旅游签证的取得主要有两种方式：一是前往我国旅游目的地国。为了吸引中国客源，我国旅游目的地国对我国游客实行互免签证或是落地签证，大大简化了办理手续，节约了办理费用。二是前往我国非公民自费旅游目的地国。旅行社要组团前往这些国家一般是申请临时签证，手续极为不便，而且必须经过旅游行政部门的授权，这样就无形加大了旅行社开发体育观战旅游的难度。如 2002 年日韩世界杯期间，“广之旅”之所以能组织大批球迷前往日韩观战，主要就是因为日韩是我国的旅游目的地国，组织难度较小。而 2004 年雅典奥运会组团情况欠佳，就是因为希腊不是我们的旅游目的地国，而且奥运会期间不允许使用申根签证，广东的团队要到北京办签证并从北京出发，手续极为复杂。因此旅行社遇到的另一大障碍是签证。

4. 高成本障碍

体育观战旅游产品的成本基本上由交通费、住宿费、手续费和门票费构成。举办期间本国的旅游者和入境的旅游者会出现较大幅度的增长，而比赛举办地的接待能力是有限的，这种需求的增长与供给的有限造成了成本的提高。如历届奥运会一般采取“门票＋住宿”的“旅游套票”发售方式，价格昂贵。除此之外，旅行社在组团前还有广告宣传方面投入的费用。成本过高导致一方面会使旅行社较难获得预期的高额利润，另一方面也会在一定程度上制约旅游者购买行为。

5. 人才障碍

体育观战旅游专业特色性强，从产品开发到销售都需要有专业人士的参与。体育观战旅游专门人才不仅是观战旅游的发起者与倡导者，而且是组织者与管理者。目前，我国旅行社中专业的体育旅游人才十分匮乏，特别是专业管理人员和导游人员。一些旅行社不敢涉足体育观战旅游市场的主要原因是缺乏人才。如购买奥运会的门票时，旅行社工作人员就要详细分析游客对哪些体育项目比较感兴趣，哪些项目是我国的优势项目，每场比赛在时间上有无冲突等。

（四）体育旅游观战项目开发设计要点

1. 选定目标市场

总的说来，体育观战旅游市场具有以下特征：①从性别上看，以男性为主，这与男性比较喜欢运动有关。②从年龄上看，以中青年为主，这与其生活阅历、收入等因素有关。③从动机上看，这个市场的消费者对体育赛事有一定的偏好，并且很容易融入群体所形成的体育亚文化圈中。④从收入和职业上看，以中高收入人群和白领为主，因为体育观战旅游是较高层次的精神消费活动，客观上要求旅游者具有较高的经济收入和文化水平。从以上几个特征我们可以将体育观战旅游主要目标市场确定为：社会上具有中高收入的中青年男性体育爱好者。体育观战旅游项目开发首先应该在众多旅游细分市场中找准自己的目标市场，才能在产品开发、价格制定以及宣传等环节做到有的放矢。

2. 赛事选取与产品开发

体育观战旅游产品核心吸引物是体育赛事，但又不仅仅局限于体育赛事。因此，在开发和设计体育观战旅游产品时，应充分考虑该市场的特点，并围绕着体育赛事来进行产品设计。

①选择“精品赛事”。考虑到时间及费用的因素，体育观战旅游者并不是每场比赛都愿意去看，他们希望看到的是“精品赛事”。这个“精品赛事”一是指高水平比赛（如决赛、半决赛）；二是指他们关心和喜爱的比赛（如中国队参加的比赛、本区域球队的升降级生死战）。

②充分利用体育赛事的“前后”效应，实现产品的连续性。雅典奥运会后，北京时尚国际旅行社有限公司与北京体育大学合作推出的特色产品——参观北京体育大学运动员训练，深受游客特别是香港游客的青睐。这就充分利用了我国运动员在此次雅典奥运会上取得优异成绩的效应。

③整合其他旅游资源进行深度开发。体育观战旅游产品要突破单纯赛事观赏的局限性，将举办地周边短线的自然、人文和富有特色的民俗风情资源组合到产品中来，变静态观赏为动态参与和静态欣赏相结合，让旅游者做到观看比赛和旅游两不误，从而增加产品的附加值。

3. 抓好公关合作

由于体育观战旅游的开发涉及的相关行业和部门较多，因此处理好与他们的关系尤为重要。

①加强与国内旅行社的合作。目前，多数体育观战旅游涉及出入境业务。我们国家对出境旅游采取适度发展的方针，对每年出国人数总量进行适当控制和配额管理。单靠某一家旅行社很难把市场做大，也很难组织到大规模的客源。因此，走合作化道路是非常重要的，一个途径就是联合经营出境

业务的国际社进行跨区域合作，加强业务联系、互送客源、联合宣传，共同承担开发成本，从而降低经营风险。

②加强与国外旅行社的合作。票源和住宿采购能力成为旅行社开展体育观战旅游的障碍，而体育赛事举办地的旅行社比客源地的旅行社更具有采购的优势。因此，旅行社要未雨绸缪，加强与举办地信誉、业绩较好的境外接待社的合作，减少旅行社开发体育观战旅游的障碍。

③加强与体育爱好者协会、俱乐部的合作。体育爱好者协会和俱乐部是体育爱好者沟通交流的组织。加强与他们的合作和交流，不仅能够在体育爱好者心目中树立旅行社的良好形象，而且有利于号召体育爱好者进行体育观战旅游，还可以降低旅行社的宣传费用。

三、体育观光旅游项目设计

（一）体育观光旅游吸引物的类别

1. 体育建筑

体育场馆可以帮助它所坐落的城镇塑造一种富有活力的形象，甚至还可以作为城镇旅游基础设施的一部分，成为城市吸引游客的一种手段。不仅体育场馆里所举行的比赛或演出能吸引旅游者，而且作为标志性建筑，体育场馆本身就像磁铁一样能吸引到大量的观众。除此之外，在体育场馆内还出现了体育参观点、博物馆和著名的大厅，这些都增加了体育场馆的吸引力。巴塞罗那的 Nou Camp 体育场就是一个很好的例子，这个体育场每年吸引了大量的参观者。新建的 Huddersfield 体育场也非常成功，该体育场的顶棚是蓝色的，场馆外形很吸引人，实际上体育场对这个城市产生了很大的影响。多伦多的 Sky Dome 体育场已经成为城市形象的一部分。这些体育场馆的形象出现在旅游手册上，成为城镇吸引游客的一种手段。对重要比赛所进行的电视转播，例如对世界杯足球赛和橄榄球赛以及奥运会的转播，就将那些引人注目的、具有令人难忘的美感的体育场馆带进了千家万户的起居室中。这样的电视转播对一个城市旅游业的影响是不可估量的。

2. 体育摄影、画展和体育文化遗存

体育摄影、画展、雕塑作品以及各种体育文化遗存，以独特的视角，通过镜头、画笔等捕捉到一个个珍贵画面，呈现出体育运动的力与美，是体育文化传播的重要途径。一些知名作品更是有着无可估量的价值。

（二）体育观光旅游项目设计

1. 体育场馆建筑旅游开发

多功能应用的概念对地区经济的再发展具有刺激作用。在美国，人们就利用这一点来刺激地区经济的再发展，很多新体育场馆方案就特别值得一提，这些方案要求体育场馆具有促进再发展的潜力，其中就包括促进旅游的潜力。现在越来越多的体育场馆已经被整合为城市休闲娱乐业的一部分，这一点也越来越被人们所接受。除了体育场馆业主从中获得了利益外，地方机构、地区政府和国家中央政府也越来越认识到体育场馆在塑造城市形象上能够起到的重要作用，而且认识到它能够对所在社区的经济和社会发展作出贡献。

体育场馆是一种有景观吸引力的建筑。体育场馆的潜力也被比作沉睡的巨人——我们可以对它进行开发，使之一年四季都成为观光景点。例如1993年威尔士的Cardiff Arms Park举办了三场世界杯足球赛、三场容纳了5万名观众的流行音乐会（包括U2乐队、滚石乐队和菲尔·柯林斯），另外还举办了布鲁诺和刘易斯之间的重量级世界拳王争霸赛。据估计，这一系列的活动给当地带来了超过520万英镑的收益。在更基本的层面上，体育场馆定期举办比赛，可以吸引大量观众到现场观看比赛。即使除开那些本地区的观众，体育场馆所吸引的外地观众也比其他观光景点所吸引的参观者要多。体育场馆可以被开发成为一年四季营业的观光景点，这种潜力跟观光市场、特殊兴趣旅游以及城市旅游市场（其中包括观看体育比赛的旅游）的发展有着密切的联系。

很多城市都大力开发以体育场馆为中心的旅游潜力，并且取得了成功。例如亚特兰大的Georgia Dome体育场、多伦多的Sky Dome体育场和日本的Fukuoka Dome体育场进一步扩展了旅游概念，它们提供真正的多功能服务，特别是开拓会议市场。这些措施使运动、体育场和旅游之间的关系更密切。不过很少有城市能够像西班牙的巴塞罗那那样充分地开发了体育场位置的潜力，每年该市体育场的博物馆都可以吸引50万名参观者，这些参观者大部分都是从周边地区过来进行一日游的。

现在将商业活动引入体育场馆已非常重要了，因为体育场馆业主要想出各种新鲜的办法来创造新的收入来源。可能最大的潜力还是在于体育观光。体育场馆内在的吸引力在于它是一个特殊的地方，是英雄们创造传奇的地方。体育场馆的这一内在吸引力使得它具有成为观光景点的特征。

2. 体育主题公园开发

体育主题公园是现代城市公园中的一种，它围绕“体育”的主题，向人们提供更为专业、科学、安全、符合运动需求的园林环境。国外的体育公园在

20世纪已取得了丰硕的建设成果。相比之下，我国的体育公园建设起步较晚。

案例链接 **国外体育主题公园发展经验**

1. 英国体育主题公园发展

欧洲体育公园在延续了自然式风景园林特征的基础上，以英、法、德为代表，体现出各自的设计理念。其中英国18世纪的自然式风景园林曾对当今欧洲景观面貌的形成产生过极大影响，这促使大多数欧洲城市公园都呈现出自然、开敞、大面积的草坪或水面以及地形起伏的公园骨架。

(1) 结合公园布置体育设施——英国摄政园

在英国，草地和铺设了地被植物的林中空地，多被用作娱乐场地和体育运动场，加之温润的气候使草坪长期保持良好的长势，因此，英国公园中大面积的草坪为人们提供了天然的室外运动场地。如摄政园（Regent Park）中央的草坪提供了橄榄球、垒球、足球、板球、长曲棍球等运动的场地。围绕公园的草坪、湖泊、山坡布局了不同长度和类型的健身步道，供锻炼者选择。

摄政园原为皇室猎场，1817年至1828年由约翰·纳什设计为摄政王行宫，但后来仅完成部分别墅，现在是伦敦最著名的公园之一。公园占地166公顷，是伦敦最大的可供户外运动的公园。在伦敦，摄政园属于规模仅次于海德公园的综合性公园，主要利用公园的公共空间设立了体育设施，供大众进行体育锻炼，并且多与自然相结合，以露天的形式为主。但英国的体育公园主要的运动场地以室内居多，体现出体育公园在运动场地设置上有别于普通城市公园的特征。

(2) 英国体育公园——Gosling体育公园等

建于1959的英国Gosling体育公园，占地50英亩（注：约20公顷，1英亩约为0.4公顷）。公园内除了露天足球场和滑雪场以外，其余均为室内体育设施，包括SPA、健身房、田径与自行车场地、壁球场、乒乓球场、羽毛球场、网球场及体操房等，另外还有儿童游戏、餐饮、医疗、会议、洗浴、洗车等一系列配套服务。公园不仅满足了游人体育锻炼、体育保健和游戏的要求，也为人们开展其他休闲活动提供了条件。Gosling体育公园与其说是一个公园，不如说是以体育建筑为主的，集体育、休闲于一体的体育休闲中心（Sports and Leisure Complex）。

对比英国Cavendish体育中心（Cavendish Sports Centre）可以发现，英国的体育公园与体育中心无论从活动内容、服务设施还是经营方式上都极为相似：许多体育活动均在室内开展，减小了天气条件对体育运动的影响；更衣、洗浴、医疗、保健等一系列服务为运动者提供了便利和安全保障：另一些活动则是针对不同年龄、性别、使用目的的人设计的，如为50岁以上中老年人安排的活动、女性休闲活动、儿童体育课程、婚庆、夏令营等，在活动内容的设置上体现出人文关怀。

因此，英国的体育公园更偏向于以体育中心形式出现，公园的气氛较弱，这与英国本土公园已经有大量的露天运动草坪有关。普通城市公园为居民提供了充足而灵活多样的户外运动草坪，而标准化的运动场地在体育公园中得以补充。可见，英国在对体育公园进行定位时，客观分析了本国体育运动场所的现状特点及未来需求，通过在体育公园中修建大型体育建筑，使得英国的体育设施在室内外全面发展、连成系统，避免了重复建设而造成浪费。

除了考虑到性别、年龄、使用目的等因素，英国的体育公园还体现出对残疾人的特别关怀。园内所有草坪区、停车场、更衣室、洗浴室、网球场、跑道等都面向残疾人开放，他们还能在公园中举行运动会。例如，英国伊斯特本（Eastbourne）的体育公园为了给残疾人提供充分的运动条件，还限定时段专为残疾人开放。此外，在运动项目的设置上，英国新城市的绿地规划标准中要求："运动场中可进行的体育项目因地而异，各地区应根据当地人民的运动喜好设置体育项目。"这在设计体育公园时也有所体现。例如，起源于苏格兰的高尔夫球运动，在整个英国民间有着深厚的群众基础，位于英格兰伊斯特本城南的高尔夫球场公园（Eastbourne Golfing Park）将高尔夫球作为公园的主要运动项目，使爱好这项运动的人们实现了在交通便利的城市中就能打高尔夫球的心愿。这种以群众运动喜好为依据的设计思想，让英国的体育公园做到物尽其用。

(3) 英国体育公园特点小结

总体来说，英国体育公园的规划设计十分注重与本国国情相结合，在充分了解人民运动需要的基础上，适时建设室内运动场所，开办体育俱乐部，并建设以群众喜爱的运动项目为主题的体育公园，从而提高了运动项目的丰富度与趣味性。它能吸引更多的人到体育公园中来，其中也包括残疾人。限定时段为残疾人开放的做法，体现了英国体育公园设计人性化的一面。这些都值得国内体育公园规划设计借鉴。

2. 美国体育主题公园发展

北美洲隶属于西方文化体系，崇尚创新和冒险精神。以美国为代表的北美洲体育公园，同样体现出对新型运动项目以及极限运动的热衷。在美国，赛车体育公园（Motor Sports Park）和极限运动公园（Extreme Sports Park）屡见不鲜。由于极限运动对场地有特殊要求，而且需要较高运动技巧，因此，专为这一类人群设计的体育公园便成为他们提高运动技能、交流运动心得、开展比赛和表演活动的优质场所。

（1）设置了体育设施的综合性公园——中央公园

中央公园总面积340公顷，号称纽约“后花园”，被第59大街（59th St.）、第110大街（110th St.）、5路（5th Ave.）、中央公园西部路（Central Park West）围绕着，中央公园名副其实地坐落在纽约曼哈顿岛的中央。中央公园的设计师考虑到纽约人喜爱在大自然中运动的特点，在园中设置了许多体育活动设施，公园的发展适应了当代各项文化娱乐及体育运动的需求，中央公园从此成为纽约人开展体育活动的大本营——人们穿着各式运动服，随意地或有组织地进行练习和比赛。

（2）特色项目突出的体育公园——Hollywood Paintball Sports Park

在美国，有一些体育公园是以某一项运动作为公园主推的特色项目，如Hollywood Sports Park的paintball（一种类似野战游戏的现代体育项目），同时设有其他传统运动设施，如足球场等。可以说，美国的体育公园的发展对某些运动项目的推广起到了积极的作用，公园的主题特征也因运动项目的不同而更加鲜明。

（3）垃圾场上的体育公园——Danehy Park

Danehy Park在很久之前曾一直都是堆放固体垃圾、废旧建筑物残骸的地方，无人治理。20世纪70年代，城市人口激增，居住密度加大，对于这样一个被人们遗忘的角落，城市委员会决定改变现状，将其建设成为一所大型的公园，以缓解人们对公共空间的需求。1983年，以CDM（Camp Dresser & McKee）公司为首的设计小组对这一片绿地进行了重新规划，使其功能多样化。直至1990年，这座名为Danehy Park的公园正式向公众开放。目前，这座面积55英亩的公园内包括3个垒球场、3个英式足球场、1个综合运动场和其他的开放空间。公园还特地设置了2.5英里（注：约4023米，1英里约为1609米）长的慢跑道和脚踏车车道。

（4）美国体育公园建设特点小结

美国的体育公园在规模指标、规划布局、园林设计等方面也显现出一些特点：

①服务半径与面积系数较小

美国的城市公园系统规划主要由国家游憩与公园协会（National Recreation and Park Association，NRPA）负责，全美各州、各城市可以在NRPA制定的总体标准下，体育公园初步研究并根据自身实际情况做相应的调整和修改。针对城市中的体育公园，美国各类城市公园规模指标中有明确规定：体育公园的服务半径在800～1600米，且20分钟内可达，适宜用地规模4.8～20公顷。

美国体育公园的规模以及分布的特点：公园面积一般不超过20公顷，按照面积系数5平方米/人。20公顷的面积服务于4万人，相当于中国一个居住区的人口规模。公园的服务半径较小，附近居民在短短几十分钟内就能到达附近的体育公园，使用极为方便。

②运动设施布局紧凑，绿化面积较少

从面积为8公顷左右的体育公园布局情况看来，园内的运动设施密度较大，运动场地之间连接较为紧密，仅以简单的绿化带相隔，总体园林景观较单调。例如，Hollywood体育公园以现代游戏区为全园中心，四周紧密连接一系列运动场地，布置紧凑，有的运动设施直接置于草坪上。园中除野餐区有较多绿化外，其余地段均只有少量的绿化，乔木尤其是行道树数量较少。

③园林设计契合运动项目特征

在美国的体育公园设计中，一些细节处理流露出了设计师对运动场地周边环境的精心思考。迷你高尔夫球场在美国各大体育公园十分常见，由于场地有限，迷你高尔夫球场很难达到标准高尔夫球场开阔、地形多变且植物景观丰富的效果。然而，设计师通过将低矮的灌丛状植物植于石砾之上，使人联想起丘陵景观；在场地内嵌入一方池塘，再现了自然环境中的水洼；利用绿色塑胶地面与白色砂石相接的铺装效果，模拟了高尔夫场草坪与砂地。在沙滩排球场周边种植棕榈植物，烘托出浓郁的热带海滨氛围，躺在凉爽的茅草亭中，更让人犹如亲临海滩一般。而小轮车（BMX）场地则选用造型简单、质感粗硬的植物加强了粗犷、狂野的感觉，场地中间低矮的地被、裸露的砂石与崎岖不平的车道相呼应，重现了在野外挑战小轮车的真实感。

④室外运动设施居多，运动项目反映运动流行趋势

美国体育公园的运动设施主要在室外，而且运动项目大多是时下流行的休闲游戏。室内一般是一些用于聚会的活动室，如Hollywood体育公园中并没有设置太多传统的球场或田径场，而是开展快速球运动、战斗类游戏、

现代流行游戏、攀岩、赛车等新型运动，具有较强的对抗性和挑战性，体现出美国体育公园在运动项目的设置上注意结合市场和人们的需求，积极开发新的活动内容，突破传统体育公园建设模式。

3. 日本体育主题公园发展经验

日本作为亚洲的发达国家之一，在体育公园的建设方面也走在了亚洲其他国家的前面。早在1933年，日本有关各类城市规划和公园规划的技术标准就已颁布。公园按照其功能分为运动公园、自然公园、近邻公园和儿童公园等。在日本，体育公园称为运动公园，它在充分考虑到居民体育运动的需求实际和自然条件的基础上，以各种运动设施为主，同时考虑修景设施、广场、自然步道等，对保持城市公园环境设施进行规划。运动公园可以进行正式的体育比赛或者开展地区青少年等娱乐体育活动，同时也考虑到游园等要素的配置。

1956年，日本历史上第一部《都市公园法》制定了运动公园的有关标准："每隔5～10千米就有一处运动公园，面积从15～75公顷不等。"与美国体育公园的规模指标相比，日本的体育公园的服务半径和面积都较大一些，这与公园中修建大量的体育场馆建筑有一定关系。

日本运动公园的建设历史较早。为满足当时举行全国运动会的需要，运动公园趋向于对大型体育场馆的建设。例如，20世纪80年代建设的山梨县小漱运动公园，内设有体育馆、武道馆、滑冰场、球场、辅助球场、棒球场、网球场、游泳池、攀登场等众多体育场馆设施。同期，以维持并增进国民身心健康为目的的"健康运动公园"建设推进事业也被首次提出，与通常的运动公园不同，它设有供高龄者或不太运动的使用者使用的较小规模的设施，在保证安全的基础上能够进行快捷的使用，并考虑到任何时候都方便使用的设施及管理运营内容，体现出对社会弱势群体的关注，这对老龄化现象严重的日本来说有着深远的社会意义。

2000年前后，体育公园的游览休憩功能变得更加突出，显现出综合性公园的特征。从20世纪80年代到21世纪初期的日本体育公园发展过程来看，因社会需要的转变，修建体育公园的目的以及公园的功能也随之变化，从而引起形式上的变化。以体育场馆为主的体育公园，方便高龄者或不太运动者使用的健康运动空间，或体育运动场与自然公园相结合的体育公园，都是同一事物在不同社会背景下的不同表现。透过这一现象我们认识到，体育公园的规划设计不应局限于固有的思维模式，而是一个动态的过程，应当随社会需求的变化而变化，体现时代特征。对于地形的利用亦是如此，只有因地制宜，才能设计出各具特色的运动空间。

（1）体育馆与自然公园结合的体育公园

1998 年开放的新潟县运动公园，集大型体育场馆与自然公园于一体。体育运动场所主要包括体育场、多功能运动广场和草坪，而在自然公园中，人们能够野餐、赏花、观察植物和昆虫或是漫步于运河边。林荫道、花坛、修景池等造景元素广泛应用于体育公园中，体现了体育、文娱活动与自然环境的共融。

（2）设计巧妙的体育公园——富田林市立综合运动公园

这一时期的体育公园规划设计，还体现了对地形的巧妙利用。富田林市立综合运动公园中的攀爬设施随地势抬高，加大了运动难度，使儿童在不断挑战的过程中锻炼体质。

4. 小结

通过对欧洲、北美洲、亚洲三大区域的体育公园发展现状分析后发现，国外在体育公园建设方面已经积累了相当丰富的经验，比如体育公园规模标准的制定、活动内容的设置与规划设计手法，都体现出各国建设体育公园的思路。由于国情不同，这些经验是否适用于我国体育公园建设，有待进一步在实践中验证，但就一些先进的设计理念来说，仍值得我们学习与借鉴，为建设符合我国社会发展需要的体育公园做好充分的理论储备。可借鉴的内容有以下四方面：

（1）规模标准的制定

美、日都将体育公园纳入本国公园分类系统，并制定相应的规模指标，为计算公园游人容纳量、运动设施数量与占地面积等提供参考，使体育公园能更好地服务于人民。在日本各类公园绿地采用的指标中，对都市基干公园中的运动公园做出了相应的规定（见表 8-1）。

表 8-1　日本运动公园相关规模标准

<table>
<tr><th colspan="3">指标绿地分类</th><th>面积（公顷）</th><th>距离（米）</th><th>徒步时间（分钟）</th><th>特征及设施</th></tr>
<tr><td rowspan="3">都市公园</td><td rowspan="3">都市基干公园</td><td rowspan="3">运动公园</td><td>10 以上</td><td>5000～10000</td><td>30 以内</td><td rowspan="3">供全民运动使用</td></tr>
<tr><td>15 以上</td><td>2000</td><td></td></tr>
<tr><td>15～75</td><td></td><td></td></tr>
</table>

资料来源于《中国现代公园——发展与评价》（李敏，1987 年）。

美国1956年颁布的第66号令也对美国体育公园相应的配套标准做出了规定（见表8-2），其中地区体育公园的服务半径为1200～2400米。

表8-2　美国社区公园体育配套设施标准

	公园面积	公园配置
小型公园	1～4英亩，每1000人拥有1/4～1/2英亩	通常是为某类特殊年龄群体设计的。
街区公园	5～50英亩，每1000人1～2英亩	10%～20%的面积保持自然景观，其余地方则建有游泳池、体育活动设施、游戏场与运动场等。有些街区公园往往和学校的体育设施融为一体，可以满足不同年龄群体的体育需求。
社区公园	50～400英亩，社区每1000人拥有5～8英亩	20%～40%的面积保持自然景观。除常规体育活动场地外，还辟有高尔夫球场、儿童游戏场、野餐区域、运动场、游泳池、自行车与徒步旅行道。
管区公园	400～800英亩	40%～60%为自然景观。辟有自行车运动、徒步旅行、散步道路、高尔夫球场、野餐区域以及水上运动区域，可进行游泳、划船、垂钓等活动。
地区公园	1000英亩左右	在地区公园中50%～80%是自然地带，可进行骑马、徒步旅行、自行车、野餐、划船、游泳、钓鱼、野营、冬季运动、登山及其他体育活动。

资料来源于美国国家公园服务部和美国森林服务部第66号命令。

然而，目前国内的《城市绿地分类标准》只在其他专类公园中对体育公园的绿化占地比例做出了规定，即“应大于等于65%”，未对体育公园给出详细的量化标准，使得在确定体育公园规模时缺乏指导性依据。体育公园要保证充足的运动场地，绿地率未必能达到65%（见表8-3）。因此，有必要对体育公园的绿地率做特殊考虑，而且针对不同类型的体育公园，应制定不同的绿地率标准，它应该是一个动态指标。定量只能是一种定性标准的补充，解决现有的运动设施占地面积与绿化面积之间的矛盾，可以通过两种途径：一是对于没有条件建设标准运动场的公园，可以适当缩小运动场地规模，按照运动场地基本所需的面积设置。二是直接将运动场地设于绿地上，以节约空间。

表 8-3　公园体育设施配置基本规格一览表

序号	项目名称	最小面积（m^2）	备注
1	足球场地	3854	（80+2）m*（45+2）m
2	橄榄球场地	5662.8	（72+6）m*（36.6+6）m，高中生场地
3	篮球场地	540	（26+4）m*（14+4）m
4	排球场地	322	（18+5）m*（9+5）m
5	羽毛球场地	145.8	（13.2+3）m*（6+3）m
6	网球场地	576	（23.4+126）m*（8.8+7.2）m
7	手球场地	800	（35+2）m*（15+2）m，七人制
8	曲棍球场地	5323.8	（91.4+2）m*（55+2）m
9	棒球场地	12147	青少年场地
10	垒球场地	5806	青少年场地
11	乒乓球场地	72	12 m*6 m
12	藤球场地	176	（13.42+4）m*（6.1+4）m
13	键球场地	160	（12+4）m*（6+4）m
14	门球场地	374	（15+2）m*（20+2）m
15	台球场地	48.6	（3.66+6）m*（1.83+3.2）m
16	保龄球场地	47.55	28.56 m*1.665 m，一个球道
17	微型高尔夫球场	300	每条球道长 10 m，宽 7 m
18	健身场地	140	约 30 人
19	儿童活动场地	120	20～30 名儿童
20	跳舞场地	80	约 20 人
21	棋牌类场地	4	4 人/组

（2）选址

德国慕尼黑奥林匹克公园在选址上的成功经验让我们认识到，合理选择体育公园的建设地点，对改造场地的不良现状、树立城市形象、带动城市旅游业的发展及鼓励市民参加体育运动等方面都具有积极的影响。因此，体育公园在进行选址时，首先要保证交通便利，以便于居民使用。而且，不应只关注那些土壤现状、植被条件良好的用地，而应该以建设体育公园为契机，改造一些不良用地，提升土地及其周边地区的价值。

随着我国城市规模的日渐扩大，各地城市正纷纷开发新的经济技术开发区，为使新区能迅速集聚人气，我们可以参考慕尼黑奥林匹克公园的做法，选择那些不利于搞基础设施建设的用地修建体育公园，以公园的发展带动整个区域的发展。

(3) 活动内容的设置

国外体育公园在设置活动内容上，充分考虑到当地群众的运动喜好，吸引人们到公园中参与自己喜爱的运动项目，促进人与人之间的交流。如英国伊斯特本高尔夫球场公园，它为热衷高尔夫球运动的英国人提供了优质的场所；而喜爱挑战极限的美国人则专门修建赛车体育公园，或将时下流行的游戏类运动纳入公园中。同时，体育公园中还根据不同年龄、性别、身体状况、游园目的的人的需要设置活动内容，体现人文关怀（见表 8-4）。

室外体育设施为人们提供了更为自然且形式多样的运动空间，但受季节或天气的影响较大，室内体育设施则能避免受之影响。如体育馆不仅能用于举办体育比赛和文化演出，还能用于开设面向普通市民的体育训练班，丰富人们的业余生活。而且，相应的配套服务设施，如更衣室、洗浴室、医疗室、宴会厅等都可以设在体育馆中，方便人们使用，但却难以让人们享受自然美景与清新的空气。因此，体育公园中应兼顾建设室内外体育设施，这样将有助于开展长期的、安全的、舒适的体育锻炼活动。

表 8-4 相关体育公园设施配置对比表

国家	公园名称	体育设施	游憩设施	配套设施及服务
英国	Eastbourne sports park	室内：人工跑道、灯光球场、看台、青少年橄榄球场、足球场、曲棍球场、中心草坪 室外：网球场、排球场、羽毛球场、青少年足球场、成人足球场、板球场、迷你英式足球场		夜间照明设备、更衣室、会议室、急救室、聚会室、储藏室
	Gosling Sports Park	室内：Spa、健身房、壁球场、乒乓球场、羽毛球场、网球场、体操房 室外：滑雪与滑板中心、足球场、田径与自行车场地	草坪、水面	接待室、酒吧、医疗室、洗车房、商店、宴会大厅；筹备婚礼、夏令营、聚会、儿童活动等

续表

国家	公园名称	体育设施	游憩设施	配套设施及服务
英国	Rutland Sports Park (leisure complex)	室内：网球场、羽毛球场、保龄球场、俱乐部、体操中心 室外：跑道：跳远沙坑、足球场、曲棍球场（部分免费）、草地保龄球场、板球场、9 洞迷你高尔夫球场		夜间照明设备、淋浴间、电梯、更衣室、自动贩卖机、急救室；为儿童准备的手工、体育、游戏、舞蹈教室及以体育为主题的聚会，如足球、网球聚会等
美国	Hollywood Sport Park	室外：快速球类体育场、战斗类游戏区、现代游戏区、观众台、攀岩壁、沙滩排球场、赛车道、足球	凉亭、张拉膜	商店：区队建设、公司聚餐、生日宴会、青少年社团、夏令营、大学生社团
	Victory Lane Sports Park	室外：球场、沙滩排球场、成人垒球与排球联盟、青年棒球联盟、击球场、儿童游戏场		酒吧：主办联盟比赛、锦标赛、私人聚会、公共活动等
	Badger sports Park	室内：卡丁车、游戏室 室外：迷你高尔夫球场、击球场	假山、水池	生日宴会厅
日本	北神户田园运动公园	室外：体育场、训练中心、体育广场（含滑板公园） 室内：体育馆（开设爵士舞、少林寺拳法、空手道、体操、亲子、陶艺、形体塑造、老年人机能身体恢复等课程）	草坪	
	富田林市立综合运动公园	室外：攀爬架、多功能竞技场、网球场、棒球场		
	新潟县运动公园	室外：体育教室 室外：多用途草坪、体育场、多用途运动场	景观亭、水面、花坛、树阵广场、自然公园、中心公园	会议室、夜间照明设备 敬老院、餐厅、商场、花市

资料来源于网络，仅供参考。

(4) 地形设计

法国特拉姆布尔体育公园的地形设计对于一些现状为洼地、凹地的体育公园场地设计有较高的参考价值：将网球场、排球场、溜冰场等体育设施建在中心休息区四周的一系列台地上，利用地形实现功能区域的划分，并且使人们在不同高度地面上都能运动及观景，丰富了运动及感官体验。德国慕尼黑奥林匹克公园与日本北神户田园运动公园的地形设计，也是应用起伏的地形作为不同区域间的天然屏障，以减小相互干扰。运动设施也可结合地形布置，如富田林市立综合运动公园中的攀爬设施随地势抬高，为儿童提供了特别的运动体验。可见，体育公园的地形设计不仅是划分空间的一种手段，而且使运动体验更加多样化，这对于提高体育公园的趣味性尤为重要。

第二节　康体健身型体育旅游项目概念设计

一、温泉旅游项目设计

(一) 温泉项目介绍

我国温泉度假区将来的四个发展趋势，即专业化、特色化、复合化和自然化。

1. 专业化

温泉度假区在将来的发展过程中首先应该力求做到专业化，温泉度假不仅仅是泡个澡，温泉度假建设也绝非“挖坑，防水，盖房”那么简单。建设温泉度假区时应该进行科学的温泉规划加上专业的温泉设计，将专业精神贯穿于度假区从规划建设到经营管理的每一个环节，这里所谓的专业包括选址的专业化、开采的专业化、建设的专业化、浴前检查的专业化，沐浴的专业化、浴后服务的专业化、辅助产品的专业化等。以专业的态度对待温泉度假的全过程，给游客以专业的服务，让游客享受专业的待遇，这是温泉度假区成功的重要且必要的准则。

2. 特色化

目前我国温泉度假区产品雷同、抄袭现象严重，要在温泉度假市场竞争中立于不败之地，必须要首先挖掘自身的资源特色，而后扬长避短，将优势特色做强做足，发扬光大，想旁人所未想，能旁人所不能，使自己的产品具有稀缺性及不可替代性，才可在竞争中独树一帜、脱颖而出。这里所说的特色化，包括温泉本身的自然属性的特点，也包括温泉所在地的特色地理环境，还包括温泉所在地的特色地域文化背景。总之，一切使度假区独具特色的因素都可以也应该被发掘并应用在温泉度假区之中。

3. 复合化

现代人的度假要求已不是单纯的温泉洗浴就可以满足的了，身心疲惫的亚健康状态需要复合的度假产品才能调理得当。许多学者在论及此问题时提倡多产品综合开发模式，如休养＋康体＋保健产品，或观光＋度假＋娱乐产品，或主题乐园＋休闲度假产品。实践证明，不局限于温泉资源的复合的度假产品可以为游客提供更为全面的度假体验，温泉度假区的内涵拓展非但没有降低温泉的吸引力，反而使其更具魅力与生命力，也更适应不断变化的市场需求。

4. 自然化

我国的温泉度假区曾以疗养为目的，以医院或疗养院为主要载体，这种凝重的氛围不适宜度假活动的展开。因而，在外部环境塑造方面，可以借鉴日本温泉的做法，做到温泉自然化、露天化、园林化。有较好风景资源的度假区，浴池的设计要考虑与自然景观交融，露天温泉浴池要充分借景，无论远处还是近处。所见之处仿佛都为温泉一景，使旅游者在泡浴的同时领略自然美景，与大自然融为一体。

（二）温泉设计应遵循的原则

温泉设计是温泉项目建设的基础。随着温泉项目的绿色化及可持续发展要求的提出，在进行温泉设计的过程中，不仅要考虑温泉所在地的实际情况，讲究经济效益，遵循市场发展规律，满足人们的多样化需求，同时要综合考虑项目所带来的经济、社会及生态效益，保证生态和社会文化的可持续发展。由此，温泉设计应遵循以下几条原则：经济性原则、生态性原则、文化性原则、舒适性原则及多样性原则等。

1. 经济性原则

温泉项目的设计、规划与建设虽然不能完全以盈利为目的，但这毕竟是一种商业行为，投资开发的出发点和最终目的基本是想通过度假区的运作获取尽可能多的利润。因此在设计的过程中要坚持经济性原则，做好建设及运营成本的控制。一方面，要充分考虑建设的经济性，不仅要提高土地及生态资源的利用效率，在建筑材料的选择上，也要根据实际情况做好正确的筛选，不能一味地追求美观而忽视成本问题；另一方面，要考虑项目运营的效用，不能为了控制建设成本而忽视运营成本。总之，在温泉项目设计的过程中，要综合考虑其经济效益，避免产生负外部性。

2. 生态性原则

温泉设计与建设应该以生态保护为前提，这不仅是温泉旅游度假区必须具备的生态特点，也是我国实行可持续发展战略的内在要求。同时，优美的生态环境也是吸引游客的主要因素之一。所以在温泉设计的过程中，要加强对生态的关注，遵循天人合一，融合自然的设计理念，让建筑与自然和谐并存，使游客真正地体会到人、建筑与自然水乳交融的至高境界。

3. 文化性原则

温泉旅游区的环境是一个民族、一个时代科技或艺术的载体及反映，因此在进行温泉设计的过程中，要注重文化内涵的赋予，努力打造企业文化品牌，充分体现地域的文化特色。同时，要结合地区及时代的特征进行综合性的文化反映，注重自然环境人文化和人文环境自然化的统一。追求平和、宁静、淡泊、雅致的环境美学气质，给置身其中的游客以人文的熏陶和艺术的感染。

4. 舒适性原则

毋庸置疑，舒适性是温泉设计的最基本要求。这种舒适性不仅仅要体现顾客主观感受的舒适，而且也包括对顾客需求的满足程度。最基本的舒适性指的是温泉度假区的区域内具有舒适的气候、便捷的交通条件、文明的社会环境、舒适的住宿设施、一流的饮食服务以及方便快捷的通信设备等。

5. 多样性原则

温泉设计的多样性，主要体现在两个方面。一方面是满足游客需求的多样性设计，另一方面是建筑功能的多样性设计。实际上建筑功能的多样性也是为了满足顾客需求的多样性而设计的。但是为了更好地体现设计理念，还是从两个方面进行展开：首先，温泉泡浴空间设计要遵循私密性原则，不仅要考虑到顾客习惯的差异性，更应注意保证顾客相对独立活动空间；其次，温泉旅游度假区因温泉资源的特殊性，其消费市场具有一定的季节性。因此在立项选址和温泉规划建设时，要充分利用温泉外的其他旅游资源，建设多样化的互补景点与项目，开展会议旅游和举办节庆活动，从而丰富温泉度假区的功能，提高温泉度假区的经济和社会效益。

（三）温泉项目开发模式

1. 特色温泉景区模式——“特色温泉＋景区”

所谓“特色温泉＋景区”模式，就是以创造独具特色的温泉泡浴文化来赢得市场的模式。这是温泉度假村开发最根本的模式，在一定程度上是在创造现代温泉文化、缔造温泉行业标准，其关键是运用文化来包装主题或凸显自然山水特色并形成体验型温泉泡浴景区。以珠海御温泉为例，“御泉道”“太医五体”“N 福汤六次方”，以及他们所提倡的“夏季泡温泉”，实际上都是在开创和丰富现代温泉文化。正因为致力于创造温泉文化，挖掘温泉养生的内涵，构建温泉生活方式，御温泉不仅获得了项目开发的成功，而且成功铸就了企业品牌，形成了管理团队和经营模式，使其有资本输出品牌，实行全国性的战略扩张。2007 年 1 月 1 日，由珠海御温泉主导制定的国内首个温泉旅游服务地方标准《温泉旅游服务规范》正式颁布实施；2009 年 7 月，珠海御温泉度假村承担的温泉旅游服务标准化项目获批成为国家级服务业标准化试点。

在体验经济时代，产品和服务的竞争将转化为品牌和文化的竞争。温泉文化体验将成为温泉旅游企业发展的新机遇。将温泉视为养生、休闲、度假、旅游的载体，突破温泉疗养的传统局限，以温泉文化为核心，创新设计温泉文化体验。因此，在进行温泉旅游开发建设过程中，除了花费大量投资改造产品、重新建设进行创新外，必须要重视对温泉文化的挖掘、创新和注入。赋予温泉旅游产品更多的内涵和价值，从而提升温泉旅游吸引力，带给消费者更多的文化体验和更多的选择。

2. 温泉会议中心模式——“温泉＋会议休闲”

①“温泉＋会议”的模式，是温泉度假村最普遍也是最容易获得成功的开发模式，其核心在于通过不同档次的会议设施和配套的休闲娱乐项目增强会议度假地的综合功能，而温泉是该经营模式的配套产品。

②“温泉＋大型会议”模式。北京九华山庄无疑是最典型的代表。它敏锐地看到了北京地区庞大的会议市场，充分利用温泉的康体疗养价值与休闲整合效应，把温泉与会议融合的文章做大，把商务会议作为最重要的一项服务来对待。建设完善的商务及会议设施（其会议室数量和规模令人震惊），配套专职会议接待部，以及满足会议客人全方位需求的客房、餐饮、娱乐、运动、保健、体检和购物服务，再加之强有力的关系营销，使其最终成为京城当之无愧的“温泉会都”。这种温泉会都模式，通过大型会议会展与温泉的结合，并围绕会都来进行各项配套建设与经营服务，会议会展成为主角，温泉成了配角，但最终实现的是温泉资源综合开发价值的巨大突破，是一种典型的创新模式，但其会议市场的庞大规模是支撑其成功的关键。

③“温泉＋中小型会议”模式。此种模式依托于中等城市或省会城市，主要利用温泉的休闲养生价值吸引中小规模的团体会议市场，是我国目前绝大多数温泉度假村最基本的开发模式。由于对市场规模、资源价值、资金投

入、场地条件等因素的要求相对不高，也是最容易成功的开发模式。但是，此类开发模式的最大问题是竞争相对激烈，因此对温泉度假村的主题定位、产品特色、经营水准特别是以旅行社为主要渠道的营销实力提出了较高的要求，属于主要依靠中小型团队游客来盈利的经营模式。

3. 温泉休闲乐园模式——“温泉＋运动游乐”

温泉与运动休闲游乐的结合，也是温泉度假村最常见的开发模式之一。这种温泉经营模式以度假功能为主，以大型温泉主题休闲乐园为载体，其核心是在温泉泡浴的基础上，通过发展满足旅游者体验性、参与性需求的运动游乐项目，有力提升温泉度假村的整体吸引力，延长游客停留时间甚至改善温泉度假村的淡季经营问题，提高人均消费水平，从而实现整体开发经营的突破。以下主要介绍四种典型：

①温泉＋水游乐。把夏季最受家庭市场欢迎的水游乐项目引进温泉度假村，弥补夏季这一淡季产品开发的不足，对于提升温泉度假村的整体经营，具有非常突出的效果。这种模式以北京温都水城的水空间、被称为“中国动感第一泉”的广东恩平锦江温泉、华东最大的温泉——浙江武义清水湾·沁温泉等为代表，都是通过温泉造浪池、温泉漂流、温泉游泳池、水上滑梯等一系列时尚、动感、刺激的水游乐项目的引入，实现了温泉度假村夏季经营的火爆。此模式已经被证明是最成功的开发模式之一，但未来竞争的关键在于水游乐项目的持续创新上，这就对水游乐的投资规模和设备更新提出了更高的要求。

②温泉＋高尔夫。这种模式以上海太阳岛高尔夫温泉度假村、北京龙熙温泉高尔夫、惠州汤泉高尔夫、广西嘉和城温泉谷、天津宝坻珠江帝景温泉度假村为代表，通过高端温泉水疗SPA与高尔夫运动充分结合，形成了面向高端市场的高端休闲经典组合产品——温泉高尔夫，是顶级度假村开发的经典模式。在这一模式中，文化的创新融入是整体品质提升的关键。

③温泉＋滑雪场。这种模式以青岛即墨天泰温泉滑雪场、辽阳弓长岭温泉滑雪场为代表。温泉结合冬季最时尚、最具挑战性的滑雪项目，是养生与运动的美妙结合，将形成强大的吸引力与竞争力，“活力冬季”的概念也应运而生，从而有力推动冬季旅游的突破。此种模式应成为北方地区温泉度假村开发的重要模式。

④温泉＋综合游乐。这种模式以珠海海泉湾为代表。把相对静态的温泉泡浴与多种动感游乐项目结合起来，动静结合，养生休闲与游乐体验搭配，能够极大地增强温泉度假村的整体吸引力并提高综合效益。海泉湾度假区以

罕有的海洋温泉为核心，由五星级酒店、神秘岛主题乐园、渔人码头、梦幻剧场、体检中心、加勒比海岸、运动俱乐部、拓展训练营、高尔夫项目、休闲垂钓区以及自驾车营地等项目组成，是中国目前功能最齐全、综合配套最完善的超大型旅游休闲度假区，被国家旅游局授予全国首家“国家旅游休闲度假示范区”称号。此种模式把温泉与多元化的游乐项目的结合发挥了到极致，从而产生了极大的市场吸引力。

4. 温泉康复基地模式——“温泉＋康复疗养”

温泉吸引市场最核心的本质是健康养生，随着社会上亚健康状态人群的不断增多，人们对于养生和康复的需求越来越大，把温泉和康复疗养结合起来，极有可能做成一项大产业。依托医院、生命科学研究中心等机构，充分发挥医学、生命科学与健康管理的作用，结合现代理疗手法，把温泉的健康养生价值与日常的体检、医疗、诊断、康复、疗养、健身等一系列手段深度结合，打造温泉康复疗养基地，完全可以做大温泉健康养生的文章，获得巨大效益。此类模式以全国四大康复理疗中心之一、亚洲著名温泉——汤岗子温泉疗养院为代表。

5. 温泉生态庄园模式——“温泉＋绿色生态庄园”

绿色庄园原本是一种以生态旅游、绿色农业为目标的拟态环境塑造，其最大特点就是赋予农业庄园形态以生态旅游的主题，创造出一个都市人的非日常的户外游乐环境。

按照“温泉生态庄园”的模式，将温泉资源与生态农庄开发有机融合，将实现双重目标：一方面既利用了地热资源作为温泉洗浴的康体休闲度假功能，同时有力发挥温泉资源的延伸利用价值，以地热营造温室，发展高附加值种养殖项目、温泉生态农业项目，也是生态可持续的能源循环利用型经营模式；另一方面，生态农庄的建设有效地改善了温泉度假村的休闲环境，更可以利用生态农庄的设施载体，创造出极具特色的温泉泡浴场所。此类项目充分利用了地热资源，但是其特色往往不是温泉本身，而是以生态农业形成的环境或是娱乐项目，如北京的蟹岛温泉旅游度假村、地热博物馆等。

6. 温泉度假社区模式——“温泉＋旅游地产”

温泉在健康养生与旅游休闲上的巨大价值，为房地产特别是旅游地产的开发创造了非常突出的优势，开发商往往能够以“养生休闲”特色在地产市场上形成巨大的竞争力，从而取得非常可观的投资回报。因此，“温泉＋旅游地产”模式成为全国绝大多数温泉度假村最优先考虑的开发模式之一。

（四）温泉项目设计要点

1. 客源市场需求分析

温泉旅游开发首先要分析游客的体验需求，确定旅游者对温泉旅游体验的显性需求，并且尽可能地提高这些旅游体验的质量，扩展旅游体验的丰度和深度，保证其基本需求；其次，还要进一步发现旅游者的潜在需求，进而设计满足这种需求的体验，给旅游者带来意外的惊喜，这类体验的满足能够对旅游者的整体体验效果产生重大影响。一般而言，温泉旅游体验需求可以分为“放松愉悦、知觉保健”“交流互动、修心养性”和“静心思考、感悟温泉文化”三类。其中，“放松愉悦、知觉保健”是旅游者最基本的体验需求，主要追求怡身的境界；“交流互动、修心养性”是旅游者进一步想要的体验需求，是一种追求怡心的境界；而“静心思考、感悟温泉文化”是旅游者潜在的体验需求，是旅游者在基本需求和潜在需求得到满足的情况下进一步追求怡神的境界，充分挖掘这类体验需求，可以强化旅游体验整体效果。

2. 旅游地资源分析

资源条件分析是温泉旅游开发的基础，包括对温泉旅游资源的综合素质分析和温泉旅游地其他自然资源与人文资源的分析。温泉资源的特征和体量决定着温泉旅游地的开发规模、开发特色与开发档次。而温泉旅游资源的开发必须建立在对资源正确评价的基础上包括水温（泉眼）、矿物质含量、日涌出量、脆弱度、依托资源、基础设施和周边环境等指标，最终将温泉旅游资源进行分类分级。温泉旅游的开发还要将温泉资源与周边的自然资源和人文资源相整合，进行综合性的开发建设，为温泉旅游的开发注入地方特色和文化内涵——民族的乡土温泉将引领国际化的时尚潮流，从而保证温泉旅游地的持续发展。一般意义上，自然旅游资源和人文旅游资源类型越丰富、等级越高，整个温泉旅游地的旅游吸引力就越大。

3. 温泉项目主题提炼

基于温泉旅游者体验需求和温泉旅游地资源条件分析的基础上，结合温泉旅游地的地脉、文脉，凝练总结出温泉旅游主题，进而确定开发方向。温泉旅游主题是整个温泉旅游体验过程的灵魂。一个具有吸引力的温泉旅游体验主题需要多方面、多层次、多角度地去体现，在确定核心旅游体验主题的基础上，对于不同的温泉旅游功能分区可以从不同的角度去强化这个核心旅游体验主题。

温泉旅游体验主题的提炼要满足以下几个条件：

①温泉旅游体验主题要具有独特性、本土性、新颖性和文化性；

②温泉旅游体验主题可以调整并且改变旅游者的现实感受；

③温泉旅游体验主题并不是通过某一个旅游项目或活动来实现，而是通过一系列旅游项目或活动来实现，如浴场体验、住宿体验、街区体验、饮食体验、夜项目体验等，从而使游客得到完整的、立体的体验效果；

④具有诱惑力的温泉旅游体验主题可以激发旅游者对相关旅游纪念品的购买欲，从而增强温泉旅游体验效果。

4. 温泉项目规划布局

①用地规划。基于项目用地现状，既要充分利用，又要有所突破，形成一个主题一致、重点突出、内涵丰富的相对完整的功能分区。

②功能布局。空间布局应该以发展主题为核心，打造产业聚集。首先布局核心区，再形成其他的活动区和消费区，形成温泉度假重要的聚集点。

③项目布局。充分考虑项目之间的关系，比如公益性和经营性、静和动、体现民俗文化和时尚创意，要主题一致地布局。明确哪些是对地形有明确要求的、哪些是对周边环境有特殊要求的，各个项目之间的关系应该形成互补、避免干扰。

5. 温泉体验项目设计

温泉体验主题确定以后，要结合客源市场需求和温泉旅游地资源禀赋，围绕主题设计出一系列的温泉旅游体验项目与活动。温泉旅游体验项目的设计是温泉旅游开发的核心，直接影响着温泉旅游地的吸引力。每种体验项目的设计都要紧扣主题，在横向上丰富温泉旅游体验类型，在纵向上增加温泉旅游体验深度。以温泉项目主体区域——泡浴区的具体设计为例，如泡浴区泡池规格形态，泡浴区泡池类型（如原汤泡池、加料泡池、特色浴泡池等），水深水温的设计以及泡浴区景观建筑、景观小品、植物设计等要素的设计，都要围绕主题来设计。

具体而言，应该以温泉为主题，从完善温泉产品体系入手来为旅游者提供全方位的温泉体验：温泉疗养、娱乐休闲、文化教育等。

康体治疗：①疗养院的浴疗；②温泉专门疾病医疗；③温泉美容。

休闲娱乐：①水上游乐；②温泉水疗；③康体养生。

会议产品：①会议度假；②别墅度假；③保健俱乐部。

主题酒店：建筑风格、景观设计等。

温泉博物馆：多角度体验温泉文化。

6. 温泉体验氛围营造

体验式温泉开发必须利用现有的温泉旅游资源搭建体验的场景，为旅游者营造出真实的体验环境与氛围。温泉旅游体验氛围与意境的营造可以通过调动和刺激旅游者的五感，即视觉、听觉、嗅觉、触觉和味觉，增强旅游者的参与性，从而使旅游者有一个美好的经历与感受，达到使其难忘的目的。

视觉刺激一方面通过温泉地建筑景观、水体景观、绿化景观的设计来实现，不仅仅要追求与周边环境的和谐一致，还要追求景观色彩层次分明；另一方面，对于温泉旅游地而言，温泉观察也是一种视觉感知，如原泉自然涌出现象观察、对原汤进行处理的过程观察、泉华观察、温泉水被注入温泉池的过程观察等，都可以为旅游者带来视觉的震撼与冲击。

听觉体验设计其实就是一种声音设计。温泉的意境应该用潺潺的流水声、汩汩的气泡声来营造，再运用背景音乐和表演性音乐来烘托整个的旅游环境，使旅游者倾听泉之音、山间溪水、风音等。

嗅觉刺激可以通过感受温泉气味、饮泉或品尝温泉餐饮品等方式来实现。

浸泡是与温泉最全面的接触。此外，指尖对泉源温度的感知以及对由柔顺木质和厚重石材所制浴槽的感知，也是别有一番风味的。

味觉刺激可以通过品尝温泉馒头、温泉鸡蛋等温泉食品来实现，利用温泉水开发特色餐饮，给旅游者带来最为直接的味觉体验。

（五）温泉产品设计规划重点

第一，尊重和把握项目地块地形环境和自然生态特色，努力创造产品与自然相融、人与环境和谐的度假休闲消费空间。

第二，科学系统利用温泉水资源，确立定位准确、规模适宜的水资源综合利用规划，注重资源保护和利用，成本和效益的平衡。

第三，致力度假休闲产品的市场研究和着地，努力开发创新性、差异化的温泉沐浴形式和产品形态，创造性地满足休闲养生消费需求。

第四，适应项目地形的气候环境条件，巧妙利用地形、建筑、园建、植被等要素，并采用室内外相结合、季节性服务等方式，保障项目产品的四季经营。

第五，注重项目和温泉产品主题文化的挖掘，充分结合项目地域文化和温泉沐浴文化，以及项目风土地貌等特征，形成有品位、有内涵、有特色的差异性项目产品，摒弃同质化竞争和克隆性产品。

第六，精致化布局交通动线，合理安排消费流线、服务流线、产品流线和后勤流线，形成便捷、流畅的消费和服务通道。

第七，专业规划温泉专项管网设备工程和园建景观工程，努力保障产品与建筑、园建、景观、设备、管网的协调，以及人性消费与产品硬件的统一，形成完美、专业、新颖、丰富的度假休闲消费场所。

二、登山、徒步项目设计

登山、徒步是近年来流行的健康生活方式，登山健身步道、生态绿道作为这一活动的空间载体，已成为人们健身锻炼的场所之一。国外的步道系统已经非常完善，我国正在起步阶段，目前全国都正在积极建设登山健身步道、生态绿道，中国登山协会编制了《国家登山健身步道标准》（见图 8-1）。

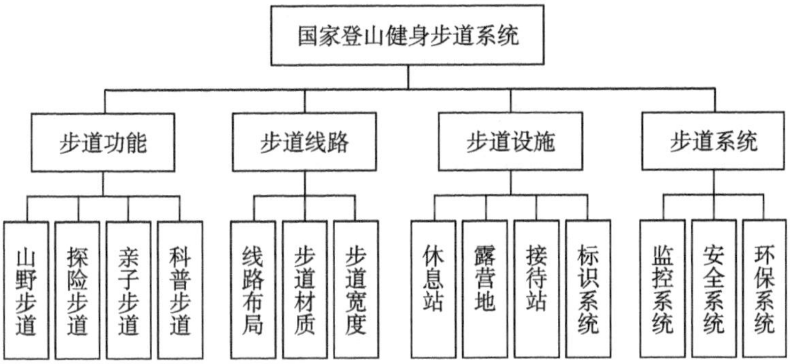

图 8-1　《国家登山健身步道标准》的主体框架图

登山健身步道具有 3 个主要特点：一是理念先进，倡导科学、安全、环保。步道在设计施工中采用先进的生态施工法，保持路径的原始风貌；二是技术创新，步道功能更加完善。步道建设中吸收了国外先进经验，在安全保障体系、环境保护体系和标识系统方面都有所创新；三是健身旅行有机融合。步道把传统的户外运动同旅游与全民健身结合在一起，遵循了再生性的原则利用自然资源，把自然资源开发真正融入生态环境的建设中。步道路线把沿途的自然景观、古井村落等资源串联起来，既可以欣赏自然风光，又可以品味人文历史。

（一）步道类型

1. 依据步道功能分类

依据步道功能，可将健身步道分为山野步道、探险步道、亲子步道、自然科普教育步道和其他步道。

山野步道地形地貌多样，植被丰富，景观多样，是融山地、丛林、河瀑（或海洋）、草甸等为一体的登山步道系统，充分结合自然风物和人文景观，适合开展登山健身、露营、攀岩、峡谷穿越、溯溪、野外生存等多种山地户外运动。

探险步道地质地貌特点鲜明或罕有，具备科学考察价值，具备一定难度（或难度级别较高），要求体验者具备一定的专业山地户外运动技术。依地质地貌特点的不同，可设计建造不同探险主题的步道系统，如：原始森林探险步道、喀斯特探险步道等。

亲子步道一般邻近城市，紧邻丛林、花木、草坪等，植被覆盖率高，观赏及娱乐性强。步道难度级别低，安全性极高。自然景观优美、舒适宜人、富有趣味性，既考虑孩子的兴趣，同时也兼顾成人的喜好。

自然科普教育步道一般自然环境优美，植被良好，动植物品种丰富，适合开展自然知识的科普教育。步道系统设计以弘扬科学精神、普及科学知识、传播科学思想和方法为指导思想，以“师法自然”为宗旨，结合动植物环境设计不同的区域，如科普游览区和科普试验区等，成为公众尤其是青少年旅游休闲、丰富知识、增长技能的教育基地。

根据所在地域、地质地貌、自然资源等方面的不同，可以设计建造不同主题的步道系统，如：环海景观步道、雪域丛林步道等。

2. 依据步道形状（形态）分类

①线状步道：一条拥有独立起点、终点（相互不重合）的步道。

②环形步道：一条步道形成一个闭合的环形。

③网状步道：多条步道交错，形成网状步道系统。

特别说明：线状步道、环形步道在设计上，必须重点考虑步道的出入口不能是唯一的。出入口唯一的局限性较大，不符合国家登山健身步道在安全性、健身性、普及性等方面的要求。

（二）步道线路设置原则

为避免破坏自然环境，保证大众安全使用，登山步道系统的路线设计应遵循以下原则：

①登山步道系统路线设计应适应自然的地形水文条件，不破坏当地自然景观，尽量充分利用和改造原始的山路、古道、机耕路、防火隔离带、运河等原有的历史性路径。

②登山步道系统路线设计应避开可能发生山体滑坡、道路过陡、易发泥石流等危险区域。如难以避让，应树立标识明显的警示牌及建设安全有效的防护设施。

③登山步道系统中每条道路应根据不同的区域、地形、地貌、使用功能和资源条件选用不同的设计，并应与其他道路、景点相连接，形成环路，使登山步道系统内无断路、无死路。

④登山步道系统的设立应尽量避开生态环境脆弱和野生动物经常活动的区域。如难以避让，应采取相应保护措施。

⑤登山步道路线的选择设计应符合步道系统预期功能。完成路线难度不应超出预期。

⑥步道路线的设置应易于救援队救援、救护，方便使用者从步道上撤离。

（三）国家登山健身步道建设标准

登山步道建设应符合以下标准：

1. 路面

登山步道路面由主步道与两侧的缓冲带构成。主步道路面宽度应大于等于 60 厘米、小于等于 150 厘米；两侧缓冲带每侧不小于 20 厘米，缓冲带表面应有植被覆盖（个别路线根据环境及具体设计可有例外）。

2. 材质要求

登山步道的修筑以保持原始现状为主，尽量减少人工设施。以就地取材为原则，依据施工现场的地形与原有素材来修筑登山步道。在建设中尽量减少石质台阶与硬质路面的使用，应以原地土石道为主要道路类型，辅以木栈道、砾石道、间隔石道、台阶、桥梁、灰渣道等其他的辅助类道路。

①原地土石道。原地土石道是步道系统的主要组成部分，由原有道路经过简单修整而成，要求做到路面上行走时无大尘土，路面无大块砾石、碎石，路面不积水。

②木栈道。常用于山中湿地部分。木栈道使用经防腐处理的木材修建，使用年限一般在 5 至 7 年。

③砾石道。由砾石呈轨道状铺设，厚度一般不超过 15 厘米，多用于平缓、易潮湿的地面。路心部分主要用直径范围在 6 厘米至 10 厘米的砾石铺建，两侧用直径范围在 6 厘米以下的砾石铺建，以便于排水。

④间隔石道。多用于泥泞潮湿的步道路段，或应用于树根裸露处。采用长度 50 厘米以上的条状石板或石块呈间隔状分布架设，可有效地减轻步道复线化及扩大。

⑤台阶。用于步道中坡度较陡段落（大于 25 度地段），分石制、木制、土木混制等形式。

⑥桥梁。建设在需跨越水道、沟壑的地段。采用石板、原木或竹子等天然材料架设。桥梁宽度为 100 厘米至 150 厘米，如因安全需要可使用少量金属和水泥加固。危险地段（桥面到沟底超过 2 米，桥体侧面有断崖、水面

等）需要加两侧护栏。

⑦碎石坡。碎石坡路多见于防火带。若路线借用防火带，坡度小于 25 度、侧倾小于 15 度，原始路面可直接利用。若坡度大于等于 25 度、侧倾大于等于 15 度，在此路面行走有一定危险。可将危险路面进行修整或在其旁边修建新路。

3. 坡度

登山步道必须具有一定的坡度，单位距离（500 米）内平均坡度不应为 0 度，应以 15 度左右为宜，不应超过 25 度（具体线路根据设计上要求可以例外）。

（四）配套设施设置要求

根据登山步道行走的难易度，在步道上的相应距离应设立休息站、露营地、接待站、报警点、临时避难所等配套服务设施。

1. 休息站

休息站应该建在景观点附近，或长距离地形变化较大处，如长坡等。修建地点应综合考虑环境景色、使用者体能分配、地形地势变化等因素，站与站之间相距距离不超过两小时路程。休息站为非明显人工设施，应使用木、竹或石制材料构制，形态颜色应与周边环境保持一致。

2. 露营地

露营地的建立应该在靠近水源地的安全、干燥平整的地区。营地之间相距不应超过八小时路程，在山体结构稳定、地面平整且无塌方洪水危险地区设置。营地的大小应满足额定数目内的人员搭设帐篷，还应设有用火区、取水区、就餐区、娱乐区、卫生区等。

3. 接待站

可依靠农家院落等固有建筑物进行设置。为登山步道使用者提供住宿、补给、垃圾处理、信息帮助、简单医疗等服务。接待站应做到标识统一、价格公开。

4. 报警点

报警点应设立在路况复杂、易迷失区域相对制高点的易于观测位置。报警点应颜色鲜明，易于发现。点与点之间不应超过 1 小时（或 5000 米）路程。报警点上应有求助电话、报警点编号、临近路线指示等基本信息。编号应与报警点的位置相对应。报警点应分为普通报警点与太阳能定位报警点两类。

普通报警点一般以石质立柱、木质立柱、大岩石、粗大的树木等作为载体。在其高处设立易于发现的反光标识，具体求援指导信息应刻于或镶嵌于距地面 1.5 米处。

太阳能定位报警点应采用太阳能定位、救援杆辅助及其他标志设施作为标准配置设施。太阳能定位报警点之间应以四小时路程为宜。太阳能定位救援杆是野外应急救援辅助定位系统器具，高 6 米到 8 米。灯杆的底座为太阳能蓄电池，6 天中只要有一天有阳光，就可以保证蓄电池的电力供应。底座的上方为手机充电接头，方便游客手机没电时及时充电。充电接头往上的位置将设立一个标志牌，标志牌上面会注明灯杆的编号，游客迷路后，可以将所处位置的灯杆编号报告警方求救，警方可根据灯杆标号在第一时间找到迷路的游客。灯杆的最顶端为警示灯，将在夜间频闪发光，为游客指路。

5. 临时避难所

可借用天然的山洞设立，或采用竹木等材料编制，搭建在步道附近地势较高处，具有挡雨防风等功能，可以依靠安全稳固的岩石、墙壁、立木等自然地形建设。

6. 步道系统标识要求

①步道系统上应设置完整的标识系统，并对危险地段着重警示。标识系统应包括建筑类标识、地形类标识、警示类标识、指示类标识等。

②标识的材料应以石材、木材等就地取材的天然材料为主，部分警示标识可以采用金属材质制作。

③标识的材质、尺寸、色彩等应做到醒目并与周边环境协调融洽。

三、攀岩项目设计

（一）攀岩项目简介

攀岩运动是从登山运动中派生出来的一项竞技体育运动项目，是攀爬者利用人类原始的攀爬本能，借助技术装备和同伴保护，仅依靠自身手脚的力量来控制身体平衡，攀登一些主要由岩石构成的峭壁、裂缝、岩面、大圆石以及人工岩壁等的运动。攀岩 20 世纪 50 年代起源于苏联，在军队中是作为一项军事训练项目而存在的，1974 年列入世界比赛项目。1976 年苏联举办了首届国际攀岩比赛。20 世纪 80 年代，以难度系数为指标的现代竞技攀登比赛开始兴起并引起广泛的兴趣。

攀岩运动对攀登者身体素质、心理素质和意志品质都有较高的要求，攀登者利用精湛的技艺和娴熟的技巧在峻峭的岩壁上完成各种闪转腾挪、动态蹿跳、引体向上等动作。它惊险刺激、新颖时尚，集探险、健身、娱乐和竞技于一体，能充分满足人们回归自然、寻求刺激的欲望，素有“岩壁上的艺术体操”和“岩壁芭蕾”的美誉，受到越来越多年轻人的关注和青睐。

攀岩运动开展的形式多种多样，是攀登运动中的一种形式，大致可分为：高山探险（Mountaineering）、攀岩（Rock Climbing）、攀冰（Ice Climbing）和冰岩混合攀登（Mixed Climbing）。另外，根据攀岩过程中运动场所、使用器械、保护方式、岩壁大小、比赛形式等不同分类标准，攀岩运动又可进行多种形式的具体划分。

（二）攀岩场所设计

1. 攀岩场所分类

攀岩场所是指能够满足人们进行攀岩（抱石）运动训练、比赛、健身休闲等活动的场所。它包括自然攀岩场所和人工攀岩场所。

自然岩壁是大自然在地壳运动时自然形成的悬崖峭壁，在角度、石质的多样性方面可以带来攀岩线路的千变万化。其给人的真实感和挑战性较强，参与者可自行选择攀岩的岩壁、攀岩路线。而且天然岩壁的路线变化丰富，如凸台、凹窝、裂缝、仰角等，让人体会“山到绝处我为峰”的感受。

人工岩壁是人工构筑的用于攀岩运动的人工攀岩壁，又分为室内攀岩馆和室外人工岩壁。人工岩壁由人为设置岩点和路线，难易程度可随意控制，训练时间比较机动，但高度和真实感有限。人工岩壁对于初学者而言具有较高的安全性。

2. 人工岩壁的设计

(1) 攀岩墙的种类

依照其用途，攀岩墙可分为专业竞技型与仿真娱乐型。

①专业竞技型：专业设计，采用高强度仿真复合材料岩板，精心设计路线及难度，供攀岩专业人士、爱好者以及军、警、高空作业等特种行业训练、比赛。有一定攀爬难度，挑战性较强，能满足竞技比赛要求。

②仿真娱乐型：岩板根据自然山体形状取样翻制而成，仿真度高，真壁、俯壁、屋檐等各种创意设计，安全、刺激，充分考虑不同人群的攀登要求。

(2) 攀岩墙的构成

攀岩墙主要由五部分组成：造型岩板、钢架主体、攀岩支点、连接件和保护装备。

①岩板：人造攀岩墙由数百块不到1平方米的岩板组装而成。可以将岩板组装成攀登难度不同的倾斜度，如俯壁、屋檐、直壁等在大自然中见得到

的各种岩石状态，固定在支架上，营造出各种空间造型。

②岩壁支架：岩壁支架是攀岩墙的主体结构，分为独立结构和有支撑结构。一般采用钢结构。

③攀岩支点：攀岩支点是攀岩墙的重要配件，其制作材料和工艺与岩板相似，形状各异，有仿真的，也有卡通的，由不锈钢螺栓固定在岩板上，做运动者攀爬时双手的握点和脚的登点。

（3）岩道设置

常见为 3 条道，分别为速度训练道、中难度道和难度道。速度训练道适合初次攀岩及平时的普通攀爬；中难度道和难度道，便于体力好，四肢协调性好，技术水平高的学员攀爬训练。

四、高尔夫旅游项目设计

高尔夫旅游是指高尔夫球运动的爱好者离开自己所居住的城市（国家），前往异地（异国）的高尔夫球场进行打球、度假、参会、交友等活动。它有高尔夫风景游、高尔夫赛事游、高尔夫商务游等表现形式。

（一）高尔夫旅游需求产生的动机

1. 球场环境和景观的诱惑

毗邻自然景区建起的高尔夫球场，巧夺天工地与景点融为一体、相辅相成，这是许多高尔夫球场的特色，是产生高尔夫旅游的重要原因。云南的玉龙雪山高尔夫俱乐部，风景如画，环雪山，傍丽江，海拔 4000 多米，堪称世界最高的球会；“黄山”球场，松柏参天，绿草如茵，闻其名，似球道在云中穿行，银球在雾中缭绕；“桂林球会”，山奇水美，潇洒挥杆，誉甲天下。亚龙湾畔、阳宗海边、泰山脚下，球场依景而建，各路球手在尽情享受高尔夫的快乐时又可饱览球场及周边美景。

2. 南北气候条件的互补

高尔夫球运动受自然条件的影响大，气温过高或过低都不适宜打球，我国南北的气温差异使得高尔夫球运动具有区域的互补性，球员南来北往地打球消费促进了国内高尔夫旅游市场的发展。寒冬腊月，北方的高球爱好者常常借假期和周末飞往南方的球场打球、度假，享受南国和煦的阳光。同样，在骄阳似火、酷暑难耐的夏季，南方的球手又结伴北上，大连、青岛、威海的球会时常热闹非凡。这种资源的有效互补和共享，形成了高尔夫旅游南北呼应、携手共进的发展格局。

3. 不同风格球场的魅力

球场之美，早已众人皆知。世上找不到一模一样的树叶，同样，世上也找不到一模一样的球场。不同国家、不同地区、不同自然条件、不同设计造型的球场有着不同的风格、不同的个性、不同的魅力。有的球场以美闻名，有的球场以奇取胜。各具特色的球场引发了无数高球痴迷者的兴趣和好奇心，激起了他们好战、好胜的欲望。传统旅游通常是旅游者被各种壮美的景观所震撼和折服，而高球人士的高球之旅却是为了将一个个球场征服。

4. 异国风情的体验

高尔夫国际游，是世界高尔夫球运动促进旅游业发展的一大亮点。各国高尔夫球迷热衷于跨国打球，消遣度假，体验异国风情。我国沿海地区以及海南、云南等地的多数球场是境外一些高球旅游人士的首选地。高球爱好者相对较多的日本、韩国等国家及我国香港、澳门、台湾等地区是境内高尔夫国际游的重要输入地。同时，国内球手也时常远赴泰国、新加坡等东南亚国家，享受高球魅力、体验异国风情。

5. 高端商务活动的需要

高尔夫商务游验证了高尔夫球运动沟通、交流的文化特征，它是高端商务型旅游的重要组成部分。高尔夫球场是许多商界成功人士交流、交友、交际的活动场所，是一个信息互动平台。人们在球场间穿行，边打球边谈生意，既能旅游观光，又能交朋结友，往往在"不知不觉"中便完成了一项项商务洽谈。有人戏称，球道就是沟通的桥梁，果岭就是签约的会场。商务游的另一个特征是，各种论坛、会议常常落户球场。阳光，绿草，清新的空气，使与会者精神抖擞，效率倍增，避免出现"会议瞌睡综合征"。

（二）高尔夫旅游开发的背景条件

第一，传统旅游的发展现状为开发高尔夫旅游提供了可能。经济的高速增长促进了我国旅游业的蓬勃发展，但传统旅游如风景名胜游、城市风光游的吸引力却在衰退，尤其是随着大众旅游的兴起，旅游时间集中于几个黄金周中，对旅游环境造成了较大的压力，使得高收入及高品位人士对传统旅游兴趣降低。但高收入高品位人士在休闲和旅游上的需求却在不断增加，造成了相对的供需矛盾。要发展旅游，尤其是城市旅游，就必须开发出新旅游品种，满足追求高品位人士的需求。

第二，会员制经营模式和球场资源构成了高尔夫旅游开发的充分必要条件。我国目前的高尔夫俱乐部经营现状不容乐观，多数球场资源利用不充分，造成资源浪费和成本升高。究其原因，除受制于经济发展水平外，会员制为主的经营模式也是阻碍其发展的一大因素，会员制使得俱乐部的收入局限在会员的会籍费以及打球时所缴的球童费、球车费之类的费用上。要改变现状，可以充分合理利用球场以及会员资源来广辟财源。另一方面，高尔夫球场资源丰富，花草树木配置、丘陵水塘设计都出自名师之手，精雕细琢却又宛若天成；球场大多位于市郊，无需远游就可享受世外桃源。高球运动又是一种高品位的绅士运动，边打球边赏景的生活与“潇洒人生，一挥而就”构成了高尔夫旅游的文化基础。在传统旅游资源的魅力对高品位人士日渐降低时，作为能集度假、运动、娱乐、休闲等于一体的新型旅游品种——高尔夫度假游在我国正悄然蔓延，并逐步带动相关旅游产业的发展。

第三，开发高尔夫旅游是可行的多赢方案。高尔夫俱乐部进行适当合理的旅游开发，首先能广辟财源，增加俱乐部收入，同时可以拉动与高尔夫相关产业的发展，让其早日形成产业规模；另外在球场资源的基础上进行合理旅游开发，既是对资源的合理利用，也可以增加俱乐部特色，能在更大程度上方便会员，增加球员的打球时间，二者相辅相成，实现双赢。另一方面使得俱乐部除了依赖其球场的核心竞争力外，还能通过发掘旅游特色来形成特色经营，从而提高其竞争力。相对传统旅游而言，高尔夫旅游可以形成有效的刺激，尤其是在和自然风景区毗邻的球场，高尔夫度假游者大多为全家旅游，不仅大大增加度假时间，更能有效拉动传统旅游，进而形成互补。故在现有球场资源基础上，开发高尔夫旅游是完全可行的。

（三）高尔夫旅游发展模式

随着高尔夫旅游市场的发展，高尔夫旅游度假地也在逐渐发展。最典型的组合就是高尔夫＋度假村（会议设施）。这种高尔夫旅游度假地一般位于风景优美、气候宜人的度假区或旅游区，以优越的区位交通、高水平的球场营运管理以及完善的高尔夫旅游配套服务为条件，优秀的球场设计和施工品质为其产品支撑点。其盈利模式为通过高尔夫目的型旅游度假（包括国内和国际客源）和会议承办带动会员证销售以回收球场投资，并通过产品组合增加可选择性，扩大旅游市场吸引范围，延长客人滞留时间。

高尔夫旅游发展模式包括高尔夫主题旅游和高尔夫复合游。高尔夫主题旅游是指以高尔夫球场为主体，提供少量必要的住宿等服务设施，吸引高尔夫目的地型旅游客人（包括跨城市甚至跨国度游客），球场一般 36 洞以上，且多为名家设计；高尔夫复合旅游则一般是高尔夫球场与旅游开发并行，提供大量商务度假和会议设施，球场一般 27 洞即可。

（四）高尔夫旅游项目设计要点

1．高尔夫球场设计要点

其一，高尔夫球场的设计具有一定的灵活性。与其他体育运动场所不同，其设计没有固定的和严格的尺度要求，只要基本满足每洞的杆数和球道的长度要求即可。高尔夫球场一般选择在具有自然地形的区域，所以设计时必须遵循的一个重要原则便是因地制宜，巧妙利用原有地形进行规划设计。充分利用原有的丘陵、山地、湖泊、林地等自然景观，与高尔夫球场的竞赛要求相结合，尽量降低土方量，进行综合规划与设计。这样不但节约投资，而且容易形成自己的特色。其二，追求个性是高尔夫球场设计的一大特点。在全世界没有两个完全一样的高尔夫球场，每个高尔夫球场都在保留自身特色的基础上进行了深入的研究和创造，以期吸引更多的会员。

高尔夫球场一般包括会馆、标准球场、练习场及一些附属设施，球场的主要规格有 9 洞和 18 洞等，需根据场地和球会要求决定。正规 18 洞球场划分为 18 个大小不一、形状各异的场地，每块场地均由发球台（开球台）、球道、果岭和球洞组成。标准球场的总长为 5943～6400 米，宽度不定，球场四周应有界线，关键地段设有界桩。

（1）高尔夫球场的选址

高尔夫球场一般设在丘陵地带的开阔缓坡地上，占地 65 至 75 公顷，环境优雅、气候宜人。如湖边、林间、风景地、山坡等都是设计者关注的选址地点。具体选址要求如下：

①地形：基地用地不能太崎岖，也不宜太陡，基地内可保留一些缓坡和水面等自然特征，作为球场的天然屏障。

②土壤：高尔夫球场的球道和果岭都需种植高质量的草皮，对土壤的分析处理十分重要，沙质土壤是高尔夫球场理想的土壤；土壤的养分是否已被原作物耗尽以及是否可以满足种植草皮的需要，选址时需详细考虑这些因素，有利于将来的维护和管理。

③交通：高尔夫球场应有方便的交通条件，一般选在高速公路附近或城市干道附近。

④水源：高尔夫球场大面积草坪养护需要大量的水，水源供应条件是影响球场养护的重要因素。

（2）发球台的设计

发球台是每个球道击球的开始，一个球道常包括 3 个远近不同的发球区，分别为女发球区（比男发球区接近果岭 20%）、男发球区及比赛发球区

(位于开球区后离果岭最远处)，有时也将 3 个发球场合并成一个大的发球区。发球台的形状多种多样，以长方形，正方形、椭圆形为常见。另外还多用半圆形、圆形、S 形、L 形等。一般面积为 30～150 平方米，较周围高 0.3～1.0 米，以利于排水并增加击球者的可见性。表面为修剪过的短草，要求草坪有一定坚硬度且表面光滑。此外，要求地表水能迅速排除，从发球角度考虑地面又应有一定的平整度，一般取 1%～2%的微坡度。

(3) 球道设计

球道是球场中面积最大的部分，是从发球区到果岭所经过的路段，球道两侧是起伏的地形或树丛，使球道和球道相分离；球道为宽阔的草坪，球员一般能够在发球区看到果岭。根据运动员的击球距离，常在落球区和果岭周围有计划地设置沙坑、水塘、小溪等障碍物，用于惩罚运动员不正确的击球，并提高比赛的刺激性和激烈程度。南北方向是较理想的球道方向，球道一般长为 90～550 米，宽 30～55 米不等，平均宽约 41 米。

(4) 果岭设计

果岭是每个球道的核心，是球洞所在地。球被打入球洞后，也就是该球道的结束，进入下一个球道。果岭的面积为 111～2545 平方米，形状有圆形、椭圆形等，高度比四周地势高 30～100 厘米。

每个果岭的大小、造型、轮廓和周边的沙坑都各具特色，以创造丰富的挑战性和趣味性。果岭草坪高度要求为 5.0～6.4 厘米，并做到均匀、光滑。

果岭上的地表水应从 2 个或 2 个以上的方向排出。果岭的地形设计应使地表水的排水线避开人流方向。一个果岭的大部分坡度不应超过 3%，以保证击球后球运动的方向。

练习果岭是供学习高尔夫球的球员练习击球进洞的专用场地。练习果岭通常位于高尔夫俱乐部和第一个发球台附近。果岭表面应有一定的坡度，同样以 3%为宜。为保证练习果岭草皮的质量，一个高尔夫球场应设置 2 个或 2 个以上练习果岭轮换使用为佳。

(5) 障碍区

障碍区一般由沙坑、水池、树丛组成，其目的是惩罚运动员的不准确击球，将球从障碍区找出要比在球道上击球困难得多。

①沙坑。沙坑一般占地面积为 140～380 平方米，有的沙坑面积可高达 2400 平方米左右。现在大多数 18 洞高尔夫球场有 40～80 个沙坑，可根据打球需要和设计师的设计思想来确定。球场沙坑的设置应合乎自然策略，通常球道沙坑位置的确定由锦标赛发球台的距离而定。沙坑的位置还要根据该

地的排水特点，要有好的地上和地下排水条件。沙坑可以建在草地平面以下。从维护管理角度来说，果岭一侧的沙坑应设置在距离果岭草坪 3～3.7 米的地方，以便修建机械的通行及防止沙坑中沙子被风吹到草坪之上。果岭基层沙坑内的沙厚至少应为 10 厘米，沙坑的斜坡或凸起的沙层厚度至少应为 5 厘米；球道沙坑的沙厚相对要浅一些。高尔夫球场沙坑的用沙要求是比较严格的，75%以上沙子的粒径应为 0.25～0.5 毫米（中粒沙），选用有棱角的沙子为最好。沙子的颜色以白色、褐色或浅灰色为好，但应避免沙子颜色太白，导致看不清球体。

②水池。水池不仅是击球的障碍，同时还可起到很好的造景作用。水池可以设计于单个球道内，也可以几个球道共用 1 个水池。有时也将球台或果岭设在四面环水的岛上，增加击球的难度和乐趣，丰富球道景观。水池边适宜造景，可架小桥，设汀步，在水池面积较大且水源充足时，可以规划喷泉或瀑布。

（6）标志树

高尔夫球场中的标志树是为使高尔夫球手在击球时能够计算出落球点的位置而栽植的，常在距发球台 50、100、150、200 码（1 码＝0.9144 米）的位置上栽植，可在 50 和 150 码处栽植单棵大树或小树，在 100 和 200 码处栽植两棵大树或小树，使击球手容易判断球落地的距离。

（7）其他

除去上述涉及的方面以外，高尔夫球场设计一般还要包括会馆、练习场以及休息亭等，可根据具体情况灵活设置。

①会馆。也称高尔夫俱乐部，多设于球场的入口处，是为球员提供休息、更衣、餐饮的场所。会馆前设有停车场，并且常设置可供球员登高远望的观景点。

②练习场是供初学人员学习打球的地方，可以设在城市中或高尔夫球场附近。

球场面积方面，从占地几十公顷的土地规划出 18 个球道，一般 18 洞的球场，是由 4 个短洞、4 个长洞以及 10 个中洞所构成，标准杆为 72 杆。然而，若有地形特殊和土地面积大小等因素的差异，其标准杆亦可介于 72 杆加减 3 杆之间。简言之，18 洞标准杆在 69 至 75 杆之间皆可被接受。在善于规划的设计师手中，整个球场 18 洞的功能就刚好可以使整组 14 支球杆达到充分的发挥运用。

另，短、中、长洞的距离规定如下：

①短洞—标准杆三杆（Par3），长度在 250 码以下。

②中洞—标准杆四杆（Par4），长度在 251～470 码。

③长洞—标准杆五杆（Par5），长度在 471 码以上。

2. 高尔夫旅游开发要点

（1）以球场建设为核心，打造旅游大环境

在高尔夫旅游产品开发过程中，高尔夫球场是一个重要的载体，其旅游形象的策划和塑造十分重要。因此，必须根据球场的地形地貌、气候条件、区域经济文化背景以及旅游者的心理特点和行为规律，进行旅游产品设计，使之与当地的大旅游环境相融合，才能使高尔夫旅游产品的形象深入人心，并不断引起潜在旅游者的兴趣。

（2）拓展俱乐部功能，提升接待能力

要充分利用会员资源，拓展俱乐部功能，提升接待能力，扩大高收入阶层的会员在俱乐部内的消费。

如以球员为核心增加球具与球服的销售。因为俱乐部的球具球服销售有着直接贴近目标群体的绝对优势，相配套的球服、球鞋销售亦为球员打球提供方便。

适当发展特色餐饮。若海外会员在俱乐部中占有很高比例，博大精深的中华食文化就为俱乐部发展餐饮业提供有利条件。而我国俱乐部目前的餐饮收入极为有限，大部分会员都是打完球后去其他宾馆、酒店用餐，这无异于将到手的宝藏转手送人。俱乐部可根据会员的情况，了解其饮食习惯后选择合适的餐饮方式，再利用俱乐部的风景、打球时间上的安排等优势，开发出适合球员需要的特色餐饮。

开发俱乐部的会议接待功能以增加会议旅游收入为主。很多球场也已经形成高尔夫＋会议的发展模式。

（3）培育经典赛事、大型活动，以品牌化战略开发高尔夫旅游产品

作为无形产品，高尔夫旅游产品的差异性和个性化主要由其品牌化战略凸显，如何形成鲜明的旅游品牌印象非常重要，可以促使这一层次的旅游产品由缺乏个性、零散经营向质价合理、品牌效益的规模经营方向转变，从而得到最大范围的游客认同和接受。

（4）引入科技手段，缩短产品与游客的距离并增强游客体验

信息化时代的到来为旅游经营者和高尔夫球会经营者进行高尔夫旅游产品开发提供了新的技术支持。借助网络技术，信息获取和更新速度倍增；通过信息集成与分类处理，建立良好的游客信息数据库和球会资源信息数据库

等，使旅游者了解更为丰富、及时、准确的信息；采取网络营销，缩短游客与经营者之间的距离感，节约时间、费用等交易成本；并可借助不断发展的科学技术向旅游者提供现实与虚拟的高尔夫旅游体验，激发游客的参与热情。

(5) 增强与同行合作，以联盟或者集团化方式开发高尔夫旅游产品

由于地域、气候、经济发展水平等因素的制约，高尔夫球场的分布呈现出较强的地域不均衡性，因而旅游经营者应摆脱局部发展的模式，从全局入手，积极组织联盟或建立互补型旅游区域联合体，发展多元企业的集团化新型合作道路，通过区域互动，实现点、线、面的调节，做到“以热带冷”，突出优势，以达到高尔夫旅游产品供给与需求的动态平衡。

此外，还可与专业旅游公司或其他中介机构合作，提升市场开发能力。国内的许多旅行社在激烈的竞争中已把目标瞄向了既能健身又能赏景的人间仙境——高尔夫球场。尤其在毗邻高球运动发达的沿海地区，各旅行社利用高球消费价差，纷纷采用旅游形式组织国外球员来国内打球。但是我国俱乐部在高尔夫旅游上几乎全是被动的，都是由各旅行社主动找上门来联系打球事宜，而俱乐部就仅能获取按散客打球标准的一次消费收入，盈利模式单一。

案例链接 **观澜湖高尔夫旅游开发**

2006 年年底，在国际高尔夫旅游协会的年度评选中，中国被评为亚洲和大洋洲地区的“2007 年年度高尔夫旅游目的地”。在西班牙安达卢西亚旅游胜地马贝拉附近举行的颁奖晚宴上，吉尼斯世界第一大球会——观澜湖高尔夫球会执行董事朱鼎耀代表中国高尔夫协会出席颁奖礼，并从国际高尔夫旅游协会首席行政官皮特·沃尔顿手中接过了“2007 年年度高尔夫旅游目的地”的奖项。同时，著名的国际商务旅行杂志——《商旅》正式对外宣布了该杂志评选的“2006 年最佳商旅”的各奖项获奖名单，观澜湖高尔夫球会骏豪酒店继 2005 年之后梅开二度，蝉联了“最佳高尔夫度假酒店”的殊荣。实际上，早在国际高尔夫旅游协会主办的“2005 年全球高尔夫旅游大赏”评选中，观澜湖高尔夫球会就曾获得“全球最佳高尔夫旅游度假地”的荣誉，与其一同获得此项殊荣的还有欧美最著名的圆石滩球场（Palm Beach）和温斯顿·特伯雷球场（Westin Turnberry）。

“国际高尔夫旅游协会所授予的这些大奖，一方面是观澜湖球场实力的见证，另一方面也代表了国际旅游界对中国旅游乃至高尔夫旅游市场前景的

看好。”“观澜湖已成为中国高尔夫旅游在国际市场中的一张名片，并形成了赛事、商务、度假、球会互惠四轮驱动的旅游模式。”观澜湖高尔夫球会主席朱树豪如此表示。观澜湖自从2004年成为吉尼斯世界第一大球会后，对全球高球爱好者产生了巨大吸引力，也逐步形成了中国高尔夫旅游“商务+休闲”的特有模式。

一、发展概况

观澜湖由香港骏豪集团全资投资兴建和运营管理，整个项目横跨深圳、东莞和海口，项目从1992年兴建，先后投资逾100亿港币，现拥有深圳、东莞、黎光、乡村四大会所，是以高尔夫为中心，集网球、壁球、桌球、排球、羽毛球、健身中心、美食、SPA、儿童游乐场、度假物业为一身的大型综合体育休闲产业群。观澜湖已经发展为集运动休闲、商务休闲、养生休闲、会议旅游、文化娱乐、美食购物、长居短憩等功能为一体的国际休闲旅游度假区。

从1992年开始，观澜湖集团就选择深圳与东莞交界、尚未开发的20平方千米荒地，先后邀请12位国际高球巨星设计了全球唯一汇聚五大洲球场风格的深圳观澜湖高尔夫球会，以216洞的规模被吉尼斯世界纪录组织认定为世界第一大高尔夫球会。观澜湖高尔夫球会，拥有一系列配套设施，乡村俱乐部、多家国际商务休闲酒店及会所、大型国际会议中心、亚洲最大的水疗中心、亚洲最大的高尔夫专卖店、综合商业美食运动休闲设施、高尔夫学院、高尔夫物业地产项目等，形成集高尔夫、体育、休闲、养生、商务、会展、居住为一体的观澜湖体育休闲产业群。

2001年，观澜湖休闲旅游度假区已经被国家旅游局评定为国家首批4A级旅游景区。2005年，在国际高尔夫旅游协会主办的全球高尔夫旅游大赏评选中，观澜湖高尔夫球会同全美排名第一的圆石滩球场（Palm Beach）、苏格兰排名第一的温斯顿·特伯雷球场（Westin Turnberry）一起成为“全球最佳高尔夫旅游休闲胜地”。2011年5月，观澜湖被授予国家最高评定标准之“5A级旅游景区”，是全中国首个以休闲度假旅游为主题的国家5A级景区。

观澜湖是中国最负盛名的国际赛事和国际体育文化交流活动的举办地。自1994年开业以来，观澜湖先后举办了超过100次高尔夫、网球、桌球和自行车等国际大赛和体育文化交流活动。2001年11月，观澜湖邀请高尔夫世界第一泰格·伍兹首访中国。他的首次中国之旅为中国高尔夫的发展开创了新纪元。而早在1995年，观澜湖已经举办了第41届高尔夫世界杯，更是取得了从2007年开始，连续12届高尔夫世界杯的举办权。这是在中国国土上举办和全国转播的首个高尔夫国际赛事。

二、主要项目及配套设施

观澜湖休闲旅游度假区以高尔夫休闲度假为核心，旅游亮点包括：高尔夫级户外有氧运动为主题的运动休闲；以养生SPA为主题的养生休闲；以商务会议和商务旅游为主题的商务休闲；以国际赛事为主导的赛事旅游等。观澜湖休闲旅游度假区的主要项目和配套设施包括：十二个高尔夫巨星设计的球场、高尔夫别墅群、亚洲第一大乡村俱乐部、观澜湖水疗度假酒店、国际会议中心、大卫力百特高尔夫学院和辛迪瑞学院、亚洲第一大水疗中心、51片网球场、特色荟萃的中心美食及多种休闲设施。

1. 一流的高尔夫球场

由12位巨星——杰克·尼克劳斯、维杰·圣尔、安妮卡·索伦斯坦、恩尼·艾斯、格诺曼、尼克·费度、奥拉沙宝、大卫·利百特、大卫·杜瓦尔、尾崎将司、北戴、张连伟倾力设计的12个世界级十八洞球场。

2. 高尔夫别墅群

依托世界第一大球会的自然和人文环境，观澜湖已经形成“聚人杰，融天下”的国际高尔夫别墅住区，把背景相同、事业有成的人士聚集在一起，创造出生活与事业的最佳平台。以观澜湖高尔夫大宅为代表的观澜湖别墅，属于纯粹的高尔夫球场中央物业，完全被球道环绕，从住宅的任何一个角度，都可以观赏到绿色的景观。观澜湖已成为中国顶级豪宅和高端物业的代表，吸引了来自美国、英国、法国、意大利等17个不同国家和地区的近万名才智精英汇聚，共享逾百亿世界级休闲配套，为观澜湖注入无可复制的富豪圈层人文内涵。观澜湖中西合璧，名流汇聚，创造了地产界难以复制的观澜湖模式。

3. 乡村俱乐部

充满热带气息的乡村俱乐部，拥有58个大球位的高尔夫练习场、健身中心、射箭、桌球、自行车、乒乓球、篮球、羽毛球等体育运动设施和SPA、高尔夫专卖店、儿童娱乐场、百乐门夜总会，中餐厅、贵宾房等综合休闲设施，全面引领自然健康的体育休闲时尚。为人们营造一个与朋友、亲人休闲度假的好去处。

4. 观澜湖水疗度假酒店

观澜湖拥有卓越的五星级高尔夫水疗度假酒店及塞维纳酒店，均坐落于球场中央，每间均有眺望球场的露台，尽览壮观的球场景致。观澜湖水疗度假酒店全新推出“尊尚楼层”，以SPA休闲为主题，为住客带来宾至如归的惬意舒适感受，成为亚太著名的度假酒店。

5. 国际会议中心

观澜湖国际会议中心，可以承接各类会议、宴会、婚礼、研讨会、峰会、展会、博览会、展示会和音乐会等，无论是数十位的小型私人会议，还是数以千人的大型会议均可接纳。

6. 观澜湖学院

观澜湖学院目前包括观澜湖高尔夫学院和观澜湖网球学院。

观澜湖高尔夫学院2000年正式成立，学院在三届国家队主教练吴相兵的带领下，成立至今培养了大批优秀的高尔夫球手。学院教练人才济济，有中国职业巡回赛冠军、国家队球员、海外学成归来的专业教练。观澜湖高尔夫学院是一个培养冠军人才的梦工厂。

2003年11月，中国第一家有“世界第一高球学院”职称的大卫利百特学院落户观澜湖高尔夫球会。在过去的几年里，学院的青少年学生在各项赛事中均取得了不俗的成绩，被誉为“中国青少年球手迈向成功的高球殿堂”。

辛迪瑞被公认为世界第一女高球教练，她以二十五年的高球经验及专业知识，与观澜湖共建观澜湖高尔夫学院，致力于将国际上先进的教学理念带给不同年龄、不同水平的高尔夫爱好者。

观澜湖网球学院是学习和参与网球国际比赛的理想选择。学院针对学员的不同水平、年龄和日程的要求，设计多种课程。凭借这世界顶级的设施和运用国际教学方法，观澜湖网球学院理所当然地成为亚洲顶级选手的最佳训练基地。

7. 亚洲第一大水疗中心

Mission Hills Spa——亚洲区内最大型水疗中心之一，具有星级的专业护理和贴心而完备的国际级水疗设施，量身定造多项有效的专业护理，在这里可以领略净水的治疗力量，可以让人感受到健康和休闲享受。

三、案例解读

观澜湖，二十年前是一片蛮荒之地、杂草丛生的山野，如今已华丽转身，拥有世界第一大高尔夫球会，是世界三大高尔夫休闲胜地之一，国家5A级旅游景区，名流汇聚的高级生活社区，是顶级豪宅和高端物业的代表，发展为集高尔夫、体育、休闲、商务、会展、居住于一身的观澜湖体育休闲产业群。观澜湖的成功，有其必然的因素，对于体育旅游的开发也有重要的启示作用。

（一）具有超前意识、准确的战略定位和长远眼光

骏豪集团董事长朱树豪认为，珠江三角洲作为外商密集区域，需增加一些与国际接轨的配套设施。高尔夫球在全球政界、商界都是很有影响力的运动，也是外商喜闻乐见的社交平台，而在20世纪90年代的中国，这种运动却较少见。骏豪集团选中观澜湖的位置，也是充分考虑了周边的市场群体，在观澜湖一个小时车程范围内有几十万家企业，即意味着有十几万个企业主，这部分人群便是他当时瞄准的消费主体，从一开始就将他们的市场定位在高端人群。

从定位而言，观澜湖从本质上来说并不是一个高尔夫球会，而是一个高端休闲产业。定位的不同就决定了后续经营思路的不同。将观澜湖定位在高端休闲产业时，球会本身就仅仅是一个依托高端休闲产业而发展的一个子项目而已。定位于高端休闲产业，则能带动整个家庭的消费，而不仅限于打球者单纯的个人消费。

观澜湖的成功，与投资者与经营者的长远眼光是分不开的。观澜湖在前期投入了巨资对于无人问津的山头和荒地进行经管和环境开发，然后投资50亿元进行了配套设施建设，兴建汇聚五大洲球场风格的高尔夫球会、拥有各类体育设施的观澜湖乡村俱乐部、五星级骏豪酒店等。依托环境和配套优势，举办数十次世界顶级大赛和交流活动，吸引众多国际明星和政要前来。最后，在一流景观、尖端配套和人文气氛行程的基础上，全面进入高端社区开发，最大限度地提升土地使用价值并创造了高尔夫地产的奇迹。

（二）以高尔夫为龙头和支点的产业发展模式

人们了解观澜湖，最早就是从高尔夫开始的。很早以前，观澜湖就凭借12位国际巨星设计的球场成为全球最大的球会。多年来，通过以高尔夫为龙头和支点，衍生发展运动、会议、居住、文化、商业等多种业态。观澜湖集团先后举办了超过百次高尔夫、网球、桌球和自行车等国际赛事和众多国际名流到访活动，成为中国首屈一指的国际交流平台。

观澜湖的产业模式也可以概括为：高尔夫＋×。这种模式是具有乘法效应的。如：高尔夫＋赛事：顶级国际交流平台；高尔夫＋居住：国际高尔夫私属住宅；高尔夫＋旅游：国家5A级旅游景区等。

发展多元休闲产业群，核心业务涵盖大型综合休闲旅游区开发、休闲地产发展、国际赛事运营、高尔夫体育休闲、酒店、温泉SPA养生、餐饮、娱乐购物、商务会展、教育培训、商业运营、文化产业等领域，形成了集高

尔夫、体育、休闲、养生、商务、会展、居住为一体的观澜湖体育休闲产业群。

（三）注重名人效应，举办国际赛事，打造国际交流平台

从 1992 年项目开始以来，观澜湖先后邀请了 12 位国际高球巨星设计了全球唯一汇聚五大洲球场风格的深圳观澜湖高尔夫球会。观澜湖高尔夫球会巨星云集，星光熠熠，如今，观澜湖已经形成了名流汇聚的生活圈，营造了助推事业的平台，优享生活的平台，以及成就后代英才的平台。

1995 年，面世不久的观澜湖承办了第 41 届高尔夫世界杯，让世人真正地见到了观澜湖的稀世品质，观澜湖也由此走向了世界。多年来，观澜湖相继举办了相当多的国际大赛，同时，吉尼斯世界第一大球会观澜湖早已成为了中国高尔夫创新赛事的策源地，而人们也早已形成了“有大赛，就去观澜湖”的习惯。

名人效应以及国际赛事的举办，都大大提高了观澜湖的国际知名度，不仅营造了中西交流的国际化平台，也为观澜湖注入无可复制的富豪圈层人文内涵。

（四）注重品牌塑造与品牌管理

观澜湖的目标是不仅要创建世界上独一无二的休闲胜地，更致力于创造世界上独一无二的休闲品牌。观澜湖以国际顶级体育赛事和文体巨星交流活动为亮点，成功发展成为当前最具竞争力的参与型、运动型、养生型、商务型、会议型、康体文娱型休闲度假区。随着项目的发展，其作为世界上第一大高尔夫休闲品牌也在进行不断拓展和衍生。

观澜湖集团已成为体育休闲品牌输出商，作为全球高端休闲产业集群品牌，已经在各地成功输出。观澜湖集团拥有一支由国际专业人士和本土精英组成的超过 12000 人“联合国”的服务团队，提供打球、商务、休闲等五星级管家式服务。

第三节　休闲娱乐型体育旅游项目概念设计

一、卡丁车项目设计

（一）卡丁车运动的产生与发展

卡丁车源于半个世纪前的欧洲国家，1951 年在英国出现了第一辆真正意义上的卡丁车，并伴随着西方现代汽车产业的兴起而在全国逐渐完善起

来。“卡丁”是英文“KARTING”的音译，准确的解释为“有车厢或无车厢的微型汽车”。卡丁车的车轮独立持久地接触地面，后两轮驱、制动，前两轮导向，简称“小四轮机动车”。它是经国际汽车联合会（FIA）认可，可参加比赛并可晋级的小型赛车。

现代卡丁车从用途上可分为竞赛型、娱乐型、训练型等（其中竞赛型卡丁车分两大类 12 个级别，车速达 100～160 km/h；娱乐型卡丁车车速在 80 km/h 以下；训练型卡丁车主要用于学生训练，车速在 30km/h 以下）。从适用场地上又可分为公路型、越野型等。从适用人群上还可分为成年型、儿童型、双人型等。

卡丁车运动是现代汽车运动的摇篮，也是各国培养车手和赛车组织人员的必要途径。卡丁车结构简单，操作接近 F1 赛车，具有强烈的挑战性，因此在世界范围内，卡丁车运动迅猛发展，成为一个普及的汽车运动项目，在推动世界汽车运动的蓬勃发展中功不可没。世界方程式赛车知名车手，多出自卡丁车运动。迄今，卡丁车运动已培养出大量世界著名的方程式大赛车手，他们中有法国名将普罗斯特、德国车手舒马赫、英国迈凯轮车队的芬兰车手哈基宁、法国雷诺车队的阿莱西等。他们无一不是前卡丁车欧洲锦标赛和世界锦标赛的冠亚军。

（二）卡丁车运动的特点

1. 卡丁车的娱乐性

由于卡丁车结构简单、安全性高，初学者无需任何驾驶经验即可参与，这就给每个接触它的人都提供了试玩的机会。车体小巧，转向灵活，底盘距地仅 4 厘米左右，在直道高速进行时，车手的视觉是实际速度的 2～3 倍；在转弯进行时，车体会产生与方程式赛车在转弯时相似的横向加速度从而使车手在保证自身安全的前提下，深刻体会到风驰电掣的速度和人车合一的驾控快感。为提高趣味性和技术性而独特设计的卡丁赛道，以急缓相间的弯道为主，车手在行进中时刻都要面对挑战。随着驾控水平的提高，心理的成熟，车手在娱乐中体会到与现代都市生活相吻合的快节奏，以及每一次超越自我后激情迸发时的豪迈。这就是卡丁车在娱乐方面独特魅力之所在。

2. 卡丁车的竞赛性

由于车手驾控水平，心理素质的不同，卡丁车的时速相差很大，而且要达到较高的水平，需要 1～2 年的锻炼时间。这就为车手提供了一个广阔的自我发展空间。同时，因卡丁车自身防护性能优良、场地设施安全保障性高，使得同场竞技成为熟练车手乐此不疲的事情。

鉴于卡丁车与方程式赛车类似的结构、相仿的驾控要求，以及相似的行驶感觉，早在 1962 年，国际汽车联合会就设立了卡丁车联合会（CIK），并通过决议，F1 方程式赛手必须通过卡丁车洲际比赛，并获得相应的等级分，才有注册资格。当今世上令人瞩目的顶尖赛手如曼塞尔、舒马赫等，都是由卡丁车手成长起来的，所以赛车界普遍将卡丁车视为赛手的“摇篮”和“阶梯”。

（三）国内外卡丁车运动的发展现状

卡丁车，因其所具有的现代气息，以及独特的娱乐性、竞技性，自诞生以来，便以惊人的速度风靡世界。

1. 卡丁车运动在国外的发展

卡丁车运动在国外的发展已相当的成熟。仅以欧洲为例：欧洲大多数国家将卡丁列为培养儿童素质的方法之一，通过从儿童时期普及卡丁，来培养他们敢于挑战、勇于面对竞争的坚韧性格以及文明、秩序的成熟心理。由于卡丁车运动自身所具有的时代感和无穷魅力，加之国家的重视，卡丁车运动在欧洲已达到家喻户晓的程度。

欧洲国家每年都要联合举办高水平的洲际比赛。至于不同级别、不同范围的各国间及国内的比赛更是不胜枚举，民众参与者数以亿计，大小俱乐部、车队数不胜数，成为主要财团争相投入的项目。仅据苏联的统计，其国内卡丁车运动的正式会员，就达 20 万之巨。而在意大利，卡丁整车及配件的生产商累计已近百家，其民众普及率和拥有量也就可想而知了。

2. 卡丁车运动在国内的发展

20 世纪 80 年代中期，深圳香蜜湖度假村将卡丁车作为附设的娱乐项目引进，为中国的卡丁车运动首开先河。之后不久，杭州、上海、北京、武汉等地的大型宾馆、度假村接踵而至，纷纷效仿，将卡丁车推广至全国各地，使国人初步领略了这项风靡国外的运动。

基于卡丁车运动在国内迅猛的发展趋势和广泛的民众基础，1995 年中国汽车联合会（FASC）就加入了世界卡丁车联合会，成立了卡丁车运动委员会，并于 1997 年开始，每年在全国范围内举办锦标赛，这一举措意味着中国卡丁车界开始与世界接轨，并为国内卡丁车运动的开展打开了新的契机。

（四）卡丁车场地的规划建设要点

卡丁车场地是设有封闭环形跑道及相应的设施，根据场地功能的不同，分为室外竞赛型卡丁车场、室外普及型卡丁车场和室内卡丁车场三类。

1. 选址

卡丁作为竞赛、娱乐项目，有其特殊性、技术性。卡丁车机车的高速运转会产生较大的噪音，因此卡丁车场地的选取，应该考虑环境整体的和谐性；此外，由于该项目的技术性以及消费层次偏高，其客源是一个相对稳定的群体，对日常客流量的要求并不是很高。因此，对竞赛型卡丁车场地而言，选址一般考虑交通的便利性和整体的环境协调性；对娱乐型卡丁车场地而言，一般设置在景区的动态游乐区，应与其他娱乐项目和游客休息区分隔开来，并在赛场周边设置缓冲区域，防止项目产生的噪音对其他项目产生影响。

2. 室外卡丁车赛场基本条件

作为卡丁车的基础，赛场的建设至关重要，中国汽车运动联合会根据世界卡丁车联合会关于卡丁车赛场的技术规定，制定了《卡丁车场地建设标准》，并于1999年1月1日起在全国推行，向赛场建设者提供必须遵循和达到的基本技术标准。其中室外卡丁车赛场要求如下：

(1) 赛道

作为卡丁车行驶的赛道，有许多特殊要求。

首先地面应采用沥青铺设或涂附防滑材料。它们的造价虽略高于水泥等硬质材料，但这不仅大幅度减轻了扬尘现象，增加了轮胎使用寿命，同时也加大了轮地之间的摩擦系数，提高了对发动机输出功率的有效利用，其原理类似F1方程式赛车起步前增加轮胎温度。

室外卡丁车场跑道的纵坡度不大于5%，设置有起终点的直线路段最大纵坡度为1%。在跑道直线路段，跑道横断面是单斜面时，跑道两侧边缘之间的最大横坡度为1%。在弯道路段，弯道内边缘至外边缘的横坡度应不大于3%，特殊情况下不要超出10%。直线路段坡面与弯道路段坡面应自然平顺连接室内卡丁车场跑道的纵坡度和横坡度为0%±0.2%。特殊情况纵坡度不要大于10%。其坡面与平面的连接应平顺连接。

室外跑道的边缘（跑道的进出口除外）要用防滑的白漆或黄漆画出100 mm的连续线。在车辆运动轨迹与跑道边缘相切的路段，应设有混凝土界限石。界限石的内缘与跑道外缘应光滑连接。界限石铺设牢固，并用沥青或水泥黏合。

跑道上要设一定的弯道，其半径要有所变化。赛道形成的几何图形应急缓相间，总体上变化流畅，并按要求全程封闭。通过弯道时的设计车速超过80 km/h，弯道的半径要加大或保持一个恒定的半径；以较低速度通过的弯道，其半径要相应地减小，弯道转弯角度应根据跑道的布局、限定的最大转弯速度和弯道半径综合考虑。

为使卡丁车安全地进出跑道，室外卡丁车的跑道外侧要设置一条与跑道进出口连接的辅路，其宽度不小于 2.5 m。室外普及型场地的辅路的长度不小于 20 m，室外竞赛型场地的辅路长度不小于 30 m。辅路的进口要设在跑道限制速度的区段内，出口设在跑道直线路段的外侧。除跑道进出口区段外，辅路内边缘与跑道外边缘之间的距离不小于 4 m。

赛道区的照明亮度充足、布局均匀，且防止产生炫目的现象。

(2) 工作区

室外竞赛型卡丁车场在辅路外侧要建有竞赛封闭区、发车准备区和车辆维修区。辅路与竞赛封闭区的进口、发车准备区的出口连成一体。场地应用柏油或混凝土建造。比赛封闭区和发车准备区要用高度不小于 2.2 m 的金属安全网封闭。室外普及型场地在辅路外侧应建有 150 m 以上的停、发车准备区。

(3) 休闲区

卡丁赛场是集娱乐与竞赛于一体的场所，所以休闲区的氛围培养对赛场文化至关重要。通常，休闲区对装修的要求除了应独具匠心之外，还应以体现独特的赛车文化为主，如采用黑白棋盘格样式进行装潢；以典型的方向盘、比赛旗帜等造型为饰物；以国际知名的赛手、颇具典范的赛车、精彩刺激的竞赛图片等来烘托气氛。并且将卡丁运动的发展、简介、规则等制成醒目的标志牌予以张挂。不但能烘托出赛场的气氛，而且能使消费者深入了解卡丁运动和竞技方法，并对赛场留下深刻的印象。

(4) 公用设施

根据需要应设厕所、洗手间、停车场、维修车间、灭火设备、车库、看台等设施。

(5) 附属设施

要设立标有卡丁车使用须知与场地平面示意图等内容的场地告示牌，并放置在便于观众观看的明显位置。

3. 室内卡丁车赛场基本条件

(1) 场地要求

室内卡丁车场的室内净高不允许小于 3.5 m，要有良好的通风条件和不产生炫目的灯光照明。跑道路面照度不小于 100lx，跑道要为全封闭，并设有连接跑道的辅路、安全停车区及发车准备区。室内卡丁车场跑道的纵坡度和横坡度为 0%±0.2%，特殊情况下纵坡度不要大于 10%。其坡面与平面的连接应平顺连接。

(2) 跑道区域的安全防护

室内卡丁车场的跑道之间、跑道与建筑物墙壁之间要有连续的防撞物隔离；使用轮胎墙做防撞物时，轮胎墙与建筑物墙壁之间要留有 0.25 m 间距。轮胎墙后面是玻璃幕墙时，玻璃幕墙与地面之间至少要留有 0.9 m 高的墙体，轮胎墙与玻璃幕墙之间要留有不小于 1 m 的安全距离。对于场地中的支柱，要用轮胎围其四周，不允许单个轮胎垂直使用。建筑物支柱由地面向上 0.9～1.5 m 的范围内要用 0.3 m 厚的海绵包将其包裹。对于弯道外侧的建筑物支柱尤其要加强安全防护。

使用高强度塑料板或橡胶板做防撞物时，高强度的塑料板或橡胶板与地面之间要有牢固的定位支撑。面向跑道的内平面要与跑道垂直并沿跑道平滑连接，板厚不小于 10 mm，自地面向上的最低高度为 0.5 m。用于隔离跑道的两列板之间设置轮胎墙。

高强度塑料板或橡胶板与墙壁或建筑物支柱之间要留有不小于 0.5 m 的间距，自地面向上 1.5 m 范围的建筑物支柱表面要包裹 0.5 m 厚的海绵。如在板后安装玻璃幕墙时，玻璃幕墙与地面之间要留有 1 m 高的墙体，防撞物与墙的间距不小于 1 m。在有可能形成危险的地方，还需要在板与幕墙之间设置必要的轮胎墙。

(3) 停车区与准备区建设

停车区与准备区要设置在与休息厅连接的安全位置，并有独立的进口和出口与跑道连接，其四周要设置轮胎墙以保证该区域的安全。在跑道与停车区进口之间要设有一段狭窄的弯曲的减速道，以有效地降低车速。减速道的入口要设有明显的标志。场地条件允许，应在跑道上设立临时安全停车区，供车辆出现故障或驾车者需要临时停车时使用。

二、露营旅游项目设计

(一) 露营项目及发展

“露营”一词最早可追溯到人类社会早期，是人类为了生产活动或者军事活动等而在野外搭建一些临时性的设施。近代露营活动于 1860 年发源于美国并在 1945 年后开始形成热潮，在此后的发展过程中，欧美国家露营地的数量不断增加，形式上也经历了从最初的帐篷露营过渡到房车露营；更重要的是其从最早的作为校园教育性活动转变成为现代都市居民的一种重要的休闲活动。

近年来中国自驾车休闲旅游、家庭自助旅游、背包徒步旅游等旅游方式的兴起，使露营作为一种新型户外旅游方式逐渐进入国人的视野。人们徒步、驾驶汽车或房车，前往城市近郊露营地，并在露营地使用帐篷、房车或露营地的木屋进行留宿。露营将人们从都市生活繁重的压力中解放出来，而且人们通过露营可以增强体魄，更明显的是可增长年轻人的自信心，同时也为年长者提供在陌生环境中挑战自我的机会。露营被认为是亲近自然的最好方式，同时露营地等专业化户外游憩基地也成为森林公园、自然保护区等景区的重要开发项目之一。

露营旅游是旅游者利用自带的设备在特定的营地开展野外停宿，以休闲、娱乐、训练等为目的的一种新型休闲活动。根据不同的分类方式，可将露营项目分成不同的类型：

①根据露营地资源环境，可将露营分为河滨露营、海滨露营、山区露营、湖畔露营、森林露营；

②根据使用的设施，可分为帐篷式露营、汽车露营、木屋宿营；

③根据距城市的距离，可分为都市型露营地、近郊型露营地、过境型露营地、旅游风景区露营地；

④根据露营地的单位面积，可将露营地分为四级。第一级：每单元至少 150 m^2；第二级：每单元至少 120 m^2；第三级：每单元至少 100 m^2；第四级：最简易的露营方式。

（二）露营项目的开发条件

优越的区位条件、便捷的交通、优美的环境和充足的项目用地是露营地开发成功的必要条件，但是，不同类型的营地对条件选择也需有所侧重。

1. 区位条件

区位是指露营地所处的空间位置，其关注的主要要素有可进入性和水源供给状况。

可进入性是露营地空间布局的一个重要衡量内容。露营地距客源地的距离以及交通状况影响着露营地的吸引力。露营地一般分布在距离城市和城镇人口中心较近的市郊或者乡野，或者依托景区，交通便利，以行程 0.5～3 h 为宜。

水源供给状况是影响露营地开发规划的主要因素之一。水源是人们生活中不可缺少的资源之一，露营中如果缺少充足的水源，则会给人们的活动带来诸多不便甚至威胁到人们的生存。因此，一般来说露营地都要靠近水源供应地，以供露营中饮用和沐浴。没有安全、充足的水源供应，则无法进行露营地的开发。

2. 环境条件

一般来说，露营地应选择生态环境良好的自然地带，临近河流、海边或湖畔，或者周边有风景区、名胜古迹等可供露营者游览欣赏，环境舒适的地域。具体而言，在地表条件、日照、植被、土壤等多方面都有具体要求：

①地表坡度：缓坡，坡度以 10～15 度为宜，最陡处不能超过 15 度。地形平坦但是排水性能不好的地区不适宜开发作为露营场所，一般最少需要 2 度的排水斜坡。

②日照时间：日照时间相对于露营者来说是较为重要的环境指标之一，如果日照时间长，营地便比较温暖、干燥、清洁。

③植被状况：一般要求露营地有 40%～60%的乔木树荫，其下有 20%～40%的植物覆盖率。

④地面土壤：避免潮湿的沼泽地、排水性恶劣的腐殖土层、黏土层、洪水平原、地下水位太高之处或者经常有水位高涨、易淹没之处。

⑤危险物：对露营者会造成直接或者间接危害的要素。有毒动植物、昆虫，易引发危险的地质构造等，此外枯死木、湍流、峡谷、崩塌地等也要重点关注。营地周边无空气污染、噪声污染、水源污染的大型重化工业区或污染单位。

此外，除了上述各项环境要素外，还要考虑雨季长短、风向、风速、气温、温差、湿度等因素。

（三）汽车营地规划设计

“汽车营地”是指在交通发达、风景优美之地开设的专门为自驾旅游爱好者提供自助或半自助服务的休闲度假区。主要服务包括住宿、露营、餐饮、娱乐、拓展、汽车保养与维护等，是满足现代人休闲时尚需求的旅游新产品。它一般分为自驾车营地和房车营地。

1. 营地产品的功能分区

汽车营地根据其类型、自身特色及目标客源市场的消费特征设置有不同的功能区，一般而言，都设有综合服务区、营位区、休闲娱乐区、服务保障区等。可根据具体的功能定位设置木屋住宿区、帐篷露营区、儿童游乐区、户外运动区、露天活动区、商务活动区、宠物活动区等特色功能区。相关功能区应充分借助和利用周边的自然、人文等资源和空间，便于形成独特的露营休闲体验。各功能区之间应通过绿化带等方式进行适度隔离，各区域相对独立，且又相互呼应相互作用，形成整体的营地产品组团（详见表 8-5）。

表 8-5　营地产品的功能分区

功能区	主要功能	主要服务项目
综合服务区	营地管理、游客服务中心，承担基本服务功能	预定、餐饮、购物、租赁、医疗、汽车保养、信息服务等
营位区	营地的主要功能区，提供宿营服务	相对独立的房车营位、自驾车营位、帐篷露营区、木屋营舍等
休闲娱乐区	营地的公共活动区，提供休闲娱乐等服务	垂钓、烧烤、采摘、攀岩、滑草、儿童游乐区及水上娱乐活动等。

除以上三大功能分区外，营地还会根据自身资源市场需要等对功能区进行延伸或完善，增设度假、旅游地产等功能分区，提供分时度假等服务。

2. 营位区设计

汽车营地规划受道路交通、地形地貌、植被、光照、通风等自然环境影响，其规划设计必须满足汽车顺畅通行的基本条件。营位区布局设计是整个营地产品的核心特色区，尤其是营位区对场地的地形、坡度、排水等要求较高，规划时都应结合地形地貌、自然条件等特征，因地制宜进行布局设计。

(1) 营位区布局

①集中式布局：营地用地紧张且地势平坦时，一般采用紧凑的联排式布局。这种布局方式占地面积小，容量大，但是对场地平整度要求高，且营地密度大，旺季时会给人拥挤的感觉，缺乏必要的私密性，很难提高露营环境的品质。

②组团式布局：用地稍宽裕的营位区可采用组团式布局。由数个营位组成的团散布在营区中，由车行道组织和连接起来。这种布局较为紧凑，且具有一定的灵活性，营位排列方式节省道路面积，从而节约投资；缺点在于营位距离近，容易相互干扰，圆形组团与自然的融合性较差。

③环状循环布局：以不规则环形形式的道路将各个营位串联起来，通常为单行道环线，各个环线再由上一级道路并联起来，整体布局形式为一个环状循环。这种布局方式对自然环境的适应性强，可以顺应自然地形改变环线形状；单向环线便于组织交通；营位间距被拉大，空间较为开敞，露营者心理舒适度增强，露营活动品质提高；缺点在于道路所占面积较大。

④树枝型布局：由主要车行道延伸出的枝状尽端式道路将各个营位串联起来，通常为双向车道，超过 30 米的尽端式道路末端设回车场。该布局适用于受到诸多自然条件限制的狭长地形，如山谷、河岸等。

⑤围合式布局：沿着道路周边布置营位，并以道路围合出较大而开阔的活动空间，用作集体活动活帐篷营位等，适用于较为规则的平整场地。

⑥混合式布局：在实际的汽车营地规划设计中，由于场地大多数位于自然环境当中，用地形式常常不规则，且地势起伏等情况较多出现，单一的布局形式不能满足实际的布局要求，这时需要根据实际地形特点综合运用两种或多种布局形式以达到空间利用率最高，并与自然环境相融合的目的。

（2）道路设施

与露营基地连接的道路，应有通畅的国道、省道或国家二级以上公路；通向基地的各主要公路上，应有明显规范的道路指示牌；在靠近交叉路口的地方，也应设有明显规范的道路指示牌；基地内有便利、整洁、通畅的观光通道，主要路口应设有中英文设施指示牌，有中英文观光项目说明牌；自驾游、房车游基地必须具备停车场；营区入口处应设置带照明的营地标志牌；营地内各功能区及建筑物都要有标志牌、警示牌等；内部道路要设置明显的地标、向导牌、警示牌等。

（3）管理中心及接待中心

主要提供游客接待、医疗服务、物品租售等服务。

（4）其他休闲娱乐配套

露营地内应设置和提供供露营者进行体育文化活动的体育文化娱乐设施：如篮球、网球、排球、游泳、轮滑、攀岩、健身路径、迷你高尔夫、拓展训练、儿童游乐场、体能训练、娱乐场所、露天影院等；露营地宜设置提供露营者进行活动的综合性广场；野餐区一般设有坚固耐用的固定桌椅，供客人用餐时使用；烧烤要划定特定的区域。营地一般限制用火，即使允许烧烤的地区，也要使用营地所提供的设施或使用所规定的器具。烧烤区要配备足够的消防设备。

（5）其他基本配套设施

如营火场、卫生设施、水电系统、照明系统、污水处理系统、野餐桌椅、方向指示系统等。

为满足露营者团体活动需要，一般设计营火场。

生活卫生设施包括公共卫生间、公共淋浴间、公共盥洗间、公共洗衣间等必需的卫生设施；生活卫生设施距帐篷区、汽车营位最小距离不宜小于10 m。生活卫生设施的建设外观和色彩应与环境相协调，卫生设施内部应空气流通、光线充足，地面铺设防滑地砖，并应用防臭、防蛆、防蝇、防鼠等技术设施；生活卫生设施设计应合理地布置卫生洁具，及其使用空间，并充分考虑老年人、儿童残疾人的专业设施的配置。

由于自行式房车、托挂式房车和移动房屋内设置厨房、卫生间、空调、照明等必需的生活设施，而且都有自备的外接接口，所以营地要在房车的停车位处预埋满足房车内部生活设施所需的上下水、电源、管道或贮气罐式燃气，并留出与房车型式配套的接口或使用可转换的接口。

(6) 露营地信息建设

基地所在地应有完善的通信基础设施。移动通信应能全面覆盖基地及其周边；有必备的互联网及终端设备；具备相应的信息采集功能；配有用于紧急联络的通畅的通信工具。

(四) 帐篷露营地规划设计

帐篷露营地是指以帐篷为主要住宿设施的露营地。

按可进入性分：步入式露营地、徒步式露营地、骑行营地、船入式露营地、飞入式露营地。步入式露营地是指位于停车场附近，步行 30 min 内抵达的帐篷露营地；徒步式露营地是指通过较长距离以徒步方式进入的帐篷露营地；另外还有骑行营地、船入式露营地、飞入式露营地。

按自然环境分：山地露营地、滨水露营地、森林露营地、海滨露营地、草原露营地、沙漠露营地等。

1. 选址

①应选择在生态良好、风景优美、视野开阔、水源有保障的区域；

②应避开滑坡、洪水、巨浪、高压线、雷电多发区等容易发生自然灾害的地段，以及存在有伤害植物或生态脆弱的区域。

③应远离有污染排放的工厂、矿山、风电场等设施。

④周围 30 公里或 1 小时车程范围内应具备能为露营者提供紧急救助的设施或条件。

⑤步入式和徒步式营地周围 10 km 范围内应有高速公路（岛屿型营地除外）。

⑥所在场地的地形相对平整，坡度不宜大于 15 度。

2. 布局

应在场地环境的生态承载力之内确定营地规模和接待容量；整体布局应因地制宜，充分保护和利用天然地形及自然资源；营地内的功能分区应清晰，交通组织流畅；营地风格与周边环境协调，可体现相应的文化主题；营地范围内的绿地率应达到 50%以上（沙漠露营地除外）。

3. 功能区设置

帐篷露营地应至少包括服务中心、露营区、公共卫浴间、公共厕所、废弃物收纳站等基本功能区和设施。

根据露营休闲活动需要，可设置户外运动区、餐饮商业区、木屋露营区、儿童娱乐区等特色功能区。

根据露营地类型，可设置停车场、停机坪、码头等功能设施。

案例链接

国内外露营地开发案例赏析

1. 美国密歇根州琼斯郡三星级湖畔型 Camelot 露营地

Camelot 露营地位于密歇根州琼斯郡西边的百合湖南岸，旁边就是 60 号高速公路。营地距密歇根州的卡拉马祖市和印第安纳州的南本德市非常近。

营地内虽然略显简陋，但是各项生活设施齐全，对于希望放松一下，而并不是奢侈度假的家庭尤其适合。营地内提供各种娱乐活动，有为儿童准备的游戏场，为青少年准备的排球场、篮球场、骑马，适合成年人的高尔夫、独木舟。还有游泳、骑马、台球等大众项目。

Camelot 露营地也是一个理想的旅行大本营。营地拥有便利的交通和周边丰富的旅行景点，游客们进行周边一日游可以有多种选择。无论是卡拉马祖市冰球比赛还是动物园，或者著名的南黑文港口，都是游客休闲的不错选择。

基础设施：房车露营营位、帐篷露营营位，水电、燃气、网络电视连接，下水道、排污处理设施、公共卫生间、野餐区、烧烤设施、聚会中心、便利商店。

娱乐项目：徒步、骑自行车、排球、高尔夫、台球、马蹄铁游戏、篮球、游泳、划船、钓鱼、骑马。

2. 台湾嘉义县松田岗四星级休闲露营农场

松田岗露营农场把东南亚风情作为自己的特色，整体园区的生态打造也是强调东南亚的风情，所以种植了大量的棕榈科植物。平常除了供游客欣赏之外，这里还和很多中小学校、大学院校建立植物科普课堂合作。

露营地内拥有专门的房车露营区域，停放着从国外进口的房车供游客体验居住。里面电视、冰箱、浴厕一应俱全，非常适合想在郊外露营过夜却又不习惯睡帐篷的人。

松田岗休闲露营农庄可以说是一个很有特色的文化露营农庄，不管是园区的植物生态展示，东南亚风格的景观，适合台湾人口味的美食，特色娱乐节目，多样的住宿方式，都给游客带来独特的感受。

基础设施：房车露营营位、帐篷露营营位、树屋、度假木屋、卫生间、洗浴间，沙堆游戏区、迷宫区、游客手工体验中心，餐厅、烧烤设施、便利店。

娱乐项目：手工制作、戏沙、参观植物、迷宫。

3. 美国密歇根州马斯基根四星级乡村型鸭溪露营地

该营地被繁茂的森林包围，占地面积庞大，地势平坦，拥有150多个房车露营营位，每个营位都拥有完善的水、电、燃气等连接装置，可以满足所有类型的房车露营使用。营位与道路的规划也非常科学，保证了营地内交通的方便与安全。

与其庞大的露营生活区相比，生活区和娱乐区所占的比例就有限了。营地内的餐饮、洗浴、洗衣、超市等基本设施完善，同时也拥有篮球场、沙壶球场、电玩游戏厅、台球厅、沙地排球场等多种娱乐设施。这正是鸭溪露营地的特色，该营地将其自身特色准确地定位于纯粹的房车露营和房车长期停放，从而吸引了大量拥有大型房车的游客。

基础设施：房车露营营位，水电、燃气、网络连接、有线电视、公共卫生间、公共淋浴间、洗衣房，餐厅、活动中心、便利店，温水游泳池、大操场、篮球场、沙壶球场、电玩游戏厅、台球厅、沙地排球场、攀岩场、儿童游戏场。

娱乐项目：游泳、篮球、沙壶球、电玩、台球、沙排、攀岩、自行车。

活动：马斯基根夏季庆典、马斯基根市区自行车集会。

4. 奥地利提洛尔五星级山地型 Aufenfeld erlebnis 露营地

Aufenfeld erlebnis 露营地位于美丽的阿尔卑斯山脉 Zillertal 谷，坐落于山脚下平坦的林地之中。

Aufenfeld erlebnis 作为五星级露营地，其设施的完善程度和豪华程度令人吃惊，庞大的房车露营区、豪华的旅馆、舒适的桑拿 SPA 和美体护理中心，无一不吸引着热爱生活的人们。更令人惊喜的是，在营地内和周边还有常年不断的活动和无数音乐会，为儿童和年轻人们所喜爱。

Zillertal 谷被称为“世界上最刺激的山谷”，在这里，无论是炎热的夏季还是寒冷的冬季，游客都能参与刺激的冒险活动，享受放松的假期。当然，只要来到阿尔卑斯山脉，就一定不能放过冬日壮丽的雪山和夏日茂盛的森林，冰川滑雪、激流勇进等项目一定会让游客流连忘返。

基础设施：房车露营营位、帐篷露营营位、高级旅馆，水电、燃气、网络连接、有线电视、公共卫生间、公共淋浴间、独立淋浴间、洗衣房，餐厅、酒吧、活动中心、超市，室内游泳池、室外游泳池、大操场、儿童游戏场、马场、滑雪场，桑拿中心、香薰 SPA、美体护理。

娱乐项目：游泳、滑雪、骑马、桑拿。

活动：冬季滑雪赛、季节庆典、篝火晚会。

5. 海岸房车露营地

海岸房车露营地位于南澳大利亚州首府阿德莱德，毗邻美丽的圣文森特湾。整个营地被美丽的澳大利亚海洋所拥抱，干净的沙滩、交融的蓝天大海和时刻翻滚的白色浪花，任何一个人都难以抵御这样的美景和放松环境所具有的魅力。

营地内的生活设施一流。住宿方面有两个选择——房车公园和海洋度假村。房车公园提供了完善的房车配套设施，并有宽敞的水泥道路将各个营位连接起来，而且距露营地不到 50 米外就是美丽的大海，非常适合一家人停留放松。海洋度假村则是一个木屋区，各种规格的木屋矗立其中，房间内温馨无比。

作为四星级露营地，海岸露营地娱乐设施全面。大型的高尔夫球场、网球场、极限运动场、蹦床等大小娱乐设施几乎能够满足所有人的需求。

对于离不开都市生活和外来游客而言，近在咫尺的阿德莱德市是一个绝佳的观光地，而且还可以前往附近的袋鼠岛一览澳大利亚的象征——袋鼠。

基础设施：房车露营营位、帐篷露营营位、木屋别墅、木屋公寓、电话、排污处理设施，野餐区、烧烤区、厨房、咖啡厅，浴室、厕所、洗衣房，游泳池、网球场、高尔夫球场、游戏场。

娱乐项目：海岸徒步、游泳、网球、高尔夫、蹦床、DVD 租赁、骑自行车、旱冰轮滑、极限小轮车、烧烤会、划船、帆船、钓鱼。

三、垂钓项目设计

（一）垂钓项目简介

历史上钓鱼是一种渔猎的生产方式，百姓多为生存，统治阶层的帝王、达官显贵、有钱的人多为娱乐。现代社会，大多数发达的国家与地区的人们将垂钓当作一项健身休闲娱乐活动。20 世纪 50 年代初，国外掀起世界性的钓鱼热。1952 年，欧洲、非洲、拉丁美洲等地的十多个国家联合发起并成立了国际钓鱼运动联合会。1980 年 9 月，由国家体育运动委员会牵头，在无锡市成立了中国钓鱼协会。而后，江西、江苏、上海、重庆、沈阳等地也相继成立了地方性钓鱼协会。休闲垂钓运动已日渐成为一种时尚的休闲度假方式，一种群众性休闲体育活动，只要有水域的地方就可以享受垂钓所带来的乐趣。

根据钓鱼场所的水域类型，可将垂钓分为不同类型：

1. 溪钓

在河流或小溪中垂钓，鱼种为喜清水、高溶氧、冷水性的鲑、鮰、鳟等鱼类。

2. 塘钓

在养殖塘、野塘等水域垂钓，鱼种多为鲫鱼、鲤鱼、草鱼和鲢鱼；地方不同鱼种不同，养殖池塘为饲养鱼。

3. 库钓

垂钓场所为水库，一般鲤鱼、鲫鱼、鲢鱼等。

4. 矶钓

所谓矶钓，是指在突出水面的岩石或礁石滩上垂钓。在那些人迹罕至或很少有人为干扰的矶、礁、岛、屿周围，水下往往是峰峦叠嶂、悬崖峭壁，深不可测，地形十分复杂；矶岩周围，礁石丛中，海峡海岬，往往都伴生着极丰富的水生动植物，成为海洋中各种洄游性鱼类索饵、产卵的必经之路，一年四季，鱼类资源极为丰富，所以成为矶钓冒险家的垂钓乐园。

5. 船钓

搭乘专业海钓船出海，以船钓竿直接垂下钓组垂钓。对象鱼为深海底栖鱼及近海底栖或洄游鱼，诸如红甘、石斑、鸡鱼类、鲹科鱼类、鲷科鱼类、白带鱼及透抽等。

6. 海钓

即依据海洋中各种鱼类生活的海域环境形态，配合其生活习性、栖移状况、季节与气候因素、觅食习性等，采取有效的方法，以钓具和饵料诱钓之。

由于钓鱼所需工具较为简单，一般为钓竿、钓钩及鱼饵，所以垂钓项目设计主要在于景观和环境的营造，以及配套设施和服务设施的规划。

（二）休闲垂钓场所规划设计

1. 项目选址

垂钓池塘最好位于城郊附近，如在偏远地区首先要保证交通便捷，同时也要避免靠近车辆喧闹的公路，保持池塘环境相对优美宁静，营造舒心、惬意、回归自然的氛围，否则既影响池鱼的正常养殖和上钩率，也不能吸引垂钓爱好者前往。

2. 池塘规格

用于垂钓的鱼塘面积以便于管理为宜，最理想的面积为0.33～0.67公顷，水深2.0～2.5米，易干塘及拉网操作；池塘要求水质良好、水源充足、排灌通畅，尽可能引进河水以便改善水质；保持平坦的池底，使池底的淤泥厚度保持在20厘米左右，采用砖石、多孔板或块石护坡并建成池埂，利于日常管理和垂钓活动。

3. 垂钓品种选择和放养

（1）放养前的准备工作

因垂钓池塘的鱼极易受伤，并且长期有大量的各种诱饵投入，再加上水体中鱼群密度大，特别容易造成水质恶化和缺氧，滋生各种病原体，所以每隔1～2年都要进行彻底地干池清塘，以改善池底环境。可以在垂钓淡季的严冬季节，放干池水，清除池塘底层淤泥，并进行冻晒。此外，在放养前用生石灰全池清塘消毒。

（2）放养品种、规格

垂钓池塘的鱼类应做到品种搭配合理，放养规格多样化。池塘水体的上、中、下层栖息的各种鱼类都要放养，品种选择应根据当地垂钓者的喜好，包括鲢鱼、鳙鱼、青鱼、草鱼、鲤鱼、鲫鱼等常规鱼，搭配鳊鱼、罗非鱼、黄颡鱼等其他鱼类。同时应注意食物链关系，从鱼类生存及生活角度出发，考虑素食性、肉食性及杂食性鱼种搭配，以还原部分自然状态下生境为目标，选取合适当地地理环境的鱼类及部分节肢类动物，营造生态、健康的垂钓鱼池。

（3）放养方式、放养时间和放养数量

垂钓池塘放养方式可采取一次性放足，也可以多次放养，还可以随钓随补，保证随钓随有。一次性整体放养最好在立春前后。放养数量根据池塘条件、垂钓品种、管理水平、增氧设备等因素决定，保持合理的垂钓密度，既不产生浮头，又能有较高的上钩率。

（4）养殖管理

养殖管理主要涉及水质调节、投饵投放、日常巡查管理，保证鱼塘的正常运行。

4. 休闲垂钓鱼塘的环境与配套设施

（1）环境条件

休闲垂钓鱼塘可分为自然式和规则式两种。规则式鱼塘为规则长方形或正方形，垂钓较为简单，适合垂钓初学者。由于岸线为直线，地形一致，也适合进行多人垂钓竞赛；自然式鱼塘则为模仿自然湖泊、河流、溪水、深潭等各种水体自然形态的垂钓池。池底和驳岸的处理多用软质形式，为人们提供更为自然的垂钓环境，进水和排水方便。依据休闲垂钓场所的预测接待能力，人均 2～4 米设置垂钓位，以此控制驳岸长度。休闲垂钓大多为淡水钓，可以不考虑海钓方式，根据淡水竿的长度，以及各甩竿方向和垂钓方式决定最小垂钓面积。钓池最小面积不得小于两个方向同时甩竿时两钓竿的长度。

休闲垂钓鱼池的植物配置应考虑到场地的特殊用途，选择具有多重功能且不会妨碍使用者的植物。鱼池边乔木种植需要同时满足遮阴要求和不妨碍钓者下钩的条件，冠高和最大冠幅应有所控制，冠下高度不应小于 2 米。为营造宁静、私密的垂钓场所氛围，场地周边要选择遮蔽效果较好的乔灌木。此外还需控制水生植物的蔓延。

为丰富垂钓者的休闲体验内容，可在池塘边设置遮阳避雨处和休憩处，如可搭建回廊、凉亭曲桥、休闲草棚、小木屋或亲水平台等，供垂钓者或其他随行人员休息娱乐。环绕池塘四周可养殖土产禽类，种植无公害蔬菜、水果。

（2）配套设施与服务

钓池周围厕所、渔具商店标识明显且方便易达。如果钓池面积较大，服务设施要均匀覆盖；池塘要配备增氧机、投饵机、小型发电机（以便池塘日常管理）。

此外，休闲垂钓场所设计要注重女性市场和亲子项目开发。目前垂钓场所服务对象多为男性，但在家庭、团体出游的氛围日趋浓厚的今天，在服务男性钓者的同时，开发亲子项目，如亲子垂钓、摸鱼等项目，是吸引游客的重要手段；再如，可开展“农家乐”，为垂钓者提供餐饮服务，现场烹鱼、品鱼，开展多种经营，提高整体效益。

第四节　户外探险型体育旅游项目概念设计

户外探险型体育旅游项目主要以险峻的自然资源为对象，开展诸如高山滑翔、海上激流、徒步沙漠、秘境穿越、野外露营等充满冒险和刺激性的体育旅游活动，营造使人兴奋、惊心动魄的旅游探险经历，进而满足户外探险型体育旅游者个性化的旅游需求。

一、漂流旅游项目设计

（一）漂流旅游项目简介

漂流旅游是指合法拥有省级旅游行政管理部门颁发漂流定点证的企业组织旅游者在溪、江河、湖等水域利用漂流工具进行的人工漂流旅游活动。是介于探险旅游与生态旅游之间的专项旅游活动。近年，漂流项目发展迅猛，主要原因如下：

第一，资源制约作用有限。在我国南方山区和丘陵地区，水流清澈、景色清幽，流速和落差适宜漂流的河流非常多，因此，很多地区开发漂流项目不受资源因素的制约。

第二，投资制约作用有限。漂流项目开发的投资起点比较低，弹性也比较大。最简单的开发只需要用自产的原木、毛竹扎制木筏、竹筏，然后由当地识水性、会游泳的青壮年农民当船工，使用天然河岸和河段，而且是纯天然的旅游项目，很少人为雕饰、加工。成熟配套的漂流项目，则需要投入相当数额的资金，修建配套设施、服务设施，整修漂流河段，开展产品推介。此外，还需要地方进行基础和配套设施建设，包括出入漂流景区的公路建设或改造，停车场征地建设，供电、程控和移动通信设施建设，所在区域的森林植被保护和育林绿化，排水、治污设施建设等。如果要配套开发娱乐、度假、购物等项目，则投资量会更大。

第三，开发的技术制约作用有限。与投资密切相关，漂流项目开发的技术起点也很低，技术弹性很大。如果进行比较成熟的开发、配套、经营和服务，所需要的知识、技术就要大量增加，确保安全、质量所要进行的技术开发、培训、监督、管理的水平也将大大提高。

第四，具有很强的市场适应性和吸引力。首先，漂流是水上旅游项目，符合人类亲水的天性。其次，漂流项目又具有很强的参与性、惊险性、刺激性和趣味性，因此，几乎是老少咸宜，受到各种年龄、身份的旅游者的欢迎，也适合近程、中程和远程市场国内旅游需求。所以，漂流项目的市场面比较宽。在很多地区都具备开发漂流条件且纷纷进行开发的情况下，旅游行政管理部门就要通过规划、投资项目引导和政策调整等措施，尽可能避免近距离重复建设。对于新开发的漂流项目来说，就必须高度重视突出自身的特色，同时完善相关的配套设施和服务项目，及时合理地进行后续、深度开发，形成独具特色、配套成熟、服务一流的漂流旅游区。

（二）漂流旅游的特点

漂流旅游以探索大自然的奥秘为宗旨，是人们亲近自然、热爱自然、体验自然、回归自然的最佳通道，又具有动态性、体验性、挑战性、重游性的特点，因而受到了人们特别是青年人的喜爱。

1．动态性

我国传统的旅游方式向来以观赏为主，早已不能满足现代人寻求刺激、张扬个性的需要，更不符合涌动在世界范围内开放的、动态的旅游文化的趋势。而漂流旅游打破了以往传统的静态观赏的游览模式，旅游者可以在乘坐漂流筏的同时欣赏沿途的美景，既可以从中获得刺激的体验，又可以全面、多角度地观赏周围的风光。

2．体验性

参与漂流旅游活动的游客可以乘船筏或自驾船筏，在青山绿水、深峡幽谷中顺流而下，在游客根据水流和河道情况不时挥桨撑划驾驶或随波逐流的过程中，感受和体验山水、运动所带来的乐趣、美感，同时欣赏沿途景色和呼吸新鲜空气，实现愉悦精神、调节生活等目的。

3．挑战性

根据美国河流探险协会提供的资料，漂流探险难度的等级划分为：第一级，水流平缓的区域；第二级，大部分水域水流平缓，伴随轻微波浪。浪高：1 米；第三级，频繁的波浪，但对较有经验的人来说仍易把握方向。浪高：1.5～2 米；第四级，对有经验的人来说也较困难，有大的障碍物需要避过。浪高：3 米；第五级，只适于有丰富经验的人，漂流者的生命会受到很难逾越的障碍物的威胁。浪高：超过 3 米；第六级，（现阶段）不可实现。当旅游者完成漂流这项有一定难度的活动时，就会油然而生出一种自豪感。

4．重游性

漂流旅游活动，不同于观光型旅游，旅游者在旅游活动中有更多的参与，并在参与活动中获得新的认知，实践自身的创造能力，确认自身的价值。因此，如同漂流旅游这一类具有很高参与性、运动性的旅游项目有着极高的重复性与重游率。

（三）漂流项目环境要素

漂流项目对于环境，特别是对水域环境有着较为严格的要求，并非所有的上游河段都可以进行该项目的开发。一般而言，项目的前期考察工作重点应该放在以下环境要素：

1．坡降

河道坡降大小直接关系到河水流动速度，坡降大的地段水流加快容易形成急流。而漂流作为一项刺激性的体育项目，较为湍急的水流是必备的条件。河道落差最少应达到 50 米，以保证游玩的刺激度；其次，河道长度最少应达 2000 米，以保证半小时以上的游玩时间。

2. 河床

河床中若散布着隆起的巨岩、石块，甚至是突出水面的岩石，当河水流过时易形成湍流。但是如果水中有过多的巨石林立的话也不适合开发漂流项目。而对那些由淤泥、细砂、小卵石组成的河床，即使水流再快，也难以形成大的波浪，因此，不宜开发作为漂流河道。

3. 流量

一般河流流量都会随季节变化而发生规律性的变化，枯水期流量小，水深变浅。如果河流水深小于 30 厘米，则不适宜作为漂流场所开发。作为水量调节的手段，上游水库的集雨面积最少应达到 5 平方千米，以保证漂流旺季的漂流供水。

4. 河道的弯曲程度

河道弯曲次数多而且变化曲度大时，再辅以适当的坡降、河床状况及流量才能形成完美的漂流条件。

5. 景观环境

对于漂流项目而言，感受惊险刺激的经历只是其中的一部分，而另外一个重点部分就在于欣赏漂流河段两边的风景。因此，河道两侧以及沿岸风景应变化有致，过于单调、封闭的景观地带不太适宜于开发漂流项目。

（四）项目设计内容

1. 漂流起点

①码头：漂流码头应设在水流缓慢、水域开阔处；下水坡道要求设置在水流慢、坡度缓的地方。若水岸情况良好不需特别设置下水坡道，应将下水区域设定在一定范围之内，以免因人为因素破坏自然河岸，同时便于进行游客安全管理。

②服务中心：应设置更衣、淋浴、厕所等设施，同时应开辟与接待游客容量相适应的休憩场地或游览空间。

③停车场：停车场应设置在漂流旅游码头附近，其规模与漂流旅游接待规模相适应。停车场地面平整，划有车位标志，应有专人负责管理、疏导，车辆停靠整齐有序。

2. 接驳服务点

当起漂点与服务中心或者终点距离较远时，应设置接驳车运送游客至起漂点（或终点）；途中水流过浅、河床粗糙或者遇到较大的坡降、漩涡无法通过时，应设置岸上接驳通路，并设置醒目的警示标牌；局部河段水流过缓，漂流船只无法自行移动时，可设计快艇等动力牵引，同时增加漂流的趣味性。

3. 漂流河道

漂流景区对河道原址的修整主要是清除巨石、深潭等障碍，以保证安全。为保留原始景观，尽量不使用大型推土机等作业。就地取材，最大限度地保持河道的天然性，保留漂流的原始味道。遇上部分阻碍河道的大型植物或者野生动物活动通道，可考虑重新规划漂流线路，绕开植物或者动物活动空间，将项目开发对自然生态环境的影响降至最低。

4. 中途停靠点

当漂流水路较长、险滩较多时，可选择设置中途停靠点，供游客舒缓紧张情绪，稍作休息。休息点可设置食品供给或者设置野餐项目。停靠点除提供基本的供水、供电、卫生设备，还需提供急救车等应急服务。

5. 漂流终点

漂流的终点处可设置更衣、淋浴、厕所等配套设施。起点和终点的接驳以及游客中心设置可根据漂流河道的实际情况来设计，设置原则体现服务游客的思想，通过人性化的设置，让游客能便捷到达起漂点，在漂流结束之后能够迅速冲凉更衣，提升顾客的漂流体验的舒适度。

6. 漂流项目安全服务设计

①设置多重安全防线：在景区最显眼的位置上设立醒目的漂流安全公告牌，让游客事先了解最基本的漂流技巧与安全常识；在漂流前由专职安全救生员向即将参加漂流的游客具体讲解漂流须知；在登船起漂口进行安全检查和控制下水漂流的游客数量，拉大漂流船只之间的距离。

②加强漂流过程的安全控制。一是在起漂点分级设置控制区，有专职领航员控制漂流船的数量、速度。二是安全救生员须在漂流沿途进行安全巡防。三是必须建设漂流河段的导航安全标识系统，对河段的危险地段进行标识。四是根据情况增加安全防护设备。在水量大、流速快的时候，为游客配备安全头盔、安全手套、不易脱落的漂流鞋，平时也根据游客的身体、年龄状况和意愿、要求，有选择性地为部分游客配备这些用品。另外，在起漂点和终漂点应该配备急救医药箱，条件好的地方要配备医务室，聘请专职医生。应与所在地的医院建立良好的关系，一旦发生意外，及时救治。

二、滑雪（滑草）旅游项目设计

（一）滑雪项目简介

现代滑雪运动的项目有高山滑雪、北欧滑雪（含越野滑雪、跳台滑雪、北欧两项滑雪三个大项）、单板滑雪、自由式滑雪、冬季两项滑雪、登山滑雪、定向滑雪等。每个大项目中又包括诸多小项。有些项目局限于专业竞技，如标准的跳台滑雪、自由式滑雪中的空中技巧等项目，这些项目属专业竞技滑雪项目；有些项目适宜于在大众中广泛普及，如高山滑雪中的回转与大回转、单板滑雪中的大回转、基本跳跃、U形场地技术，越野滑雪各单项等项目，这些项目适于大众休闲、娱乐滑雪。

滑雪场地一般是指一个特定的经过修建可供滑雪专用的小区域。不同的滑雪项目有不同的滑雪道或滑雪场地，如高山滑雪道、越野滑雪道及高山滑雪场地、跳台滑雪场地、单板滑雪U形场地等。滑雪场所可以有不同的称呼，如滑雪场、滑雪度假村、滑雪运动基地（中心）、滑雪俱乐部（公司）、滑雪学校（公司）、滑雪游乐场、室内滑雪场等。

（二）开发建设滑雪场所的基本条件

①获得体育行业管理部门的专业核准。

体育行业管理部门将对拟开发建设的滑雪场所区域内进行实地考察，对是否适宜修建滑雪场所进行基本评估。要充分考虑到山体、地貌、气象、环保、客源等因素以及其体育市场、旅游经济等社会环境，这是修建滑雪场所必备的条件。

②有符合实际的可行性研究报告和项目建议书。

③有环保部门的项目环保评估报告。

④有发展和计划部门的项目立项批件。

⑤有土地、林业部门合法的土地使用及砍伐树林的手续。

⑥有工商部门的工商注册。

（三）滑雪场选址

滑雪场选址要从有利于延长雪期，有利于雪道积雪，有利于改善小气候、少破坏原始植被，有利于环保等方面出发，对选址区的坡向、风向、地形等因素做重点研究。

第一，雪道的朝向尽量选择北坡或西北坡，不受阳光直接照射，有利于延长雪期；而且滑雪者背光滑行，可使眼睛免受冰雪环境中的强光刺激，提高保健性和安全性。

第二，坡面较平缓，没有过多、过大的变坡起伏，表土层较厚，石块较少，雪场平整作业量小，建设时的成本较低；所选坡面宽大，接待能力更强；坡下平整开阔，有利于雪场综合配套设施的合理布置，长远发展空间更广阔。

第三，需开拓的雪道以草地、耕地为主，树木较少，尽量避免大量砍伐林木资源，有利于环保；雪场建成后，还应在雪道之间及雪场周围种植隔离林带，在雪道上种植草，改善山地的生态环境，有利于改善当地的小气候。

第四，风的级别和风的走向。雪道开发要选择风量较小，或者雪道被山体和树林遮掩空间的地方进行。如果经常出现大风的气候条件，则会导致索道无法正常运行，同时无法造雪和存雪，给雪道维护带来很大困难。当雪道的浮雪和软雪被吹光之后，雪道滑行非常困难，雪道的质量受到很大影响。

第五，水源情况评估。雪场附近应有足够的水源，供水量大，水质好，为人工造雪提供必要的先决条件，同时也可保证景区生活用水。一般来说一个小型雪场要有 5 万立方米水储量，一个中型滑雪场要有 10 万立方米水储量，一个大型滑雪场要有 15 万立方米以上的水储量。

第六，森林覆盖情况。林木是雪场内重要景观，松柏古树成为野外审美的对象。当出现大雪云雾天气时，树枝树干形成雪淞，如同银花盛开，成为迷人的风景。高大的树林对雪道和过道起到遮挡风的作用。同时林木能阻挡积雪滑动，防止出现雪崩。

第七，交通条件。雪场到高速公路距离，雪场是否有火车直接到达，雪场到达中心城市交通时间，都是雪场交通条件的重要因素。

（四）大众滑雪道及滑雪场地的基本要求

1. 高山滑雪道（或滑雪场地）的基本要求

至少有一条主要在自然山坡上修建的滑雪道，其面积大于 6000 平方米，有效长度不少于 100 米；至少有一处适于初学者用的初级滑雪的场地。

滑雪道的停止区须开阔平缓，最短不少于 20 米。初级滑雪道能具备到滑行基本自然停止的条件。

高山滑雪道必须满足坡面与滚落线一致；初级滑雪道变向处的角度大于 135 度，宽度大于 20 米，坡度小于 8 度；中级滑雪道变向处的角度大于 150 度，宽度大于 25 米，坡度在 9～25 度；高级滑雪道变向处的角度大于 160 度，宽度大于 30 米，坡度在 16～30 度。

此外，高山滑雪道中的过渡雪道、引道、连接道最窄不少于 2.5 米；“盘山”式的初级滑雪道多数地段的宽度须大于 5 米；大众滑雪道的坡度原则上应限制在 30 度之内。

2. 单板滑雪道的最低要求

(1) 单板回转、大回转滑雪道

单板回转、大回转滑雪道基本同高山滑雪道，条件允许的话应设置得更宽一些。

(2) 大众单板滑雪 U 形场地

U 形场地坡度不得大于 15 度，双侧不能形成陡壁，周围 5 米之内不得有障碍物，终止区要广阔、安全。

3. 越野滑雪道的基本要求

越野滑雪道应修建在起伏的地形区域，且在滑雪场所有效管理范围内。要求平地、上坡、下坡各约占 1/3，下坡的坡度应小于 8 度，转弯处的雪道角度大于 135 度，宽度一般应大于 2.5 米，并开辟传统技术滑行雪辙。滑雪道可修成往返式或环状，顺时针滑行。

4. 其他项目的滑雪场地

修建滑雪场内的简易飞跃跳台、简易雪上技巧（雪包）场地、简易空中技巧跳台等，应持谨慎的态度，须修在宽阔无障碍地段，着陆坡度要达到 15 度以上，并有足够的停止区域。这一类滑雪场地只限中高级滑雪者使用。

此外，娱乐性项目的滑行道及场地（如雪上自行车、雪地摩托、雪圈等）须各自单独开辟，严禁与各种滑雪道共用；竞技滑雪道、滑雪场地的规定须符合该项目的竞赛规则及竞赛规程的要求。

（五）配套设施要求

1. 滑雪者的器材装备

一个滑雪场所如果经营高山滑雪、单板滑雪、越野滑雪项目的服务，则应配备最少 100 套高山滑雪器材，20 套单板滑雪器材，20 套越野滑雪器材供滑雪者租用。滑雪器材出租厅要临近滑雪道，地面应防滑，租用程序要简化顺畅。

2. 滑雪场地的设备

较大规模的滑雪场所应配备压雪机、架空索道、拖牵索道、造雪系统、雪地摩托车等机械设备。一个滑雪场所最少应配备一条索道；滑雪场所内所有索道运行路线和设备均应符合客运索道安全规范要求，经质检部门质检认证后方能投入使用；索道与滑雪道要留有安全间距，不得影响滑雪者正常安全滑行；各类索道的起终点区域不得狭窄，要便于排队、停留及上、下索道，安全措施要严密。要严格限制滑雪者直接滑向乘用位置；索道的运力应与滑雪人数及雪道规模、数量相匹配。

3. 滑雪场所的标志

滑雪场所内须设公共指示标志，并应符合通用标志的标准要求；滑雪场区内要设立醒目的不小于 8 平方米的向导示意图，标有场区范围、各条滑雪道、各条索道、器材出租场所、救护处、问询处及其他服务设施位置；在滑雪场地及滑雪道上应设有规范、醒目的滑雪专项标志。

①滑雪道等级的标志。滑雪道可以用直线也可用曲线表示。高级道用黑色，中级道用蓝色，初级道用绿色。某一条滑雪道包含两种以上级别时，分别用不同颜色分段标明。

②滑雪索道用直线表示，两端也可用圆形、方形、菱形图案表示出匹配雪道的等级。索道的种类可用相应形象图标明。

4. 滑雪场所兼营的其他项目

滑雪场所经营的项目主要是滑雪项目，但是考虑到不同层次游客需求和淡季经营，也会有部分辅助项目。如果兼营其他辅助项目，要有完备的安全措施。

(1) 雪圈（雪橇）滑道。

滑道两侧应有雪埂，雪埂高最低 20 厘米；滑道最长 100 米，滑道呈直道或弯曲道不限。弯处的弧度应大于 135 度，保证滑行流畅；滑道可以有起伏，滑道平均坡度小于 8 度；终点处有减速、停止的措施。

(2) 雪地摩托车场地。

不提倡在范围小或平地面积少的雪场内开展此项目。雪地摩托车项目必须在专设的骑行区域内进行，并应在管理人员视野监视之内。其周边不会形成对他人的危害，没有暴露的危险源；骑行线路应以平地为主，稍有起伏，不得有急剧的转弯与陡坡下冲的地段；骑行速度要严格控制，不得“超载”骑行。

（六）滑草项目设计

滑草是使用履带用具在倾斜的草地滑行的运动，1960 年由德国人约瑟夫·凯瑟始创，其基本动作与滑雪活动相同，因此，最初作为滑雪季节的准备运动的一环，滑雪国家队的夏季训练中被采用，现在常作为滑雪场夏季开发项目。此外，相比于滑雪项目，滑草项目不受气候条件限制，一般的草地、高尔夫球场、度假区稍加改造利用也可单独设置滑草场项目。

1. 滑草场场地要求

滑草道要求与滑雪道的初级道相同，其滑行速度要低于滑雪。长度在

120～300 米，宽度在 30 至 80 米间为佳，草地坡度（约分为 8 度斜角 20 米长，6 度斜角延伸 20 米长，4 度斜角延伸 30 米长，2 度斜角延伸 30 米长，加平地及向上缓冲延伸 20 米）。

滑草车（滑橇）专用场地长度最好在 80～100 米，山坡斜角 10 度向下延伸 60 米长，加一段 20 米长平地，及向上缓冲 8 米为佳。

2. 滑草场草坪要求

草坪应具有较强的耐磨和耐践踏特性。草坪要遭受游客反复践踏和滑草器材的反复摩擦，因此要具备较强的耐磨性和耐践踏性。

草坪应具有较强的抗逆性。植物的抗逆性是指植物具有的抵抗不利环境的某些性状：如抗寒、抗旱、抗盐、抗病虫害等。滑草项目最大的优势就是不受时间和地域的限制，因此，所选草坪的品种必须耐粗放管理，能适应当地的、甚至是较恶劣的自然环境。

草坪的颜色对比要鲜艳。滑草场草坪一方面提供给旅游者活动空间，一方面也是重要的造景要素。草坪的设计中，可通过不同深浅的绿色形成对比，营造美的视觉效果。

3. 滑草装备要求

①滑草器。滑草器长度约 80 厘米，竞赛用的滑草器最长可至 95 厘米。促使滑动的主要零件是滑草器内的滚珠，整个滑草器就像是个迷你的坦克车履带；在高速滑行时可以做出类似滑雪的动作。

②固定器。滑草固定器不如滑雪固定器有那么多的机关设计，主要是以穿脱方便为主要设计重点，能把滑草鞋固定于滑草器内部即可。

③草鞋。与滑雪使用的鞋子是完全相同，同样都是为了有效保护踝关节，所以无法使用替代品。

④滑草杖。也是与滑雪所使用的雪杖完全相同。不过由于滑草器较滑雪板高，所以选择滑草杖时，高度较滑雪杖长 5 厘米以上。主要作用是帮助平衡，对于初学者可作为助推器。

⑤滑草护具。滑草护具主要有头盔、加厚护膝护肘、护手及护小腿，为了保护头部、肘部、膝部等易受伤部位。

三、滑翔伞、动力滑翔伞、热气球项目设计

（一）滑翔伞项目简介

滑翔伞运动起源于 20 世纪 70 年代初的欧洲，当时，一些登山者从山上乘降落伞滑翔而下，体验到了一种美好的感觉和乐趣，从而创立了一个新兴

的航空体育项目。1984年来自法国的罗格·费龙（Roger Fillon）从勃朗峰上飞出，滑翔伞一夜之间声名大振，迅速在世界各地风行起来。独特的挑战性和刺激性，使它在世界上广泛普及，仅在欧洲，滑行伞飞行者已有300多万人。近几年，这项运动在西方国家发展得很快，瑞士、奥地利、德国、法国、西班牙等发达国家都拥有众多的飞行高手。

滑翔伞运动于20世纪80年代末传入我国，由于它简单易学，趣味性强，安全可靠，不需要太大的体力，逐渐成为广大航空运动爱好者向往、追求和迷恋的体育运动。

最初的滑翔伞是借鉴飞机跳伞使用的翼型方伞，它主要以下降为主，滑翔性能差，下降速度快，安全性能好。通过不断的发展和演变，现在的滑翔伞已经成为一种完整独立的、呈月牙形的航空飞行器，它在速度、爬升能力及滑翔能力等方面都有了很多改进。

（二）滑翔伞设备和功能

滑翔伞是一种柔性翼悬挂滑翔飞行器。当它与空气做相对运动时，由于空气的作用，在伞翼上产生空气动力（升力和阻力），因而能载人升空进行滑翔飞行。

滑翔伞的分类是以滑翔比来界定的，也就是滑翔伞在飞行中，其水平速度与下降速度之比，基本可以分为标准型、休闲运动型、专业竞技型三大类。标准型：滑翔比大于5而小于7，下降稳定，易于操纵，安全系数大，适合初学者使用；休闲运动型：滑翔比大于7而小于9，具有一定盘升性能，折翼现象发生较少，是供爱好者和专业运动员向竞赛型过渡的训练伞；专业竞技型：滑翔比大于9，水平速度大，下沉率小，适合长时间留空飞行和远距离滑翔，是利用空气动力实施飞行的最轻型飞行器。

滑翔伞通常主要由翼型伞衣、伞绳、背带系统和操纵系统四大部分组成。

①翼型伞衣——也称伞翼，是滑翔伞产生升力和承受载荷的主要部件。伞衣的形状、面积以及与气流相对运动的速度，对升力的产生有很大的影响。

②伞绳——用于伞衣与背带系统的连接，使滑翔伞成为一个整体，并保持滑翔伞在飞行中应有的翼面形状。同时，伞绳也是滑翔伞承载的传力部件，飞行中飞行员也可以通过伞绳对滑翔伞实施有效的操纵。

③背带系统——背带又称座带或吊带，它由多种不同功能的部件组成，因此称它为背带系统。背带系统应具有良好的舒适性和安全性。

④操纵系统——由操纵带、操纵绳和操纵圈组成。高性能的滑翔伞还有一套脚蹬加速装置。必要时，部分伞绳也可用于操纵。

其他辅助装备包括救生设备、头盔、对讲机、护具等。

（三）滑翔伞场地、设施设备条件

1. 场地

由于滑翔伞是无动力飞行，首先要由势能来换取动能，然后再去寻找上升气流做长时间飞行。因此，一般都在山区进行活动。具体要求如下：起飞场地应平整，长度不小于 30 米，宽度不小于 20 米，坡度不大于 30 度，且上空无障碍物；着陆场地平坦、开阔，长度不短于 50 米、宽度不小于 50 米，且上空无障碍物。应有场地使用证明。

2. 飞行装备

滑翔伞、备份伞应取得符合法定条件的专业技术组织出具的产品检验合格证明。飞行时应配备备份伞、无线电双向通信器材、计时表和高度表，并佩戴头盔、穿飞行专用鞋。

3. 其他设施：有广播、通信设备；有风速、风向测定仪；指示用公共标识符合要求。

4. 安全保障

在醒目位置有“飞行人员须知”及安全警示；滑翔伞操作人员应取得中国航空运动协会颁发的“滑翔伞运动证书”；滑翔伞飞行时其与任何空间障碍物间的距离不小于 50 米；有救护用的车辆，并配有氧气袋、救生床、急救药品和器械；提供当日的天气情况报告；有治安防范措施和突发事件的处理预案；各类人员上岗有明显标识；有健全的治安保卫、安全救护、设备维护制度及人员服务岗位责任制。

（四）动力滑翔伞项目设计

动力滑翔伞是指滑翔伞与一台小型动力推进器相结合，构成的超轻型软体结构飞行器。它包括：背式动力滑翔伞和轮式动力滑翔伞。动力滑翔伞项目设计与滑翔伞项目基本类似，其场地设施条件要求在具体数值上略有不同：

1. 场地要求

起飞场地平坦、开阔，且上空无障碍物。轮式动力滑翔伞场地长度不短于 150 米，宽度不小于 100 米；背式动力滑翔伞场地长度不短于 50 米、宽度不小于 50 米；着陆场地平坦、开阔，且上空无障碍物。轮式动力滑翔伞着陆场地长度不短于 80 米，宽度不小于 80 米；背式动力滑翔伞着陆场地长度不短于50米，宽度不小于50米；应有场地使用证明。

2. 飞行装备

动力滑翔伞、备份伞应取得符合法定条件的专业技术组织出具的产品检验合格证明。飞行时应配备无线电双向通信器材、计时表和高度表，并佩戴头盔、穿飞行专用鞋。

背式动力滑翔伞飞行时应配备备份伞。辅助设备要求有通信设备，有风速、风向测定仪，指示用公共标识应符合要求。

3. 安全保障

安全保障要求同滑翔伞项目。

（五）热气球项目设计

热气球是通过燃烧加热球囊内空气产生浮力悬浮于空气中，不靠任何推进装置产生推力的航空器。热气球作为人类挑战大自然的工具，已有200多年的历史，更远可追溯到我国三国时期，诸葛亮曾利用孔明灯绕过敌方传递军事情报。18世纪初，法国造纸商蒙格鲁非兄弟因受碎纸屑在火炉中不断升起的启发，用纸袋聚集热气做实验，使纸袋能够随着气流不断上升。1783年，他们制造出原始热气球，并乘着它在巴黎上空飞行25分钟后安全着陆，实现了人类首次飞上蓝天的壮举。热气球的诞生比莱特兄弟发明飞机整整早了120年，是人类升空最早的载体。

二战以后，随着经济的发展、高新技术的应用、化学纤维的研发和丙烷气体的普及，热气球获得了迅速发展。由于热气球操作简单，安全可靠，很快便成为风靡全球的时尚运动。

1982年9月，美国福布斯杂志社主编福布斯先生带着他的热气球访问了我国西安、洛阳、北京，在北京的八达岭长城脚下他亲自驾驶热气球进行飞行表演。这是新中国成立后，在中国大陆上第一次热气球飞行。福布斯将他带来的“中美友谊”热气球赠送给了我国，1983年中国首批热气球驾驶员开始飞行，中国的热气球运动便从此诞生。在此后的几年中，由我国自行设计、制造的HGQ-1和RQ-1型热气球试飞成功，经航空工业部和国家体委（现国家体育总局）两个部委批准定型。从此，我国具备了生产热气球的能力，有力地促进了这项运动的发展。

中国航空运动协会曾成功地举办了三次以飞越长城为主题的北京国际热气球邀请赛，还安全顺利地组织了热气球飞越黄海和琼州海峡的探险飞行，以及上海电影节热气球汇展等大型表演活动。中国热气球队多次赴法国、加拿大、俄罗斯、日本、美国、西班牙、波兰等国家参加国际比赛，促进了国际间的技术交流与合作，积累了项目的科学管理和组织活动的经验。

1. 场地要求

有开展热气球飞行活动空域；起飞场地平坦、开阔，长度不小于30米，宽度不小于20米，满足净空条件；着陆场地应平坦、开阔、满足净空条件；热气球系留点应牢固可靠；夜间系留场地应有足够照明。

2. 装备及辅助设施

热气球应取得符合法定条件的专业技术组织出具的产品检验合格证明；飞行的热气球上应配有通信器材；有存放燃料瓶等器材的专用库房；有通信设备。各类公共标识符合要求。

3. 安全保障

每具升空的热气球上至少应配备一名热气球技术指导人员；在醒目位置有“热气球乘飞人员须知”及安全警示标识；急救药品和器械应摆放在便于取用的明显位置；器材使用和存放应符合消防安全规定；各类人员上岗有明显标识；有健全的治安保卫、安全救护、设备维修制度及人员服务岗位责任制度。

四、狩猎项目设计

（一）狩猎旅游的发展

狩猎旅游是以狩猎为目的，兼户外运动、观光游憩、休闲度假、回归自然于一体的特殊专题旅游项目，具有很强的参与性、观赏性、趣味性和刺激性。

尽管备受争议，但这种特种旅游方式仍然为部分旅游者喜欢。在经济发达国家，狩猎爱好者数量相当可观。他们视狩猎为高尚的娱乐活动，不惜耗费巨资长途跋涉来进行狩猎旅游。为迎合此种需求，一些国家和地区专门开辟天然狩猎场。扎伊尔南部大草原即是著名的狩猎旅游者的乐园；纳米比亚境内的纳米布-诺克卢福天然狩猎场是世界上最大的狩猎场。由于各国政府都采取了保护野生动物资源的行政管理措施，严格规定猎期和猎取量，准猎证售价高昂，盗猎则处以严厉惩罚，故这种有控制的狩猎活动不至于破坏天然狩猎场的生态平衡，狩猎旅游也得以持续不断地健康发展。

（二）狩猎场分类

狩猎场是在适于狩猎动物生活栖息的地域中划出一定范围，并在该范围内采取一系列经营措施，以利于进行狩猎业生产活动的场所。根据不同的分类方法，可将狩猎场分为不同类型：

根据景观类型，可分为森林、草原、荒漠、湿地、水域（湖泊、海域）或混合型等狩猎场；

根据狩猎动物的类群，可分为水禽、陆禽，或大中型兽类等狩猎场；

此外，还可依据狩猎动物密度、价格、狩猎场面积等单项指标，将狩猎场分为三个等级（见下表8-6）：

表8-6　狩猎场分级评定表

指标	分级		
	Ⅰ	Ⅱ	Ⅲ
狩猎动物密度	高	中	低
狩猎动物价格	高	中	低
狩猎面积/公顷	＞5000	2000～5000	＜2000
猎场管理水平	好	中	差

（三）狩猎场规划设计

猎场的经营是科学利用野生动物资源的一种形式，狩猎场设计应以维持生态平衡和可持续发展为基础，以生态经济理论为指导，坚持生态效益、经济效益和社会效益相结合的原则，以达到可持续利用野生动物资源，不断提高生态效益、经济效益和社会效益的目的。

1．狩猎场功能区设置

按不同的目的将狩猎场分为四个不同的功能区：狩猎动物繁殖区、缓冲区、狩猎区和多种经营区。功能区划应有明确目标和严格界限。

狩猎动物繁殖区：狩猎场中凡具有典型代表性和自然生态系统完好的动物集中地，可划为狩猎动物繁殖区。狩猎动物繁殖区应具备的条件有：拟繁殖的动物分布集中，种群密度大，有适宜的容纳量；有良好的生长和繁殖条件；区内无不良因素的影响和较少的人为干扰；面积应为狩猎场总面积的30％～40％。

缓冲区：面积应为狩猎场总面积的10％～20％。在缓冲区可设立野生动物冬季补饲场地、盐碱场、鸟类沙浴场等。

狩猎区：狩猎场中动物分布密度较高，栖息和隐蔽环境较好，适于狩猎的地段，可划为狩猎区。面积不小于狩猎场面积的30％～40％。

多种经营区：狩猎场中狩猎动物分布密度较低，人类活动较频繁，交通较为便利的地段，可划为多种经营区。该区用以提供综合服务或从事多种经营活动，面积不应超过狩猎场面积的10％。

狩猎场区划应力求规整，具有整体性和适宜性。根据不同的环境类型，可采取以下几种分区方法：

①人工分区法：在生态环境类型单一的草原、沼泽、荒漠等区域，可采取有规则的几何图形划界；

②自然分区法：根据狩猎场及周围的环境，以场内的自然界限，如山脊、河流、道路等来划分；

③综合分区法：根据狩猎场的实际情况和经营管理目的将人工分区法与自然分区法综合使用进行分区。

2. 猎期与猎取量

猎期应避开狩猎动物繁殖期及哺乳期，以保证可持续发展利用为原则。从生物学和经济学意义来考虑，能获得狩猎产品最适当的时期。

猎取量应根据狩猎场狩猎动物的种群结构、容纳量、储存量和种群增长量来确定。在集约管理的猎场，猎取量是超出容纳量一半的那部分狩猎动物数量。根据国际惯例，在现有储存量高于基本储存量的前提下，猎取量可为狩猎动物现有储存量的20%～30%或繁殖净增长量的60%。国家、地方重点保护野生动物的每年猎取量应报上级主管部门批准方可实施。

（四）狩猎场管理

狩猎场要备有狩猎指南，指南要全面介绍狩猎场情况，指南中要有狩猎动物的较详细的宣传资料，图文并茂，至少使用汉、英两种文字。

狩猎场要配备具有狩猎知识和一定外语能力的导猎人员；有条件的狩猎场要配备相关的技术人员，包括饲养繁殖技术人员、兽医、检疫技术人员、野化放养技术人员等，并进行相应的培训。

狩猎场要建立科研档案室，负责狩猎动物生物学以及与狩猎活动有关档案管理。每年要组织有关人员对狩猎动物的分布、种群数量、影响种群数量的变动因素进行调查，提出下一年的狩猎活动计划和建议。

狩猎场进行栖息地恢复应慎重。在充分论证的前提下，在狩猎场可以进行一定程度的生境改良，以为野生动物繁殖与栖息创造适宜的条件。

狩猎场要为狩猎者野营、露宿等活动准备必要的设备和用地。

复习思考题

1. 结合国内外大型体育赛事旅游开发的案例，分析观战旅游项目设计的要点。

2. 搜集国内外大型体育公园开发的案例，总结其经验与教训。

3. 搜集新型体育旅游项目，思考其开发要点。

第九章　体育旅游项目营销推广

第一节　体育旅游项目营销战略与营销组合

一、旅游市场营销战略的概念

在宏观层次上，旅游市场营销指一个国家（或地区）在现代市场营销观念的指导下，为了实现该国家（或地区）发展旅游业的目标，为旅游业内各行业制定的在一个相当长的时期内市场营销发展的总体设想和规划。

在微观层次上，是指旅游企业在现代市场营销观念的指导下，在准确把握环境变化趋势的基础上，为实现企业的营销发展目标，根据外部环境和内部条件的变化，对企业在一定时期内市场营销发展的总体设想和谋略。

旅游市场营销战略是旅游企业战略管理的重要组成部分，它不同于旅游企业的日常业务管理的“战术性”决策，其为旅游企业的日常业务管理指明了方向和内容，做出了总体框架性规定。正确有效的“战略”指导，有助于战术性决策的实施和取得良好效果。

二、旅游市场营销战略的制定与控制

1. 战略分析

这是制定旅游市场营销战略的准备阶段，它包括三个内容，即：

①企业地位分析：产品的市场地位分析；企业形象分析。

②企业环境分析：行业动向分析；消费者行为分析。

③企业能力分析：销售活动能力分析；新产品开发能力分析；市场决策能力分析。

2. 营销战略制定

制定营销战略目标，包括战略目标、财务目标、年度目标等。要明确以下问题：

①我们从事的业务是什么？

②谁是我们的顾客？

③我们将满足顾客什么要求？

④我们拥有的资源和具有的能力是什么？

⑤我们怎样能最有效地满足顾客的要求？

⑥对哪些环境力量以及变化要予以考虑？

3. 营销战略方案的选择

营销战略方案选择的目的在于确定各个备选战略方案的有效性，比较各方案的优缺点，风险及效果，以便从中选择。应遵循以下原则：

①应考虑现行营销战略的继承性。

②应考虑企业对外部环境的依赖程度。

③应考虑企业领导人的价值观及对待风险的态度。

④应考虑时间因素。

⑤应考虑竞争对手的市场地位。

4. 营销战略的监督与控制

在营销战略实施过程中，需要控制系统来保证市场营销目标的实施。营销战略控制主要有营销审计、年度计划控制、盈利能力分析等。

三、旅游市场营销组合

所谓营销组合，也就是企业的综合营销方案，即企业对自己可控制的各种营销因素（产品质量、包装、价格、服务、广告、渠道和企业形象等）的优化组合和综合运用，使之协调配合、扬长避短、发挥优势，以便更好地实现营销目标。

旅游市场营销组合战略是有效地设计和实现各种营销手段的综合运用，即在组织其营销活动时，针对不同的旅游市场环境和内部条件，将以上因素进行最佳组合，使它们相互配合，产生协同作战的综合作用，而不是互不相关甚至是相互矛盾而抵消其作用。

（一）产品战略

营销组合的核心和起点是产品供给和产品战略（Product Strategies）。如果对将要推出的产品不甚了解，则很难设计分销战略、展开促销活动或者进行产品定价。

产品战略的确定，必须理清如下问题：

①旅游开发提供的主要产品或服务是什么？这些产品或服务是否能相互

补充，或者仅仅是一些不必要的重复生产？

②每种产品的特点是什么？它所能提供的利益是什么？

③旅游开发本身及其主打产品在生命周期中目前处于什么位置？

④在扩大或缩小产品范围、提高或降低产品质量方面，每个目标市场所面临的压力是什么？

⑤每种产品的弱点是什么？客户主要有哪些抱怨？哪些地方最容易出错？

⑥产品名称是否易于称呼？是否易于记忆？产品名称是仅仅作为一种称呼呢，还是代表了产品所能给客户带来的益处？这一名称是否能将旅游开发或产品与其他旅游开发或产品区分开来？

⑦产品的质量保证如何？是否有其他方式来保证实现客户的满意度？

⑧产品是否能传递良好的客户价值观？

⑨如何为客户提供服务？如何评价所提供的客户服务？

（二）分销战略

分销渠道是在将产品或服务提供给消费者和商业客户过程中的各种独立组织的集合。旅游业中，与传统分销商品的运动方向不同，通常是将消费者向产品移动。

旅游分销渠道是指旅游产品从生产者向消费者转移的过程中，帮助其实现转移的所有旅游中间商，他们是处在旅游企业和旅游者之间、参与产品交换、促使买卖行为发生和实现的组织和个人。

制定分销战略时，一般需要考虑如下因素：

1. 旅游产品因素

旅游产品因素包括旅游产品的性质、种类、档次、服务、价格、等级、季节性以及旅游产品所处的生命周期的阶段等，都直接影响分销渠道的选择。

2. 市场因素

市场因素包括目标市场范围大小、消费者特点、消费水平高低、消费习惯、地理分布、需求的季节性及市场竞争状况等，都不同程度地影响着旅游企业分销渠道的选择。一般来说，目标市场范围很大，需求旺盛，人口相对集中的情况下，适宜选择直接销售渠道。相反，若目标市场很大，但季节性消费明显，且购买力又小的市场，常需要中间商提供服务，适宜选择较长的分销渠道。同时，当现实旅游者较少时，为了节省流通费用，可以采用较短的渠道或直销。

3. 企业因素

指旅游企业在选择产品分销渠道时，应充分考虑企业自身的因素，包括企业的规模、发展目标、财力、市场声誉、服务能力及管理水平等。一般来说，企业规模大、财力雄厚、有较好的经营管理能力和丰富经验的市场营销人员，信誉好、产品质量高，在选择销售渠道方面就有较大的自由度，往往选择较固定的中间商，甚至建立自己的销售机构，采用短渠道销售。而那些管理水平较低的企业就要考虑通过中间商来打开产品的销路。当直接销售的预期利润大大超过间接销售的预期利润时，则应采用短渠道。

4. 环境因素

这是影响旅游企业选择分销渠道的外部因素。环境因素包括宏观经济形势，各国政府对旅游的相关政策、法律法规、旅游市场竞争情况等，都对企业分销渠道的选择有很大的制约作用。比如，在经济不景气的情况下，旅游产品生产者要求以最快、最经济的途径把产品推向市场，就要运用短渠道策略，减少中间环节，提高竞争力。各国法律、法规的相关政策，也会影响分销渠道的选择。另外，旅游企业在进行销售渠道选择时还要充分考虑竞争者的渠道策略，并采取相应对策。比如，是在竞争对手分销渠道的附近设立销售点，贴近竞争，以优制胜，还是避开竞争对手的分销渠道，在市场的空白点另辟蹊径，旅游企业应根据具体情况酌情确定。

此外，旅游企业在选择分销渠道时，还要考虑中间商的实力以及环境的不可抗力等因素。

（三）促销战略

促销策略是指企业如何通过人员推销、广告、公共关系和营销推广等各种促销手段，向消费者传递产品信息，引起他们的注意和兴趣，激发他们的购买欲望和购买行为，以达到扩大销售目的的活动。

制定促销战略时，需明确一系列问题：

①一般客户如何发现经营者的产品？

②经营者所发布的信息是否能够到达潜在客户处？这些信息是否强调了目标市场的需求，是否表明了满足这些需求的方式？这些信息是否进行了恰当的定位？

③促销工作是否有效地使客户知晓并说服他们购买本经营者的产品，使客户了解本经营者产品的特点？

（四）定价战略

旅游企业定价时，应该为企业的产品或服务制定一个价格系列，以适应市场价格或实现定价目标的要求。选择定价战略时，企业还必须考虑以下5个基本因素：

①真实成本和利润。

②与竞争者所提供的产品或服务相比较，本企业产品在顾客心目中的相对价值高低。

③细分市场的差异定价。

④可能的竞争性反应。

⑤市场营销目标。

第二节　现代旅游景区常用营销策略

一、体验营销策略

体验营销是企业让目标消费者通过观摩、聆听、尝试、试用等方式，让他们亲身体验企业提供的产品和服务，让消费者实际去感知产品和服务的品质或性能从而让顾客了解并且购买的一种营销方式。体验通常是由于对事件的直接观察或是参与造成的，不论事件是真实的，还是虚拟的。体验会涉及顾客的感官、情感、情绪等感性因素，也会包括知识、智力、思考等理性因素。

旅游体验营销有以吸引消费者体验为卖点，以旅游场景主题为基础，以产品的设计和体验为导向，营销活动以游客为中心这四个特点。因此，旅游体验营销所真正关心的是游客们希望得到一个不一样的体验，旅游产品对游客生活方式具有的影响，以及游客对于这种影响的体验心情。因此，首先旅游体验营销必须要有一个“主题”，并且所有产品与服务都必须围绕这个主题，至少景区内要有一个有自己景区特色的“主题场景”。旅游企业设计、制作和销售产品和服务时必须是以顾客体验为导向的，不管哪个产品，它在生产过程或者售前、售中和售后的各项活动都要给顾客留下无法忘记的印象。体验营销是以游客的需求为中心来指导企业的营销活动，通过以顾客为中心来开展企业和顾客之间的沟通。

二、情感营销策略

伴随着人类社会进入体验经济时代，旅游作为天然体验性的活动，将领先于其他行业发展在体验时代的前列。体验经济背景下，旅游者的情感需求比重加强，更关注在旅游参与体验中所经历的感觉、情感、心境等情感方面的满足。为了在新的发展环境下赢取战略优势，旅游企业的营销主张开始侧重于消费者的心理过程及体验中所带来的情感变化，强调以消费者的情感需求为核心。

情感营销就是把消费者个人情感差异和需求作为企业品牌营销战略的核心，通过借助情感包装、情感促销、情感广告、情感口碑、情感设计等策略来实现企业的经营目标。在情感消费时代，消费者购买商品所看重的已不是商品数量的多少、质量好坏以及价钱的高低，而是为了一种情感上的满足，一种心理上的认同。情感营销从消费者的情感需要出发，唤起和激起消费者的情感需求，诱导消费者心灵上的共鸣，寓情感于营销之中，让有情的营销赢得无情的竞争。

情感营销以保持现有顾客、培养忠诚顾客为最终目标，旅游企业整个体系中所注入的情感因素若能充分满足旅游者情感及受人尊重的心理需求，则旅游者更多的是感受到来自企业的关怀和重视，就愿意对企业表现出自己的忠诚。这种良好的情感过程会对重复购买产生积极作用，满意的体验同时促进彼此间信任关系的建立，从而进一步培养顾客的忠诚度。

产品情感体验化设计要以品牌为依托，品牌作为企业与顾客情感联系的基石，企业以品牌的方式对顾客做出承诺，是彼此间情感交流的一种体现。旅游产品的无形性与体验性，更需要品牌成为强大后盾，让旅游者感受良好的品牌承诺，由此产生感情，这种品牌承诺所产生的附加价值，会主导消费者的购买行为，产生产品自身物质价值之外的情感溢价，不断叠加后又将最终演变为牢固的“品牌忠诚”，形成顾客忠诚价值。从这一层面上讲，情感营销中这种“以情动人”的理念，能为旅游企业创造出超乎想象的溢价效果。

三、关系营销策略

关系营销是在传统营销理论的基础上，以系统论为基本指导思想，将企业置身于经济社会大环境中，认为企业营销是与顾客、竞争者、供应商、分销商、内部市场、政府机构和社会组织等发生互动作用的过程，企业不仅要满足企业顾客的需求，而且还要考虑顾客和社会的长期利益，以谋求顾客和社会的总体福利和长远价值。通过企业努力，识别、建立、维护和巩固企业与顾客和其他利益相关者的关系，并以合适的方式，使企业的目标在关系营销中实现。

关系营销的出发点和归宿都是为了追求“双赢”。企业提供产品和服务给客户，并从中获得长期的、稳定的利润；客户则通过支付货币从企业那里购买到质量可靠、价格合理的产品，享受到满意、体贴的服务。关系营销是对市场营销学理论的重大突破，它将传统交易营销学研究的视角从关注一次性的交易转向保留顾客；从有限地满足顾客期望转向高度的顾客服务；从有限的顾客联系转向高度的顾客联系；营销的目的从获取短期利润转向与各方建立和谐的关系，适当增加顾客让渡价值，提高顾客忠诚度。

对顾客市场的营销是为了获得顾客资源，争取顾客忠诚，这是企业生存和发展的基础；在供应商市场上，企业进行营销是为了寻求原材料、技术和信息等生产过程所必需的资源并实现资源的合理配置；对员工内部市场的营销目标是通过员工的协作以实现在资源的转化过程中的价值最大化；在竞争者市场上的营销活动是为了寻求资源共享和优势互补；对分销商进行营销是为了得到分销商们的支持，可以更好地将企业的产品传递给消费者；为了最大限度地获得企业的无形资产，树立企业的良好形象，企业还必须对影响者市场进行营销。关系营销涵盖了一切从内部市场和外部市场寻求资源的活动。

关系营销以获得顾客忠诚为目标，谋求与利益相关者共赢的营销理念为企业在新的市场竞争环境中获取稀缺资源和竞争优势提供了新的思路。而旅游景区营销目标的实现，受到复杂的市场关系的影响，也需要与景区利益相关者的协作。旅游景区关系营销就是景区为了获得顾客忠诚而与顾客以及其他利益相关者建立并保持良好关系的过程，涉及旅游者、景区员工、中间商、旅游社区、竞争者和影响者等方面。

四、网络营销策略

互联网、计算机信息技术的运用，在很大程度上提高了企业与潜在客户之间沟通的效率。目前网络营销已经成为发达国家旅游景区比较通用的做法。越来越多旅游消费者愿意在网络上设计自己的出行路线并定制所需的旅游服务产品，这对旅游景区网络营销能力提出了更高要求。网络营销不只是产品的线上销售。网上销售只是网络营销内容的一部分，网络营销除具有传统营销所有的发布信息、推广品牌等功能外，还具有搜索信息、调查商情、开拓销售渠道、管理客户关系等重要功能。

论坛、微博、微信、即时通信等软件的出现，使得买卖双方能够在整个营销过程中实现及时的沟通。很多企业的网站上还设置了企业信箱、留言板、网上调查等板块，通过这些渠道直接获得顾客反馈的信息，了解顾客的需求，拉近和顾客间的距离，增强顾客的信赖感，最终实现企业的良性运转。

多媒体性网络营销中运用多媒体技术，将文字、声音、动画、全真图像、三维空间等融为一体，多方位展示产品，使虚拟网络中的产品变得更为真实，潜在顾客能够更直观地体验产品，这在很大程度上能够激发顾客的购买欲望，促进达成交易。

此外，互联网技术信息容量大、不受时间空间限制、成本低廉等特性为企业营销提供了便利，使得企业降低成本，取得可观的经济效益。

五、绿色营销策略

在可持续发展理念指导下，我们逐渐关注到人类社会的经济活动对自然生态环境的影响，希望能够通过环境保护，实现全球经济低碳、环保和可持续健康发展。而旅游景区作为一个开放的空间旅游资源，是与消费者接触最为直接的景观环境，容易遭到人为破坏和环境污染，因此旅游景区更加适合运用绿色营销理念指导景区企业的经营发展。

旅游企业绿色营销是指企业在经营管理过程中，将企业自身利益、旅游消费者利益和环境保护利益三者结合起来，并以此为中心，对旅游产品和服务进行构思、设计、制造和销售。其核心是根据环保和生态原则来选择和确定旅游营销组合的策略，是建立在绿色技术、绿色市场和绿色经济基础上的、对人类的生态环境关注给予回应的一种经营方式，最终目的是在保护生态环境的过程中，获得商业机会，在实现企业利润和消费者满意的同时，达成人与自然的和谐相处。旅游景区的绿色营销还要通过景区内涵的深层次挖掘，引导游客树立正确的社会价值观、伦理道德观，培养游客养成文明旅游和环保旅游的良好习惯。

六、植入营销策略

植入营销通常是指将产品或品牌及其代表性的视觉符号甚至服务内容策略性融入电影、电视剧或电视节目各种内容之中，通过场景的再现，让观众在不知不觉中对产品及品牌留下印象，继而达到营销产品的目的。影视场景植入式营销具备了传统景区广告所没有的独特魅力，它是一种主动渗透式的营销新方式，具有人性化、隐性化的特点，巧妙地将景区产品自然地融入影视剧中，更容易被受众接受，从而潜移默化地传达产品信息，避免造成观众心理上对广告的反感，进而对旅游品牌形成负面影响。这种影视场景植入式营销是传统营销无法比拟的，被称为“随风潜入夜，润物细无声”的景区产品营销利器，能较快提升旅游景区产品的知名度和品牌价值、迅速传达核心功能和新信息。

七、事件营销策略

事件营销也被称为活动营销，具体是指营销人员在真实以及不损害公众利益的基础上，有计划、有目的地利用、策划、举办一些具有新闻价值的事件，通过事件产生的名人效应、新闻价值以及社会影响，吸引社会大众媒体、公众以及消费者的关注和兴趣，从而达到促进企业及产品知名度和美誉度提高的作用，为企业及产品树立较好的品牌形象，并且达到产品及服务销售目的的一种手段或者方法。换言之，事件营销是对事件及旅游地信息进行传递的一种方式，目的是为了树立旅游地的形象，进而扩大知名度，最终形成市场影响力，促进产品或者服务的销售，通过策划制造重大事件从而推动旅游营销，成为近些年旅游市场营销的一种重要手段。

复习思考题

1. 以某一体育旅游项目为例，分析其营销组合运用情况。
2. 以某一个大型体育赛事或者节庆为例，分析其营销推广策略。

参考书目

［1］谢彦君．基础旅游学［M］．北京：中国旅游出版社，2011.

［2］Mike Weed，等．体育旅游［M］．戴光全，等，译．天津：南开大学出版社，2006.

［3］黄郁成．新概念旅游开发［M］．北京：对外经济贸易大学出版社，2002.

［4］何雨．旅游规划概论［M］．北京：旅游教育出版社，2004.

［5］徐德宽，等．现代旅游市场营销学［M］．青岛：青岛出版社，2001.

［6］马勇．旅游规划与开发［M］．北京：高等教育出版社，2006.

［7］于素梅．中国体育旅游研究［M］．北京：中国水利水电出版社，2006.

［8］张海荣，等．休闲学概论［M］．昆明：云南大学出版社，2005.

［9］郭秋生，等．体育旅游学［M］．哈尔滨：哈尔滨地图出版社，2005.

［10］黄安明．休闲与旅游学概论［M］．北京：机械工业出版社，2007.

［11］马勇，等．休闲学概论［M］．重庆：重庆大学出版社，2008.

［12］谢彦君．旅游体验研究：走向实证科学［M］．北京：中国旅游出版社，2010.

［13］李天元．旅游学［M］．北京：高等教育出版社，2011.

［14］翟向坤．中国旅游安全救援体系构建研究［M］．北京：旅游教育出版社，2012.

［15］吴国清．旅游度假区开发理论实践［M］．上海：上海人民出版社，2008.

［16］钟海生，郭英之．中国旅游市场需求与开发［M］．广州：广东旅游出版社，2001.

［17］吴必虎．区域旅游规划原理［M］．北京：中国旅游出版社，2001.

［18］肖星，严江平．旅游资源与开发［M］．北京：中国旅游出版社，2000.

［19］柳伯力．体育旅游概论［M］．北京：人民体育出版社，2013.

［20］梁明珠．旅游资源开发与规划［M］．北京：经济科学出版社，2007.

［21］刘德光．旅游市场营销学［M］．北京：旅游教育出版社，2002.

［22］韦宗林．山地户外运动与体育旅游研究［M］．北京：民族出版社，2013.

［23］江岚．运动项目概论［M］．北京：北京体育大学出版社，2012.

［24］吴必虎，俞曦．旅游规划原理［M］．北京：中国旅游出版社，2010.

［25］张凌云．旅游景区景点管理［M］．北京：旅游教育出版社，2003.

［26］李洪波．旅游景区管理［M］．北京：机械工业出版社，2004.

［27］马勇，李玺．旅游景区管理［M］．北京：中国旅游出版社，2006.

［28］保继刚．旅游区规划与策划案例［M］．广州：广东旅游出版社，2005.

［29］曹洪福．当品牌遇到策划［M］．北京：中国财富出版社，2013.

［30］岑丽莹．中外危机公关案例启示录［M］．北京：企业管理出版社，2010.

［31］程宇宁．品牌策划与管理［M］．北京：中国人民大学出版社，2011.

［32］黄翔，连建功，王乃举．旅游节庆与品牌建设理论·案例［M］．天津：南开大学出版社，2007.

［33］李峰．旅游策划理论与实务［M］．北京：北京大学出版社，2013.

［34］李蕾蕾．旅游目的地形象策划理论与实务［M］．广州：广东旅游出版社，2008.

［35］卢良志，吴耀宇，吴江．旅游策划学［M］．北京：旅游教育出版社，2009.

［36］沈刚，吴雪飞．旅游策划实务［M］．北京：清华大学出版社，2008.

[37] 沈祖祥. 旅游策划：理论方法与定制化原创样本 [M]. 上海：复旦大学出版社，2007.

[38] 沈祖祥. 世界著名旅游策划实战案例 [M]. 郑州：河南人民出版社，2004.

[39] 熊元斌. 旅游营销策划理论与实务 [M]. 武汉：武汉大学出版社，2005.

[40] 杨力民. 创意旅游：讲述旅游策划的故事 [M]. 北京：中国旅游出版社，2009.

[41] 杨振之. 旅游原创策划 [M]. 成都：四川大学出版社，2006.

[42] 尹隽. 旅游目的地形象策划 [M]. 北京：人民邮电出版社，2006.

[43] 周朝霞. 企业形象策划实务 [M]. 北京：机械工业出版社，2011.

[44] 沈祖祥，张帆. 旅游策划学 [M]. 福州：福建人民出版社，2000.

[45] 蒋三庚. 旅游策划 [M]. 北京：北京经济学院出版社，2002.

[46] 杨振之. 旅游资源开发与规划 [M]. 成都：四川大学出版社，2002.

[47] 陈放. 中国旅游策划 [M]. 北京：中国物资出版社，2003.

[48] 欧阳斌. 中国旅游策划导论 [M]. 北京：中国旅游出版社，2005.

[49] 肖星. 旅游策划教程 [M]. 广州：华南理工大学出版社，2005.

[50] 王衍用，曹诗图. 旅游策划理论与实务 [M]. 北京：中国林业出版社，2008.

[51] 王衍用，宋子千，秦岩. 旅游景区项目策划 [M]. 北京：中国旅游出版社，2012.

[52] 李庆雷，明庆忠. 旅游规划：技术与方法，理论·案例 [M]. 天津：南开大学出版社，2008.

[53] 崔凤军. 中国传统旅游目的地创新与发展 [M]. 北京：中国旅游出版社，2002.

[54] 田长广. 新编现代策划学 [M]. 北京：北京大学出版社，2008.

[55] 陈火金. 策划学全书 [M]. 北京：中国社会出版社，2005.

[56] 卢长宝. 项目策划 [M]. 北京：电子工业出版社，2008.

[57] 胡小武. 传承与升华：城市旅游开发与营销战略 [M]. 南京：东南大学出版社，2008.

[58] 吴粲. 策划经济学 [M]. 北京：清华大学出版社，2005.

[59] 李维冰. 旅游项目策划 [M]. 北京：中国商业出版社，2004.

[60] 赵定涛. 现代区域形象管理 [M]. 福州：福建人民出版社，1999.

[61] 张辉. 营销实战 [M]. 北京：中国商业出版社，2001.

[62] 鲍明晓，赵承磊，饶远，等. 我国体育旅游业发展的现状、趋势和对策 [J]. 体育科研，2011，32 (6)：4-9.

[63] 罗艳宁. 汽车营地规划设计方法研究 [D]. 南京：东南大学，2008.

后　记

本书是作者在整理多年来的教学素材，融合自身实践经验的基础上完成的，从动笔到完稿，历时三年。

体育旅游项目策划不同于一般旅游项目策划，其理论与实践都尚在探索阶段。写写停停中，我不断发现问题、不断思考，仍感困难重重。

在教学研究与写作过程中，我借鉴了多位学者的成果，得到了武汉体育学院各位领导和同事的大力支持。在出版过程中，华中师范大学出版社高教分社社长刘晓嘉，编辑周孔强、张晶晶等付出了艰辛的劳动，在此一并表示感谢!

由于作者水平有限，写作过程中难免存在疏漏之处，还望各位读者不吝赐教，我也将在今后的教学与实践研究之中继续对其进行完善。

段红艳
2017 年 10 月